Dorothea Gersdorf

Lieben statt siegen

Machtkämpfe erkennen und vermeiden

Verlag Gottfried Bernard
Solingen

FSC
www.fsc.org
MIX
Papier aus verantwortungsvollen Quellen
FSC® C083411

Bibelzitate wurden, falls nicht anderweitig gekennzeichnet,
folgenden Ausgaben entnommen:
Für das AT: Einheitsübersetzung, Kath. Bibelanstalt, Stuttgart 1980
Für das NT: Neue Genfer Übersetzung, Genfer Bibelgesellschaft 2011

Verlag Gottfried Bernard
Heidstraße 2a
42719 Solingen
E-Mail: verlag.gottfriedbernard@t-online.de
Internet: www.gbernard.de

ISBN 978-3-941714-44-1
Best. Nr. 175544

Grafik: Stefanie Riewe – Mediengestaltung, Magdala/Th
Satz: Satz & Medien Wieser, Stolberg
Druck: CPI Clausen und Bosse, Leck

Dorothea Gersdorf
Lieben statt siegen

Inhalt

Möge Gottes Freundlichkeit aus unserem Herzen scheinen
und Christi Frieden sich durchsetzen
an diesem Tag und an jedem,
bis das größere Leben beginnt.
Iona-Kommunität

1. Déjà-vu

Rebecca zuckte zusammen. Sie sah mich verstört an, in ihren Augen eine Mischung aus Angst, Erschrecken und die Frage: „Mama! Warum tust du das?" Ich spürte, wie sie mit den Tränen kämpfte, als sie so zu mir hochschaute. Ihr Blick traf mich mitten ins Herz und berührte mich zutiefst. Betroffen verließ ich den Raum, ich musste erst einmal mit mir allein sein.

Was war passiert? Es war ein ruhiger Vormittag. Unsere Tochter hatte den ganzen Morgen im Wohnzimmer gespielt, auf dem Teppichboden inmitten ihrer Duplo-Steine und völlig in sich versunken. Nun war es Mittag und ich hatte ihr gerade aus der Küche zugerufen, sie solle anfangen aufzuräumen. Wir wollten in wenigen Minuten zu Mittag essen, David und Micha würden gleich aus der Schule beziehungsweise dem Kindergarten nach Hause kommen. Nach einer ganzen Weile stellte ich fest, dass Rebecca nicht einmal angefangen hatte aufzuräumen, die Steine lagen noch immer im ganzen Raum verstreut. Um ihr den Anfang zu erleichtern, begann ich mit dem Aufräumen, wobei ich sie aufforderte mitzumachen. Nichts, keine Reaktion, sie spielte einfach weiter. Ich forderte sie wieder auf und noch einmal, während sich meine Ungeduld von Mal zu Mal steigerte. Jedoch reagierte sie kaum merklich, offenbar konnte sie sich nur schwer von ihrem Spiel lösen.

Und dann passierte es – mir riss der Geduldsfaden. Ich rastete aus: „Rebecca!!!", schrie ich sie an, außer mir vor Zorn, „Wird's bald? Ich will, dass du jetzt sofort aufräumst!" Mein Ärger ging auf sie nieder wie ein Platzregen, ich konnte mich nicht mehr beherrschen. Und im selben Moment spürte ich deutlich, dass hier etwas schief lief. Dieser Ausbruch war in keiner Weise angemessen, er war völlig überzogen! Ich reagierte total über! Dies alles ist lange her, unsere Tochter ist inzwischen erwachsen, damals war sie vielleicht drei Jahre alt.

Es sind Alltagssituationen. Oft nur Kleinigkeiten, Bagatellen, kurze Wortwechsel, kleine Beobachtungen, kurze Augenblicke, über die man im Alltagsstress leicht hinweggeht. Ein Wort, eine Bemerkung, wie zufällig in den Raum gestellt – oder auch ein bestimmter Blick. Die Hindernisse, über die wir stolpern, sind oft unscheinbar. Wir registrieren, dass da etwas war, aber dann drehen wir uns um und gehen weiter. Wir sind vielleicht noch einen momentlang irritiert, aber schon kommt der nächste Programmpunkt im Tagesgeschäft – und weiter geht's.

Gott sei dank maß ich dieser Begebenheit genug Bedeutung bei, um ihr auf den Grund zu gehen. Mir war klar, dass ich in der Situation völlig falsch reagiert hatte. Aber was hatte mich so tief erschüttert? Was hatte mich derart aufgewühlt und betroffen gemacht? Was war in mir durch diese Situation bloß angerührt worden?

Heute, so viele Jahre danach, weiß ich es. Zum einen war es mein maßloser Zorn, der in dieser unverhältnismäßigen Weise aus mir hervorgebrochen war und den ich nicht mehr unter Kontrolle gehabt hatte. Mich erschreckte seine Wucht, mit der er aus mir hervorgebrochen war und mich überrollt hatte.

Zum anderen ging mir der Ausdruck des Entsetzens in Rebeccas Augen zu Herzen, ihr Erschrecken, als ich sie in dieser ungehaltenen Weise anfuhr und mir wurde bewusst: Es waren meine eigenen Augen gewesen, in die ich geblickt hatte, die Augen des kleinen Mädchens, das ich einmal war. In dieser Situation verschmolzen mein Gestern und mein Heute. Es war ein Déjà-vu-Erlebnis, die Wiederholung einer längst vergangenen Erfahrung.

Wie oft werden wir von unserer Vergangenheit eingeholt, die wir längst hinter uns gelassen wähnen? Und dann wird deutlich, manchmal durch einen kurzen Augen-Blick, dass sie noch sehr präsent ist! Unser Gestern wirkt in unsere Gegenwart hinein, auf positive Weise, aber eben oft auch auf schmerzhafte Weise.

George de Santayana, spanischer Philosoph und Schriftsteller, hat einmal gesagt: „Wer sich nicht an die Vergangenheit erinnern kann, ist dazu verdammt, sie zu wiederholen." Unsere Vergangenheit wird uns immer wieder einholen, wenn wir nicht bereit sind, uns mit ihr zu befassen. Das nennt die Psychologie Wiederholungszwang: Wir geraten immer und immer wieder in die gleichen Situationen, obwohl wir so sehr darunter leiden. Alte Situationen, Konflikte und Nöte wiederholen sich und Sie fragen: „Warum muss ich immer wieder diesen Schmerz erleben, diese Ablehnung, diese Enttäuschung? Warum gerate ich immer wieder an den gleichen Typ Mensch? Warum reagiere ich immer wieder so emotional in bestimmten Situationen?"

Viele von uns sehen sich in solchen Teufelskreisen gefangen und stehen dann in der Gefahr, sich zu verurteilen, weil sie es nicht schaffen, diesem Zwang zu entfliehen. Sie fühlen sich schuldig und beginnen, sich zu allem Überfluss selbst zu verdammen.

Darauf bezogen hörte ich vor Jahren eine ermutigende Andacht von dem Theologen und Psychotherapeuten Reinhold Ruthe, der er folgenden Bibeltext zugrunde legte: *Meine Kinder, unsere Liebe darf sich nicht in Worten und schönen Reden erschöpfen; sie muss sich durch unser Tun als echt und wahr erweisen. Wenn das der Fall ist, wissen wir, dass wir auf der Seite der Wahrheit stehen. Zudem können wir damit unser Herz vor Gott zur Ruhe bringen. Denn wann immer unser Gewissen uns anklagt ‚dürfen wir wissen': Gott in seiner Größe ist barmherziger als unser eigenes Herz, ihm ist nichts verborgen. ‚Er, der uns durch und durch kennt, sieht nicht nur unsere Verfehlungen. Wenn unser Gewissen uns also nicht länger verurteilt, dann, liebe Freunde, können wir uns voll Zuversicht an Gott wenden und werden alles bekommen, was wir von ihm erbitten; denn wir befolgen seine Gebote und tun das, was ihm gefällt (1. Johannes 3,18-21 NGÜ).*

Wie oft verklagen wir uns selbst, weil wir in der Liebe scheitern, so wie ich damals bei Rebecca? Wie oft klagt uns unser Gewissen an – zu Recht! Ja, ich verurteilte mich, weil ich mich nicht unter Kontrolle gehabt hatte. Ich lehnte mich selbst aufgrund meiner Lieblosigkeit und Unbeherrschtheit ab.

Aber Gott geht anders mit uns um! Er sieht tiefer als wir, er sieht ins Verborgene. Er kennt die Hintergründe unserer Unarten und Untaten, er kennt den Schaden, der diesen zugrunde liegt, er weiß um unsere Gebrochenheit. Er kennt unser Herz besser als wir selbst und weiß, dass es für unsere Verfehlungen Gründe gibt, die wir selbst oft nicht kennen.

Unser himmlischer Vater verwendet viel Zeit darauf, uns diese Hintergründe zu offenbaren, mit uns darüber ins Gespräch zu kommen, um uns hier zu berühren und zu heilen. Dabei spielt eine große Rolle, dass Gott mit uns zusammen auf unsere Vergangenheit schaut, damit wir eben *nicht* dazu verdammt sind, sie immer und immer wieder aufleben zu lassen. Wir kommen nicht umhin, in unseren biografischen Rückspiegel zu schauen, damit Gott uns die Hintergründe unserer Verfehlungen offenbaren und dort Heilung geschehen kann. Wir verändern uns nicht, indem wir uns verdammen. Unser Heute verändert sich nur, wenn wir uns mit unserem Gestern befassen. Wirkliche Veränderung geschieht, wenn wir uns selbst und unser Gewordensein verstehen lernen, dadurch barmherzig mit uns werden und unser Herz bei Gott zur Ruhe kommt. Es ist nicht Gottes Gericht, das uns zur Umkehr bewegt, sondern erst das Erkennen seiner unfassbaren Güte und Gnade gibt uns die Freiheit dazu.

In diesem Prozess der Wiederherstellung erleben wir, dass Gott nicht den Stab über uns bricht, sondern seine Hand ausstreckt, um uns zu erretten. Im Erkennen und Erfahren seiner barmherzigen Liebe wachsen unser Vertrauen und unsere Zuneigung zu ihm, so dass wir uns nicht länger verstecken, sondern voller Zuversicht zu ihm eilen, zum Thron der Gnade. Und hier, in seiner Gegenwart, in der Begegnung mit ihm und im Schauen auf ihn, wird unser Herz verwandelt, so dass wir sein Wesen mehr und mehr annehmen und fähig werden zu lieben.

Meine Erfahrung ist es, dass Gott mich zunächst aufforderte, mich mit meinem Fehlverhalten zu befassen und daran zu arbeiten. Es ging dabei, soviel sei hier schon mal gesagt, um meine Neigung, mich in Machtkämpfe zu verstricken, denn darin bestand der Kern meines Konfliktes mit Rebecca, auch wenn mir das zu dem Zeitpunkt noch nicht klar war. Im Zuge dessen musste ich mich mit meinen eigenen Verhaltens- und Interaktionsmustern im Pendeln zwischen Macht und Ohnmacht befassen und daran arbeiten. In meinem Veränderungsprozess stand Gott mir bei und unterstützte mich.

Und dennoch fand ich langfristig aus den Teufelskreisen der Machtkämpfe nicht durch eigene Anstrengung heraus. Ich kam in meinem Prozess an einen Punkt, an dem mir schmerzlich bewusst wurde, dass mein eigenes Bemühen an eine Grenze stieß. Ich spürte damals deutlich, dass ich hier das souveräne Eingreifen Gottes, dass ich Heilung benötigte und streckte mich mit aller Kraft danach aus.

Von diesem Veränderungs- und Heilungsprozess handelt dieses Buch, mit folgenden Schwerpunkten:

- Zunächst werde ich Grundlegendes zum Thema Macht sagen, aus psychologischer, wie auch aus geistlicher Sicht.
- Danach werden wir die Problematik von Machtkämpfen unter verschiedenen Aspekten betrachten, um ihre Mechanismen zu verstehen und sie dadurch besser lokalisieren zu können.
- Anschließend geht es darum, wie wir Machtkämpfe verhindern oder daraus aussteigen können.
- Im letzten Teil geht es um Gottes Veranwortungsbereich in diesem Prozess, um Dinge, die nur er tun kann und muss, damit bleibende Veränderung geschieht.

Deshalb ‚sage ich': An ihren Früchten werdet ihr sie erkennen.
Matt 7,20 NGÜ

**Willst du den Charakter eines Menschen erkennen,
so gib ihm Macht.**
Abraham Lincoln

2. Macht im Focus

Angeregt durch eigene Erfahrungen und Beobachtungen, habe ich mich mit dem Thema Macht beschäftigt oder anders ausgedrückt mit Herrschaft, Dominanz, Autorität, Kontrolle und Einfluss – wie immer wir es nennen wollen. Andere Synonyme sind Gewalt, Stärke, Mächtigkeit, Potenz.

Macht und machen haben den gleichen Wortstamm: Macht macht was!

Unter Macht versteht man die Fähigkeit, sich Ziele zu setzen und diese auch zu erreichen. Sie hat etwas zu tun mit Verantwortung, Willenskraft und der Fähigkeit, Entscheidungen zu treffen.

Macht an sich ist weder negativ noch positiv zu bewerten, sie ist im Grunde neutral, genau wie ein Hammer weder gut noch schlecht ist. Entscheidend ist, *was* ich damit tue. Ein guter Regent wird anders mit seiner Autorität umgehen als ein Tyrann. Beide befinden sich in einer machtvollen Position, aber gebrauchen ihren Einfluss auf unterschiedliche Weise. Entscheidend ist, *wofür* wir unsere Macht einsetzen, mit welchem Motiv wir sie gebrauchen. Mit welchem Ziel, zu welchem Zweck nutze ich meinen Einfluss? Dies ist die Frage, um die es geht. Wesen und Absichten eines Menschen werden daran deutlich, wie er mit seiner Autorität umgeht. Daher sagte Abraham Lincoln: „Willst du den Charakter eines Menschen erkennen, so gib ihm Macht."

In den folgenden drei Kapiteln werden wir dieses Thema unter geistlichen und psychologischen Gesichtspunkten beleuchten.

2.1 Er-mächtigt

Wir glauben an einen unvorstellbar mächtigen Gott. Ein Besuch im Planetarium kann uns dafür die Augen öffnen, so wie mir vor einigen Wochen, als ich sprachlos in den hoch gewölbten Raum über mir blickte. Das Firmament – funkelnd, glitzernd, blinkend von überirdischer Schönheit! Unendliche Weiten, unzählige Sterne, Planeten, Galaxien, unermessliche Entfernungen – nicht zu begreifen für mein kleines Hirn! Und dieses strahlende All – wer Augen hat, der sehe – erfüllt von der Gegenwart dessen, der es erschuf. Es atmet förmlich Gottes Dasein, und all die leuchtenden Himmelskörper tanzen geradezu im Rhythmus seines Herzschlags. So erlebte es der Astronaut James Irwin. Dort in den Weiten des Universums spürte er die Nähe Gottes so intensiv, dass diese Erfahrung sein Leben grundlegend veränderte.

Wer einen wachen Blick, hörende Ohren und ein geöffnetes Herz hat, muss erkennen, dass Himmel und Erde von dem künden, der sie erschuf, dass sichtbare und unsichtbare Welt Gottes unfassbare Macht und Herrlichkeit rühmen, seine Schönheit besingen und übersprudeln von seiner Pracht und Majestät.

Keine Kreatur kann sich diesem Lobpreis entziehen, selbst die Vögel stimmen jeden Morgen aufs Neue in ihn ein, denn Himmel und Erde sind voll der Herrlichkeit Gottes, dem Herrn der Heerscharen. So lesen wir in der Offenbarung des Johannes: *Diesem Lobpreis schloss sich die ganze unzählbar große Schar der Engel an, die rings um den Thron und um die Ältesten und die vier lebendigen Wesen standen. Sie warfen sich vor dem Thron nieder und beteten Gott an. „Amen, ‚so ist es'!", riefen sie. „Anbetung, Ehre und Dank ihm, unserem Gott! Herrlichkeit und Weisheit, Macht und Stärke gehören ihm für immer und ewig! Amen" (Offenbarung 7,11-12 NGÜ).*

Er, der Schöpfer von Himmel und Erde, ist der rechtmäßige Eigentümer aller Herrschaft; Macht und Herrlichkeit gehören ihm von Ewigkeit zu Ewigkeit. Ein einziges Wort seines Mundes erschafft das Noch-nicht-Seiende, rief Universum, Erde und Kreaturen ins Leben: *Durch das Wort des Herrn wurden die Himmel geschaffen, ihr ganzes Heer durch den Hauch seines Mundes. (...)*

Denn der Herr sprach und sogleich geschah es; er gebot und alles war da (Psalm 33,6.9 EÜ). Alle und alles, die sichtbare und die unsichtbare Welt, entspringen ihm und stehen unter seiner Herrschaft.

Als Gott den Menschen schuf, schuf er ihn nach seinem eigenen Bild (1. Mose 1,26-27). Gott erschuf den Menschen sich gleich, nach seiner eigenen Art. Was das bedeutet beschreibt der Pastor Guillermo Maldonado in seinem Buch *Das Königreich der Kraft*[1]: *Gott schuf Adam mit dem inneren Verlangen und der Befähigung zu herrschen. Das ist der Grund, warum der größte Wunsch vieler Menschen der nach Macht ist. Jeder besitzt diesen Trieb und hat das Bedürfnis danach, Macht auszuüben. Wenn jemand etwas anderes behauptet, betrügt er sich nur selbst. (…) Als Gott die Menschheit schuf, gab er Männern wie Frauen den Geist (Sinn, Instinkt) zu führen und zu herrschen. Deshalb kreierte er sie mit der Fähigkeit zu denken, Herausforderungen anzugehen und kreativ zu sein und gab Ihnen ein Verlangen danach, ihre Macht auszuüben.*

Gott will seine Macht nicht für sich allein behalten. Nein, er, der Allmächtige, teilt seine Herrschaft mit seinen Geschöpfen, er beteiligt sie an seiner Regentschaft und stattet sie mit der Fähigkeit dazu aus. Schon im ersten Buch Mose wird diese Grundhaltung Gottes im Umgang mit Adam und Eva sichtbar: *Und Gott segnete sie, und Gott sprach zu ihnen: Seid fruchtbar und vermehrt euch, und füllt die Erde, und macht sie euch untertan; und herrscht über die Fische des Meeres und über die Vögel des Himmels und über alle Tiere, die sich auf der Erde regen (1. Mose 1,28 EÜ).*

Gott verleiht den Menschen Macht, zunächst einmal zur Gestaltung ihres eigenen Lebens: Sie sollen als Gesegnete in Gemeinschaft mit Gott leben, Familien gründen und die Welt bevölkern. Ferner sollen sie die Erde urbar machen und sich von ihr ernähren, sie gestalten und Verantwortung für sie übernehmen. Gott verteilt Macht und stellt sie in den Dienst von Verantwortung und Liebe. Dafür sollen Männer und Frauen in gleicher Weise ihre maskulinen Fähigkeiten entwickeln und gebrauchen, die darin bestehen, Dinge in Gang zu bringen, etwas zu bewegen, zu erforschen und zu gestalten. Der Wille zur Macht ist etwas Wertvolles, da er von Gott in den Menschen hineingelegt wurde, und er stellt eine primär maskuline Eigenschaft dar (bei der Frau ist sie sekundär). Gott sehnt sich nach Menschen, deren freier Wille mit ihm zusammenarbeitet und die in seinem Sinne ihre Macht betätigen, gewissermaßen als Teamwork.

Aber natürlich sind auch unsere femininen Eigenschaften gefragt, bei Männern sowohl als auch bei Frauen.

Der Mensch soll sorgsam über die Erde herrschen, sie nähren, sie hegen und pflegen, sie bewahren und schützen, was leider durch den Sündenfall gründlich schief gegangen ist; Sünde und Tod dringen ein in den Lebensraum des Menschen und durchwurzeln ihn wie eine böse Geschwulst. Die Auswirkungen lässt Gott uns in diesen Tagen zunehmend am eigenen Leib erfahren – wir zerstören uns selbst und unsere Lebensgrundlage.

Doch Gott gibt uns nicht auf. Er ersinnt Hilfe und sendet seinen Sohn, um die Macht der Sünde und des Todes zu brechen. Durch Jesu Tod und Auferstehung ist dies geschehen; damit wurde *ihm* die Herrschaft über Himmel und Erde gegeben. Jesus tritt seine Regentschaft an, richtet sein Reich auf, und so wie der Vater ihn, bindet er nun wiederum den Menschen in sein Heilshandeln ein: Menschen werden er-mächtigt: *Mir ist alle Macht im Himmel und auf der Erde gegeben. Darum geht zu allen Völkern und macht die Menschen zu meinen Jüngern; tauft sie auf den Namen des Vaters, des Sohnes und des Heiligen Geistes und lehrt sie, alles zu befolgen, was ich euch geboten habe. Und seid gewiss: Ich bin jeden Tag bei euch, bis zum Ende der Welt (Matthäus 28,18-20 NGÜ).*

Jünger Jesu zeichnen sich gestern wie heute dadurch aus, dass sie diesen Auftrag ausführen. Dazu nochmals Guillermo Maldonado: *Gott ist der absolute Herrscher des Universums, unsere Welt mit eingeschlossen. Er möchte, dass wir aktiv daran teilnehmen, sein Reich hier auf der Erde auszubreiten. „Des Herrn ist die Erde und ihre Fülle, die Welt und die darauf wohnen" (Psalm 24,1). Das unsichtbare, ewige und permanente Reich Gottes beeinflusst die sichtbare, physikalische, natürliche Welt mithilfe von Männern und Frauen, die durch den Geist in sein Reich hinein geboren wurden.*[2]

Die Evangelien berichten, wie die Jünger den Auftrag Jesu wahrnehmen, sich aussenden lassen und – ausgestattet mit Autorität – erstaunliche Erfahrungen machen. Sie kehren begeistert zurück und berichten Jesus von ihrem Erleben: *„Herr", sagten sie, „sogar die Dämonen müssen uns gehorchen, wenn wir uns auf deinen Namen berufen!" Da sagte Jesus zu ihnen: „Ich sah den Satan wie einen Blitz vom Himmel fallen. Es ist wahr, ich habe euch Vollmacht gegeben, auf Schlangen und Skorpione zu treten und die ganze Macht des Feindes zu überwinden, und nichts wird euch schaden können. Doch nicht darüber sollt ihr euch freuen, dass euch die Geister gehorchen. Freut euch vielmehr, dass eure Namen im Himmel aufgeschrieben sind" (Lukas 10,17 NGÜ).*

Die Jünger erweisen sich würdig der Macht, die Jesus ihnen anvertraut hat – sie verwenden sie in seinem Sinn, obwohl Jesus gleichzeitig darauf hinweist, dass nicht ihre Erfolge, sondern ihre Erlösung der Grund ihrer Freude sein solle.

Jedoch schließt das eine das andere nicht aus: Wir freuen uns über unsere Errettung und gleichzeitig darüber, dass wir als Mitarbeiter Gottes ausgestattet mit seiner Liebeskraft in dieser Welt präsent sind und ihr dienen. Die Macht, die Gott uns verleiht, ist kein anderer, als der Heilige Geist; in ihm liegt unsere Vollmacht und ohne ihn wird unser Tun fruchtlos sein. Das beschreibt der katholische Theologe Raniero Cantalamessa, Prediger des päpstlichen Hauses, eindrücklich: *Auch auf geistlichem Gebiet stehen wir vor einer Wahl: entweder unsere Energie „in der Tiefe" zu suchen, d.h. in uns selbst, in unseren Reserven an Intelligenz und Unternehmungsgeist, oder aber sie „aus der Höhe" zu erwarten, von der Sonne der Gerechtigkeit, dem auferstandenen Christus; und diese Energie ist der Heilige Geist. (…) „Nicht durch Macht, nicht durch Kraft, allein durch meinen Geist! - spricht der Herr der Heere. Wer bist du, großer Berg? Vor Serubbabel wirst du zur Ebene!" (Sach 4,6f). Nicht mit der* menschlichen *Macht und Kraft, sondern mit der des Geistes können die Berge eingeebnet werden, die vor uns stehen. Wer ein Amt ausübt, muss es vollbringen aus der Kraft, die Gott verleiht (1. Petr 4,11) – ermahnt die Schrift – und nicht aus der eigenen* (Raniero Cantalamessa[3]).

Von Gott ermächtigt zu sein, beinhaltet auch den Auftrag zum geistlichen Kampf. Paulus ermahnt die junge Gemeinde ausdrücklich, den „guten Kampf des Glaubens" zu kämpfen (1. Tim 6,12). Allerdings besteht im Volk Gottes eine große Unkenntnis darüber, was das überhaupt ist und was nicht. *Viele, die heute Vorträge über die geistliche Kampfführung halten, beginnen mit der wichtigen Feststellung, dass wir uns dabei nicht auf den Widersacher konzentrieren sollen. Dann jedoch bewirkt der Gesamttenor ihres Vortrages, dass sowohl sie selber als auch ihre Zuhörer genau dies tun. (...) Jede Verwirrung führt dazu, dass wir meinen, wir müssten die Schlacht führen und nicht der Herr – und wir führen dann den Kampf nach unserer eigenen Weisheit und aus unserer eigenen Kraft* (Leanne Payne[4]). Leanne Payne führt weiter aus, wie wichtig die Unterscheidung sei, welche Aufgabe im geistlichen Kampf unsere und welche Gottes sei. Es gebe Ebenen im geistlichen Kampf, die allein Gott und seinen Engeln vorbehalten seien. Verstünden wir diese Dinge falsch, begännen wir, *gegen* Satan zu beten, statt *zu* Gott. Daher ist diese Weise des Kampfes gefährlich, weil damit „jemand" im Mittelpunkt der Aufmerksamkeit steht, dem diese nicht zukommt. Bei dieser Art „geistlicher Kampfführung" ist der Blick auf die Finsternis gerichtet und nicht auf Gott. Es wird „gebunden" und „gelöst" ohne ein Verständnis dafür zu haben, was damit überhaupt gemeint ist. Anstatt Jesu Gegenwart zu proklamieren, wird die Gegenwart der Dunkelheit in den Focus gestellt.

Für meine Begriffe bedeutet geistliche Kampfführung etwas anderes. Sie besteht zum Großteil darin, ein geheiligtes Leben zu führen, d.h. den Kampf gegen das eigene Ego aufzunehmen, gegen das eigene Machtgebaren, gegen Neid und Geiz und andere Untugenden, die immer mit einem bestimmten Denken und lügenhaften inneren Überzeugungen verbunden sind, wie wir noch sehen werden. Diese formieren sich zu mächtigen Gedankengebäuden, zu wahren geistlichen Festungsanlagen des Feindes, die der Wahrheit Gottes widerstehen. Geistlicher Kampf richtet sich gegen dieses falsche Denken, gegen diese Bollwerke in unserem Kopf. Sie müssen zum Einsturz gebracht werden, womit wir Satan seinen Wirkungsbereich in unserem Leben entziehen, wie

Paulus es in seinem Brief an die Korinther erklärt: *Wir leben zwar in dieser Welt, aber das heißt noch lange nicht, dass wir so kämpfen, wie die Welt kämpft. Die Waffen, mit denen wir unseren Kampf führen, sind nicht die Waffen dieser Welt. Es sind Waffen von durchschlagender Kraft, die dazu dienen, im Einsatz für Gott ‚feindliche' Festungen zu zerstören. Mit diesen Waffen bringen wir ‚eigenmächtige' Gedankengebäude zum Einsturz und reißen allen ‚menschlichen' Hochmut nieder, der sich gegen die ‚wahre' Gotteserkenntnis auflehnt. Das ganze ‚selbstherrliche' Denken nehmen wir gefangen, damit es Christus gehorsam wird (2. Korinther 4,3-5 NGÜ).*

Geistlicher Kampf besteht weiter darin, Gott anzubeten und ihn zu preisen, denn er wohnt im Lobpreis seines Volkes. Inmitten unseres triumphierenden Lobgesangs ist unser Herr präsent. Wir feiern das Licht! Wo immer Gott anwesend ist und seine Herrlichkeit erstrahlt, kann sich keine Dunkelheit halten, muss der Feind fliehen. *Wo das Reich Gottes regiert, wird es auch auf sichtbare Weise demonstriert, und jedes Werk des Feindes muss weichen. Finsternis kann nicht in einem Gebiet bleiben, dass durch das Licht Gottes besetzt ist* (Guillermo Maldonado[5]).

Ferner beginnt geistlicher Kampf in dem Moment, in dem wir Jesu Auftrag ausführen, den er seinen Jüngern in Lukas 10 gibt. Indem wir die gute Nachricht verbreiten, die Menschen lieben und ihnen dienen, sie heilen und befreien, sie unterweisen und taufen, nehmen wir diesen Auftrag wahr. Wir nehmen dadurch das Land ein, das bereits Gottes Eigentum ist, auf dem bereits seine Fahne gehisst ist. So wird Jesu Sieg, den er schon errungen hat, sichtbar; dies ist geistliche Kampfführung! Wir müssen den Sieg nicht erringen, sondern ihn „nur" verwirklichen. Daher schreibt der Theologe Watchman Nee: *„Wenn du kämpfst, um den Sieg zu erringen, hast du die Schlacht bereits verloren."*[6]

Es ist für Gottes Volk wichtig zu verstehen, wie es seine Macht anwenden soll. Schon Jesu Jünger standen in der Gefahr, ihre Autorität zu missbrauchen: *Aber weil er auf dem Weg nach Jerusalem war, wollte man ihn nicht aufnehmen. Als seine Jünger Jakobus und Johannes das hörten, sagten sie: „Herr, sollen wir befehlen, dass Feuer vom Himmel fällt und sie vernichtet?" Da wandte sich Jesus zu ihnen um und wies sie streng zurecht (Lukas 9,54.55 NGÜ).* So einfach ist es für Kinder Gottes offenbar nicht, mit ihrer Macht in der rechten Weise umzugehen. Auch ein Judas Ischariot hatte wahrscheinlich damit Probleme, dass Jesus seine Macht nicht dazu nutzte, sie zur gewaltsamen Ausbreitung seines Reiches und auch politisch zu gebrauchen: *Judas war empört, dass die Macht Gottes, die er in Jesus sah, nicht bereit war, sich durchzusetzen – nicht gegen den Glauben der Menschen, nicht gegen die Berufung zur Liebe, nicht gegen die Herrschaft der Gnade. Keine Unterwerfung! Judas war nicht bereit, die vordergründige Ohnmacht Jesu zu akzeptieren, da er – tiefer noch als die anderen Jünger; das ist das Tragische! – hinter dieser Ohnmacht doch die einsetzbare Macht Gottes sah* (Martin Schleske[7]).

Jesus betraut seine Jünger und Jüngerinnen damals wie heute mit Macht, aber es ist eine echte Herausforderung, korrekt mit ihr umzugehen, d.h. sie zum Segen werden zu lassen und nicht zum Unheil. Ist es möglich, dass so mancher von uns, angesichts der damit verbundenen Verantwortung, viel darum geben würde, sich dieser Last zu entledigen?

2.2 Natürlich Macht!

Und doch, Gott hat uns nun einmal bevollmächtigt, und wir kommen nicht daran vorbei, Macht auszuüben. Indem er uns erwählt, adelt er uns, er gießt seine Liebe in das Herz derer, die sich dafür öffnen und stattet sie mit Kraft aus, damit wir zusammen mit ihm sein Reich bauen, es sichtbar machen und zum Segen für andere werden. *Ihr jedoch seid das ‚von Gott' erwählte Volk; ihr seid eine königliche Priesterschaft, eine heilige Nation, ein Volk, das ihm allein gehört und den Auftrag habt, seine großen Taten zu verkünden – die Taten dessen, der euch aus der Finsternis in sein wunderbares Licht gerufen hat (1. Petrus 2,9.10 NGÜ).*

Was für eine grandiose Berufung, durch die wir uns fast bereits in himmlische Sphären versetzt sehen! Und doch hat Gott sein Volk noch nicht entrückt, sondern es auf dieser Erde belassen.

Deshalb sind wir jeden Augenblick gefordert, die uns verliehene Macht im Hier und Jetzt zu gebrauchen, ob wir wollen oder nicht, ob es uns bewusst ist oder nicht. In allen Bereichen unseres Lebens, ob in Beruf, Familie, Freizeit oder Gemeinde, stehen wir in der Verantwortung, mit ihr umzugehen und zu handeln. Jeder von uns ist dazu berufen und von Gott ermächtigt, in seinem ganz normalen, alltäglichen Leben, an dem Ort, an den Jesus ihn gestellt hat.

Von zentraler Bedeutung dabei ist es, dass alle unsere Lebensbereiche mit Beziehungen zu tun haben. Unser Umgang mit Macht geschieht immer im Kontakt zu unseren lieben Mitmenschen. Dominanz, Ohnmacht, Manipulation, Kontrolle, Abhängigkeit und Autonomie – das alles sind Beziehungsthemen, mit denen jeder von uns im Laufe seines Lebens in Berührung kommt und die alle mit Macht zu tun haben. Auf der Gemeinschaftsebene sind wir zu jedem Zeitpunkt damit konfrontiert.

Was heißt das nun für uns konkret? Bei jeder menschlichen Begegnung geht es von Anfang an und stets von neuem um das Aushandeln von Machtverhältnissen – das ist ein völlig natürlicher Prozess. Der Kommunikationswissenschaftler Jay Haley beschreibt ihn folgendermaßen:

Bei jedem Austausch zwischen zwei Menschen geht es nicht nur um die Frage, welches Verhalten zwischen ihnen stattfinden soll, sondern auch darum, wie dieses Verhalten qualifiziert oder gekennzeichnet sein soll. Eine junge Frau mag es ablehnen, dass ein Mann seinen Arm um sie legt, aber sie wird dieses Verhalten nicht zurückweisen, wenn sie ihn vorher dazu aufgefordert hat. Wenn sie ihn dazu auffordert, hat sie die Kontrolle darüber, welches Verhalten gezeigt wird, und damit hat sie auch die Kontrolle über die Art der Beziehung. Wenn der junge Mann diese Botschaft spontan initiiert, muss sie sie entweder akzeptieren und damit ihn die Beziehung definieren lassen oder sie muss sie zurückweisen. (...) In jeder Zweierbeziehung stellen sich folgende Probleme: a) Welche Botschaft bzw. Verhaltensweisen sollen diese Beziehung kennzeichnen und b) wer bestimmt, was in der Beziehung geschieht und hat damit die Kontrolle über die Definition der Beziehung? (...) Es muss betont werden, dass dieses Ringen um die Definition der eigenen Beziehung zum Nächsten niemandem erspart bleibt. Jeder ist ständig damit beschäftigt, seine Beziehungen selbst zu definieren oder die Definition des anderen zu kontern. (...) Zwei Menschen bestimmen zwangsläufig gemeinsam, welcher Art ihre Beziehung ist, indem sie abwechselnd zu erkennen geben, welches Verhalten zwischen ihnen praktiziert werden soll (Jay Haley[8]).

Haley beschreibt anhand dieses Beispiels, wie jeder von uns tagtäglich mit dem Aushandeln von Machtverhältnissen beschäftigt ist. Diese Klärungsprozesse spielen in jeder menschlichen Beziehung eine Rolle. Denn immer dort, wo Menschen sich begegnen, müssen auch ihre unterschiedlichen Ziele, Vorstellungen und Bedürfnisse ausgehandelt und geklärt werden – dies ist völlig normal. Um welche grundlegenden Bedürfnisse es sich dabei handelt, werden wir uns später anschauen.

Es geht also darum, die Art und die Gestaltung einer Beziehung gleichberechtigt auszuhandeln bzw. zu definieren. *Von der Machtausübung, die sich grundsätzlich durch Wechselseitigkeit auszeichnet, sind jedoch Herrschaftsverhältnisse zu unterscheiden, für die Einseitigkeit typisch ist: Der Herrschende kann ständig durchsetzen, was er will; er macht sein Gegenüber zum Opfer, dessen Ohnmacht selbst den Skeptikern der Macht vor Augen führen sollte, wie wenig ratsam es ist, ohne jede Macht, ohne eigene Möglichkeit der Einflussnahme zu sein* (Wilhelm Schmid[9]). Viele Menschen tun sich schwer damit, beschriebene Wechselseitigkeit umzusetzen. Es gibt verschiedene Faktoren, die es manchen von uns erschweren, Beziehungen auf eine gute Art und Weise – das heißt in offener Klärung und auf Augenhöhe – abwechselnd zu definieren und zu gestalten. Wo dies nicht gelingt, ist der Boden für ein Ringen um Herrschaft bereitet.

Es geht letztlich darum, alles daran zu setzen, aus Machtkämpfen auszusteigen bzw. sie von vorn herein zu vermeiden. Bedeutet das nun, dass ich meine Vorstellungen und Bedürfnisse begraben soll, keinen eigenen Willen haben und nicht für mich sorgen darf?

Natürlich nicht. Ich darf sehr wohl einen eigenen Willen haben und für mich und meine Bedürfnisse sorgen. Ich soll sehr wohl wissen, was mir zusteht und mich dafür einsetzen. Ich darf

Grenzen setzen und meine Konflikte klären – ich muss nicht alles mit mir machen lassen!

Aber es ist ein Unterschied, ob ich mich für mich selbst einsetze oder ob ich ständig unter dem Druck stehe, mich durchsetzen zu müssen. Ich darf mich *für* mich einsetzten, aber durchsetzen kann ich mich immer nur *gegen* jemand anderen, und das ist oft das Problematische. Es ist ein Unterschied, ob ich gut für mich sorge, für meine Bedürfnisse einstehe und diese mit anderen aushandle oder ob ich meinen Willen auf Biegen und Brechen durchdrücken *muss*. Der Unterschied zwischen einem guten oder schlechten Umgang mit Macht ist das kleine Wörtchen „muss". Es ist ein Unterschied, ob ich zu meiner Tochter sage: „Ich will, dass du Weihnachten mit uns verbringst!" oder „Es wäre schön, wenn wir Heilig Abend zusammen feiern würden und wenn nicht, ist es auch okay." Der Unterschied besteht darin, ob es sich um einen Wunsch oder eine Forderung handelt. Er besteht in der Freiheit, die der andere hat oder auch nicht. Wo dem anderen diese Freiheit nicht mehr gewährt wird, beginnt der Kampf um oder mit Macht.

2.3 „Lernt von mir!"

Ich wusste zu Beginn meines Prozesses oft nicht, wie ich mich in Konflikten anders und besser hätte verhalten können. Einer der Gründe, warum Gott Mensch wurde, ist es, uns zu zeigen, wie wir leben sollen. Daher war und ist es für mich wichtig, mich mit Jesus Christus zu beschäftigen, mit seinem Charakter, seiner Haltung, seinem Umgang mit Menschen. Wie ging er mit Macht um, wie mit Ohnmacht? Wie übte er seine Herrschaft aus?

Carlo Carretto, der Präsident der katholischen Jugend Italiens war und ein „Kleiner Bruder" im von Charles de Foucauld gegründeten Orden wurde, beschreibt in seinem Buch „Wo der Dornbusch brennt", wie der Gründer sich mit genau dieser Frage befasste: *Warum war Jesus kein Schriftgelehrter? Warum wollte er nicht aus einer jener Familien stammen, die für die Macht, die Verantwortung, den sozialen und politischen Einfluss bestimmt sind? Leidenschaftlich sucht Charles de Foucauld nach den Motiven, die den göttlichen Meister bei der Wahl seines Lebens, seines ganzen Lebens, geleitet haben. Und er kommt zu der Einsicht, die im Grunde die ganze Spiritualität und das Leben des Erforschers Marokkos und des Mystikers der Sahara zusammenfasst: „Jesus hat so sehr den letzten Platz gesucht, dass ihm niemand diesen wird streitig machen können"* (Carlo Carretto[10]).

Einfluss, Durchsetzungskraft, Macht, Bewunderung, Autonomie, Autorität, Selbstverwirklichung – das sind die Ideale dieser Welt und die Götzen unserer Zeit. Wir wollen nicht irgendeinen Platz im Leben einnehmen, im Schatten anderer stehen oder von ihnen überholt werden. Nein, wir wollen möglichst den ersten Platz und nicht nur die zweite Geige spielen. Wir wollen Karriere machen und irgendwann in die Chefetage aufsteigen! Wir wollen groß sein, Großes vollbringen und vielleicht sogar groß rauskommen. Ein Blick in die Medien bestätigt dies. Wir wollen nicht die Loser sein, die Übersehenen, sondern möglichst auf der Bühne oder dem Siegertreppchen stehen.

Jesus ist so ganz anders. Er bringt unser Wertesystem völlig in Unordnung, er stellt es sogar auf den Kopf, indem er sagt: *Ihr wisst, dass die, welche als Regenten der Nationen gelten, sie beherrschen und ihre Großen Gewalt gegen sie üben. So aber ist es nicht unter euch; sondern wer unter euch groß werden will, soll euer Diener sein; und wer von euch der Erste sein will, soll aller Sklave sein. Denn auch der Sohn des Menschen ist nicht gekommen, um bedient zu werden, sondern um zu dienen und sein Leben zu geben als Lösegeld für viele (Markus 10,42-44 RElb).*

Er, dem alle Gewalt auf Erden gegeben ist, kam, um uns zu dienen, und er versagte sich jede Form von Machtausübung. Adam und Eva wollten sein wie Gott. Der zweite Adam, Jesus von Nazareth, erlöste uns von dem Fluch dieser Zielverfehlung, indem er als Gott und Mensch zugleich ohne Machtanspruch- und Ausübung lebte und seinen Weg konsequent und im Gehorsam zu seinem Vater bis zum Tod am Kreuz ging.

Jesus diente den Menschen, er bot Hilfe, Heilung und Befreiung an, aber er drängte sich nicht auf. Er tat nichts ungefragt und ungebeten. Sogar, als ihm ganz offensichtlich Kranke begegneten, fragt er, befremdlich für unsere Ohren: „Willst du gesund werden?“ Er wollte ausdrücklich wissen, was jemand von ihm erhalten wollte: „Was willst du, dass ich dir tun soll?“ Er half und heilte nur Menschen, die dies auch wollten und ihn darum baten. Sogar hierin handelte er nicht über die Köpfe der Menschen hinweg.

Dazu Philip Yancey in seinem lesenswerten Buch „Der unbekannte Jesus“:

Das Muster der Selbstbeherrschung und Zurückhaltung, das in der Wüste seinen Anfang nahm, setzt sich im weiteren Leben Jesu fort. An keiner Stelle zwang er die Menschen zu irgendetwas. Vielmehr zeigte er die Konsequenzen der jeweiligen Entscheidung auf und ließ seinem Gegenüber die Wahl. Er gab dem Reichen eine klare Antwort und ließ ihn dann gehen. Und Markus fügt extra noch hinzu: „Jesus sah ihn an und gewann ihn lieb.“ Jesus schätzte realistisch ein, wie man auf ihn reagieren würde: „Und weil Gottes Gebote missachtet werden, setzt sich das Böse überall durch. Und die Liebe wird in vielen verlöschen.“ Man spricht manchmal von dem Helfersyndrom und meint damit die krankhafte Sucht, sich um die Probleme anderer zu kümmern. Aber der, der als Einziger wirklich helfen konnte, war von einem solch übertriebenen Drang erstaunlich frei. Er fühlte sich nicht genötigt, die ganze Welt zu seinen Lebzeiten zu bekehren oder Menschen zu heilen, die (noch) nicht geheilt werden wollten. Kurz gesagt: Jesus hatte eine ungeheure Achtung vor der Freiheit des Menschen. Selbst als der Teufel verlangte, Petrus auf die Probe stellen zu dürfen, schlug Jesus dies nicht aus. Seine einzige Antwort war: „Aber ich habe für dich gebetet, damit du deinen Glauben nicht verlierst.“ Als sich die Menge abwandte und viele Jünger ihn verließen, fragte er die zwölf fast wehmütig: „Wollt ihr auch weggehen und mich verlassen?“ Als er sich seinem Schicksal in Jerusalem näherte, entlarvte er Judas, aber er versuchte keineswegs, dessen Tat zu verhindern – auch das eine Folge seiner selbstauferlegten Zurückhaltung.[11]

Mich haben diese Worte zum Nachdenken gebracht. Als Gott mich auf meine Fehlhaltung aufmerksam gemacht hatte und ich entdeckte, wie mein Leben davon durchdrungen war, entdeckte ich das Buch „Nach Jesu Bild“ von Andrew Murray, der zu den herausragenden Gottesmännern der Neuzeit gehört. Alle Kapitel seines Buches beziehen sich auf 1. Johannes 2,6: *Wer sagt, dass er in ihm bleibe, ist schuldig, selbst auch so zu wandeln, wie er gewandelt ist (RElb).*

Wie oft fragen wir uns, woran wir erkennen können, ob wir „in“ Jesus sind oder nicht? Wann sind wir „in“ ihm und wann nicht? Die Antwort finden wir in diesen Versen, und sie ist eigentlich ganz simpel. Indem ich das tue, was Jesus tat, indem ich mich so verhalte wie er und sein Wesen annehme, bin und bleibe ich „in“ ihm.

Murray versteht es, dem Leser die Person Jesu und seine Lebensweise vor Augen zu führen und lieb zu machen, und dem tut auch seine etwas altertümliche Ausdrucksweise keinen Abbruch. Wie lebte Jesus und wie ging er mit Menschen um? Wie ging er mit Konflikten um? Wie reagierte er, wenn man ihn angriff oder in Streitgespräche verwickelte? Was tat er, wenn er mit der Widerspenstigkeit und dem Unverständnis der Menschen konfrontiert war? Wenn wir uns mit entsprechenden Textstellen in den Evangelien befassen, stellen wir fest: Jesus oktroyierte keinem Menschen seinen Willen, er zwang keinen zu irgendetwas – noch nicht einmal zu seinem Glück. Weder dominierte Jesus die Menschen, noch manipulierte oder kontrollierte er sie. Er respektierte den Willen eines jeden, der ihm begegnete.

Auch dort, wo er uns dazu aufruft, Gott zu gehorchen und seinen Willen zu tun, handelt es sich nicht um Machtgebaren oder darum, seine Bedürfnisse auf unsere Kosten bei uns zu stillen, sondern einzig und allein darum, dass „es *uns* gut gehe und wir lange leben auf Erden“ (Ex 20,12).

Je mehr und länger mein Blick beim Lesen so auf Jesus gelenkt wurde, um so mehr fand ich Gefallen an seinem Wesen, seinem Umgang mit den Menschen. Ich gewann seine Sanftmut, sein Feingefühl, seine Behutsamkeit lieb, aber auch seine Klarheit, die er den Menschen zumutete. In mir wuchs der Wunsch, wie er zu werden. Ich sehnte mich danach, dass Gott all das Harte, Bittere und Spitze aus meinem Leben entfernte.

Jesus wirkt in uns durch den Heiligen Geist, der ihm wesensgleich ist: *Der Geist Gottes ist wie ein innerer Prophet und Lehrer.*

Er kommt nicht einfach über uns, und er ist auch nicht einfach in uns. Seine erste Frage wird immer sein: „Bin ich willkommen?“ Er hört auf unser inneres Ja. Er ist ein mit uns Leidender, ein um uns Werbender, ein uns Liebender. Er wird sich nicht aufdrängen, wenn ein Mensch sich in seiner Finsternis davor verschließt, Gottes Wort zu hören und Gottes Willen zu tun. Nichts aber wird ihn stärker einladen und anziehen als der Ruf unseres Herzens: „Komm, Heiliger Geist, hilf mir Gottes Willen zu tun!“ Wer so betet, der entfaltet sein Leben (Martin Schleske[12]).

Ja, es ist so: Wenn wir uns mit Jesus Christus beschäftigen, uns seine Worte zu Herzen nehmen und dem Heiligen Geist Raum in uns geben, dann wird unser Denken, Meinen und Glauben nach und nach verwandelt. Wir werden mehr und mehr in Gottes Gedanken und seine Wahrheit hineingeführt. Die Dunkelheit muss dem Licht der Liebe Gottes weichen. Die Prioritäten unseres Lebens verändern sich, ja, wir entfalten die Qualität von Leben, zu der wir von Ewigkeiten her berufen sind. Es ist ein umwälzender, spannender Prozess, in und durch den Gott uns führt und der uns Jesus immer ähnlicher werden und in der Liebe wachsen lässt.

Unsere Wiederherstellung geschieht jedoch nicht ad hoc, sondern wachstümlich – es ist ein Reifungsprozess. Dabei sollen die Hindernisse in unserem Leben entlarvt und beseitigt werden, die uns in unserer Liebes- und Beziehungsfähigkeit behindern und einschränken: *Und er sagt: Macht Bahn, macht Bahn! Bahnt einen Weg! Beseitigt jedes Hindernis aus dem Weg meines Volkes! (Jesaja 57,14.15 EÜ).*

Der Heilige Geist spricht zu uns und lässt uns die Dinge erkennen, die uns hindern, in der Liebe zu leben. Es ist der Dienst des Heiligen Geistes, auf den wir zutiefst angewiesen sind, uns in alle Wahrheit zu führen – auch über uns selbst. Er war es letztlich, der mich auf die Beziehungs-Hindernisse in meinem Leben aufmerksam machte. Auf meinem Weg der Veränderung und Heilung war es für mich allerdings wichtig, die grundlegenden Mechanismen von Machtkämpfen erst einmal zu verstehen.

Unsere Erfahrung in der Therapie, Beratung und Seelsorge zeigt, dass wir Befreiung, Heilung und Veränderung sehr konkret erfahren können - Gott sei Dank! Doch vorher müssen wir einen Prozess des Verstehens durchlaufen. Wir sollen verstehen, was in unserem Leben falsch läuft. In der Regel ist das Erkennen und Begreifen der Zusammenhänge und Hintergründe unserer Probleme die Voraussetzung für Veränderung und Heilung.

Es gibt eine gute Nachricht: Gott hat einen Ausweg für jeden, der sich an ihn wendet. Gott gibt uns keinen Stein, wenn wir ihn um Brot bitten. Veränderung und Heilung sind möglich, und der Weg, den Gott mit jedem von uns dafür gehen will, ist einzigartig und ganz persönlich. Oft ist er aber erschreckend lang und mühsam - doch wir können ihn leider nicht abkürzen.

Denn sie säen Wind und sie ernten Sturm
Hos 8,7 EÜ

Die private Logik, die sich jeder zurechtlegt, (...) verhindert die Einsicht, dass die meisten Schwierigkeiten und Unannehmlichkeiten im Leben die logische Folge von Irrtümern in unserem Lebensplan sind.
Rudolf Dreikurs[13]

3. Achtung Machtkampf!

„Sie verstricken andere in Machtkämpfe!" Ich absolvierte gerade eine Einzelanalysestunde, die ich im Rahmen meiner Seelsorge-Ausbildung absolvieren musste, und die Feststellung meiner Ausbilderin traf mich hart und unerwartet. Ich und Machtkämpfe? Von mir sollten Machtkämpfe ausgehen? Wurde ich nicht durch andere Menschen in solche verwickelt? Diese Sichtweise war mir völlig neu, und ich hätte sie schon gar nicht in Zusammenhang mit der Situation gebracht, die wir in der heutigen Sitzung bearbeitet hatten.

Es ging dabei um eine Begebenheit in meiner Ausbildung zur Krankenschwester und lag Jahre zurück. Jedoch gehörte sie zu einer Art von Situationen, von denen es in meinem Leben schon etliche gegeben hatte und die alle irgendwie nach dem gleichen Muster abliefen. Sie waren allesamt unerfreulich gewesen und hatten einen bitteren Nachgeschmack hinterlassen. Bei vielen hatte ich den Eindruck gehabt, mir sei Unrecht widerfahren.

Ich war Schwesternschülerin auf der chirurgischen Station unseres Krankenhauses und gerade dabei, einer Patientin den Verband zu wechseln, als mich eine Kollegin draußen auf dem Flur rief – anscheinend sollte ich etwas für sie erledigen. Da ich mich jedoch nicht stören lassen wollte, überhörte ich ihr Rufen geflissentlich und beendete den Verbandwechsel. Als sie mich später dafür zur Rede stellte, behauptete ich, sie nicht gehört zu haben.

Sie aber war sauer auf mich und ließ mich dies auch spüren. Ich fühlte mich wie ein begossener Pudel.

Hätten Sie vermutet, dass das Kernproblem dieser Situation „Machtkampf" lautet? Ich nicht! Erst die Bearbeitung der Begebenheit war ein Augenöffner für mich und der Beginn eines langen Prozesses des Erkennens und des Ausstiegs aus Machtkämpfen sowie auch der Heilung meiner Persönlichkeit und meiner Beziehungen – auch meiner Gottesbeziehung.

Durch meine eigene Betroffenheit bekam ich das Thema in den Blick und wurde so dafür sensibilisiert. In den Jahren danach bin ich dann immer wieder darauf gestoßen, und zwar zunächst durch Alltagsbeobachtungen.

Im Laufe der Jahre war es die Beratungsarbeit, insbesondere die Paarberatung, durch die ich zunehmenden Einblick in die Machtthematik bekam. Inzwischen behaupte ich, dass es kaum ein Beziehungsproblem gibt, aus dem so viel Unheil erwächst, bei Christen wie bei Nichtchristen. Machtkämpfe lassen Ehen und Ehebetten zu Kriegsschauplätzen werden, bringen Streit und Spaltung in christliche Werke und Gemeinden und belasten die Beziehungen von Eltern zu ihren Kindern. Sie vergiften das Betriebsklima am Arbeitsplatz unter Kollegen. Es gibt kaum etwas Destruktiveres, als dass Menschen um Macht oder mit Macht um etwas kämpfen, sei es um Anerkennung, Positionen oder Einfluss. Warum ist das so? Es liegt daran, dass, wo immer ein Mensch zu kämpfen beginnt, dies auf Kosten anderer Menschen und auf Kosten der Beziehung geht, weil es dabei nicht nur einen Sieger gibt, sondern immer auch einen Verlierer. Machtkampf ist ein äußerst virulenter Beziehungskiller und damit Ausdruck einer Störung in unserer Beziehungsfähigkeit; er ist ein Fehlverhalten, das einer inneren Fehlhaltung entspringt. Überlegenheit oder Herrschaft über andere zu gewinnen, seinen Willen durchzusetzen, ist ein Ziel, das den meisten Beziehungskonflikten zugrunde liegt und dabei geht es nur um eins: Siegen um jeden Preis! Man kann daher auch von Fehlziel, Verfehlung oder Haltungssünde sprechen, da es das Ziel aller Dinge verfehlt: die Liebe. Die eigene leidvolle Erfahrung mit diesem Thema hat mich dies gelehrt.

Machtkämpfe werden von dem übermächtigen Wunsch angestachelt, sich mit seinen Vorstellungen, Zielen, Ideen, Bedürfnissen und (vermeintlichen) Rechten durchzusetzen. Vor etlichen Jahren fand ich in der Zeitung eine kleine Notiz unter der Überschrift *Zur Strafe keinen Sex* (zitiert in den Ruhrnachrichten vom 6.10.2004). Es ging um eine Umfrage der Zeitschrift Freundin unter mehr als 1000 Frauen und Männern zwischen 18 und 60 Jahren. Etwa 69 % der Befragten hielten es danach für angemessen, Druck auf ihren Partner auszuüben, um den eigenen Willen durchzusetzen. 43 % der Frauen und 28 % der Männer waren der Meinung, dass man so seinen Partner verändern könne …

Es ist wohl so, dass in fast jedem Menschen eine gewisse Grundbereitschaft zum Machtkampf vorhanden ist. Die menschliche Spezies ist von Natur aus rebellisch, wie wir es schon im ersten Buch Mose zum Beginn der Menschheitsgeschichte nachlesen können. Sie selbst will bestimmen und sich nicht der Herrschaft Gottes unterwerfen. Sie tritt mit ihrem Schöpfer in einen Machtkampf, indem sie ihm den Gehorsam verweigert – mit tragischen Konsequenzen. Wir alle sind betroffen. Seitdem zieht das Thema seine destruktive und vielfach blutige Spur durch die Menschheitsgeschichte.

In fast allen Bereichen des alltäglichen Lebens kommen wir mit dem Thema Macht in Berührung, natürlich nicht immer so spektakulär wie bei den großen Ereignissen, politischen Auseinandersetzungen oder Kriegen. Der Kampf um die Herrschaft kommt oftmals eher unterschwellig, verborgen oder getarnt daher. Schon im Kindergarten will einer über den anderen bestimmen. Für unsere Jungen war es immer von großer Bedeutung klarzustellen, wer denn nun der Boss ist.

Neulich wurde mein Mann zufällig Zeuge einer Unterhaltung zwischen zwei kleinen Jungen auf einem Spielplatz; sie handelten gerade die Hierarchie aus. Der eine meinte: „Ich bin der Boss!" Stirnrunzeln beim anderen und nach einer Weile angestrengten Überlegens: „Ich bin aber der Vater!" Darauf fiel dem ersten nichts mehr ein. Rolf merkte ihm an, dass ihm diese Entwicklung gar nicht gefiel, aber er schwieg. Jedenfalls hatten die beiden erst einmal die Art ihrer Beziehung miteinander ausgehandelt und definiert und setzten ihr Spiel fort. Wie es weiter ging, bekam Rolf nicht mehr mit.

Andere Beispiele: der Kleinkrieg im Straßenverkehr, die Hackordnung am Arbeitsplatz oder die Konkurrenzkämpfe unter Geschwistern. Da geht es nicht um große Machtgefüge, sondern um das Verhalten ganz normaler Menschen im ganz normalen Leben.

Die Bereitschaft zu Machtkämpfen kommt in mancher Unterhaltung ans Licht, etwa durch zunächst einmal harmlos erscheinende Äußerungen wie diese: „Das würde ich mir aber nicht gefallen lassen!“ – „Dem habe ich es aber gezeigt!“ – „Da habe ich aber erst mal klargemacht, wer hier das Sagen hat!“ Es kommt auch in Redewendungen zum Ausdruck, wo jemandem „die Hörner zurechtgebogen werden“, andere „kleingemacht“, „gebügelt“, „zusammengefaltet“ oder „zusammengestaucht“ werden. Machtkampftypen bevorzugen Lebensmottos wie: „Was nicht passt, wird passend gemacht!“, und: „Man muss es nur wollen!“, oder: „Geht nicht gibt’s nicht!“

Ertappen Sie sich während einer Auseinandersetzung bei der trotzigen Bemerkung: „Jetzt *gerade* nicht!“, ist dies ein sicheres Indiz dafür, dass Sie gerade dabei sind, ein Kämpfchen zu eröffnen – *Sie*, nicht Ihr Konfliktpartner!

Macht kann selbst das Ziel sein. Ich will meinen Willen durchsetzen, ich will die Herrschaft, um ihrer selbst willen. Macht kann aber auch zur Erreichung anderer Ziele eingesetzt werden: für Anerkennung, Aufmerksamkeit, mein (vermeintliches) Recht oder dafür, dass der andere endlich sein Unrecht oder seine Schuld einsieht. Ich kann *um* Macht als solche ringen, aber ich kann auch *mit* Macht um etwas kämpfen; im ersten Fall ist die Macht das Ziel, im zweiten ist sie Methode. Beides verstehe ich unter Machtkampf.

Fachleute beschreiben, dass die Neigung, sich und andere in Machtkämpfe zu verstricken, bei vielen psychischen Störungen zu beobachten ist. Auch bei psychotischen Erkrankungen spielt Macht offenbar eine Rolle. Denn es gibt fast keine andere Krankheit, bei der sich die gesamte (therapeutische) Umgebung dermaßen ohnmächtig fühlt, dass diese Hilflosigkeit Rückschlüsse auf die Beziehungsdynamik zulässt.

Im Weitern möchte ich allerdings nicht über den psychisch Kranken oder typischen Machtmenschen schreiben, den dominanten Despoten oder gerissenen Intriganten, bei dem Macht das Leitmotiv seines Lebensstils und damit die Hauptausrichtung seines Denkens und Handelns darstellt und seine gesamte Persönlichkeit prägt.

Ich werde über den Lebensstil von Menschen wie Sie und mich schreiben. Dazu eine Anmerkung: Wenn ich in diesem Buch den Begriff „Lebensstil" verwende, so fülle ich ihn im Sinne der von Alfred Adler begründeten Individualpsychologie (IP): *Der Lebensstil, die Summe unserer Lebenserfahrungen und Grundüberzeugungen, stellt unsere Strategien dar, zu überleben und in der Welt zurechtzukommen* (Reinhold Ruthe[14]). Gesinnung und Lebenswandel sind biblische Begriffe, die dem des Lebensstils am stärksten entsprechen.

Es wird also um ganz normale Leute gehen, die im Großen und Ganzen nett, sympathisch und sozial verträglich sind – wenn da nicht immer mal wieder kleine oder größere Zwischenfälle wären, unangemessene Verhaltensweisen, kleine Ausraster oder Überreaktionen. Normalerweise sind wir ruhig und gelassen im Umgang mit anderen, aber von einem Moment zum anderen kann es geschehen, als würde ein Schalter in uns umgelegt, meist aus nichtigem Anlass und für andere nicht nachvollziehbar. Etwas springt in uns an und „bekommt Ladung". Und wenn wir dann hochgehen wie ein HB-Männchen, erkennt uns niemand mehr wieder – uns selbst mit eingeschlossen.

Ein Lebensstil immer wiederkehrender Machtkämpfe zeichnet sich durch folgende Kriterien aus:

- Ich habe einen übermäßigen Drang, mich durchzusetzen,
- gleichzeitig leugne ich dies oder finde eine Rationalisierung (zum Beispiel: „Ich will doch nur dein Bestes!"),
- wobei mir beide Punkte in der Regel nicht bewusst sind.

Alle drei Punkte treffen auch auf ein junges Paar zu, das vor einiger Zeit zu uns zur Beratung kam. Sara und Ingo sind Mitte dreißig, kennen sich schon seit ihrer Jugendzeit und sind seit sieben Jahren verheiratet – ein sympathisches, hübsches Paar! Sie haben zwei Kinder im Alter von drei und sechs Jahren. Die beiden haben ihren Ehebund bewusst mit Gott geschlossen und lieben sich, wie beide glaubhaft versichern. Er meint, sie sei eine tolle Frau, wobei seine Augen leuchten.

Als Problem nennen sie immer wieder kehrende Konflikte, die regelmäßig eskalieren.

Schon zu Beginn des Gespräches wird deutlich, das er ein selbstbewusster Typ ist, der in ruhiger Gelassenheit und sehr klar und nüchtern die Dinge beschreibt. Sie dagegen wirkt auf mich zunächst zurückhaltend und schüchtern.

Ich lasse mir von beiden das Zustandekommen und den Verlauf der Konflikte näher beschreiben. Sie fängt an und meint, ihr Mann sei seit Beginn der Ehe unzufrieden mit ihr. Ich hake nach inwiefern? Sie gibt an, dass er sie als streitsüchtig bezeichne. In ihrer Beziehung gebe es keine Konstante, stimmungsmäßig gehe es ständig auf und ab, Kleinigkeiten würden sehr schnell zu großen Problemen. Er bestätigt dies und meint, die Launen seiner Frau seien ein echtes Problem, sie sei regelrecht konfliktsuchend und harmonievernichtend. Irgendwann verliere er dann seine Beherrschung und flippe aus. Darauf meint sie, es habe schließlich einen Grund, wenn sie schlecht gelaunt sei: „Er sieht meine Bedürfnisse einfach nicht, er reagiert nicht auf mich. Er macht seine Grenzen immer weiter, alles ist wichtiger als ich – entweder er arbeitet oder er ist beim Sport." Als sie dies sagt, verdreht er seine Augen, verschränkt seine Arme und lehnt sich demonstrativ in seinem Stuhl zurück, worauf sie mir einen vielsagenden Blick zuwirft. „Ich möchte dir nicht immer sagen müssen, was ich brauche", sagt sie, worauf er meint, sie könne ihm ja mal einen Anhaltspunkt geben; aber nein, sie bestrafe ihn und verhalte sich bewusst provokativ. Darauf sie, zunehmend emotionaler und schärfer: „Er bestraft mich und redet eine Woche lang nicht mit mir!" Er kontert herausfordernd: „ Ja, ich habe dicht gemacht, ständig sucht sie bei mir nach Fehlern!" So geht es eine ganze Weile hin und her und vor mir entfaltet sich das Szenario, das die beiden nun schon jahrelang praktizieren. Sie demonstrieren mir ihren Konflikt sehr anschaulich und lebensnah. Ich kann mir lebhaft vorstellen, wie sie ihm zu Hause die Hölle heiß macht und wie er im Gegenzug mauert.

Wieso bringt er es nicht fertig, einzulenken, sie in den Arm zu nehmen und zu sagen: „Liebling, heute bleibe ich zu Hause."? Und warum gelingt es ihr nicht, ihre Zornesausbrüche zu kontrollieren, sich zurückzunehmen und so zu verhindern, dass der Streit eskaliert? Als ich schließlich feststelle, sie befänden sich wohl in einem dicken Machtkampf, nicken beide.

Was ist dazu nötig, um aus einer solchen Dynamik herauszukommen? Für mich persönlich bildeten das Verständnis der verschiedenen Aspekte des Machtkampfes und das Durchschauen seiner Mechanismen die Voraussetzung dafür, dass ich „aussteigen" konnte. Erkennen und Veränderung mussten dabei Hand in Hand gehen. Es galt, die Reize zu erkennen, die mich mit Machtkampf reagieren, mich innerlich „anspringen" ließen. Auch die Denkprozesse, die den Kampf einleiteten und begleiteten und die damit verknüpften Gefühle musste ich verstehen lernen. Ich fing an, mich selbst in den Blick zu nehmen und die Menschen, die mit mir zusammenspielten. Das war ein langer Weg mit vielen kleinen und großen Schritten, aber auch mit manchen Rückschlägen, die mich schier verzagen ließen. Doch ich spürte, dass es sich lohnte, die Mühe der Veränderung auf mich zu nehmen. Und ich merkte, dass Gott mich darin fortwährend unterstützte und ermutigte. Eine solche Arbeit an uns selbst, mit der wir die Hindernisse von unserem Lebensweg mit seiner liebevollen Unterstützung entfernen, nennt die Bibel Heiligung.

Im Folgenden wollen wir das Thema „Machtkampf" unter verschiedenen Aspekten beleuchten.

3.1 Methoden und Spielarten

Beim Ringen um Herrschaft kommen die unterschiedlichsten Mittel und Methoden zum Einsatz. Ich unterscheide dabei verschiedene Kategorien, wobei es meist um eine Mischung dieser Gruppen geht:

- aggressive und „liebe" Methoden
- aktive und passive Methoden
- verdeckte und offene Methoden

Aggressive Methoden oder Waffen werden in der Regel offensichtlich und aktiv eingesetzt, um sich durchzusetzen, und wir können sie sehr klar als „negativ" identifizieren. Dazu gehören Einschüchterung, Gewalt, Verleumdung und Missbrauch aller Art. Über Machtmenschen ist immer wieder geschrieben worden, ihre Methoden haben etwas durchweg Einschüchterndes und Entwertendes. Der andere wird runtergemacht, angeschrien, kritisiert, bloßgestellt, nicht ernst genommen, geschnitten, kontrolliert. Man begegnet ihm ironisch, kritisch, rechthaberisch, dominant. Alle diese Methoden werden höchst aktiv angewandt und sind äußerst destruktiv.

Genauso aggressiv, aber eher verdeckt Macht auszuüben ist es, andere auflaufen zu lassen. Widerstand zu leisten oder sich zu verweigern gehen auch in diese Richtung.

Das Machtmittel Zwang kann sehr offensichtlich aggressiv, aber auch verdeckt und lieb zum Einsatz kommen. Zum Beispiel, wenn es um das (vermeintliche) Glück des anderen geht. Angenommen, ich schenke jemandem eine Tasse Kaffee nach, obwohl er bereits dankend abgelehnt hat, dann habe ich meinen Willen durchgesetzt. Ich respektiere seinen Willen nicht und überschreite seine Grenze. Man mag einwenden, dass es sich hierbei ja nun wirklich um eine Nebensächlichkeit handelt. Aber ist es nicht so, dass sich unser Leben zum großen Teil aus Kleinigkeiten zusammensetzt? Wir müssen es lernen, das Nein des anderen zu respektieren, auch in all den kleinen Dingen unseres Lebens. Das gilt auch für die Hilfe oder den Rat, den ich jemandem aufdränge, obwohl er mich darum gar nicht gebeten hat. Es gilt deshalb die Regel, sich immer erst die Erlaubnis eines Menschen geben zu lassen, bevor man ihm rät oder hilft.

Ein häufiges Machtmittel stellt Kontrolle dar. Für mich als Beraterin ist es immer wieder erstaunlich zu sehen, in wie vielen Beziehungen kontrolliert wird: das Konto des anderen, wie viel Geld er ausgibt und wofür, seine Korrespondenz, mit wem er sich trifft oder nicht. Wir kennen Paare, bei denen Kontrolle im gegenseitigen Einvernehmen eingesetzt wird, weil der Mann pornosüchtig ist. Die Partnerin hat die „Vollmacht" über das Passwort des Computers und kann somit kontrollieren, welche Seiten er sich anschaut. Das alles ist, wenn auch abgesprochen, natürlich alles andere als gesund und nur aufgrund der verzweifelten Hilflosigkeit bei dieser Problematik zu verstehen.

Machtmittel sind nicht immer sofort als solche zu erkennen. Es gibt sehr „liebe" Methoden, die schwer zu entlarven sind, sodass wir gar nicht bemerken, dass wir dominiert werden. Wie leicht lassen wir Menschen uns durch Komplimente, Hilfsbereitschaft und Geschenke bestechen oder blenden! Was kann man doch alles erreichen, indem man dem anderen schmeichelt, ihm den Bauch pinselt! Diese Art Manipulation ist sehr wirkungsvoll!

Dann gibt es noch einen Lebensstil, den wir hier und dort in christlichen Gemeinden finden, sein Moto lautet „Herrschen durch Dienen". Menschen mit einem solchen Lebensstil finden sich oft in Schlüsselpositionen und haben deshalb alles unter ihrer Kontrolle. Sie setzen sich überall ein, sind hilfsbereit, haben in viele Bereiche Einblick und mischen dort sehr offensichtlich und sehr aktiv mit. Das gibt ihnen gleichzeitig eine Menge an Einflussmöglichkeiten – allerdings meist verdeckt. Auch Menschen, die gern heiße Eisen anfassen und heiße Kartoffeln aus dem Feuer holen (natürlich nur für andere!) oder dafür bekannt sind, sollten ihre Motivation hinterfragen.

Letztens hörte ich von einer ähnlichen Strategie: Tyrannei der Schwachheit. Diesen Lebensstil erlebte jemand bei seinem

Schwiegervater, der traumatisiert aus dem Krieg heimgekehrt war. In seiner Schwachheit übte er sehr lieb und daher verdeckt eine große Macht innerhalb der ganzen Familie aus, der sich niemand zu widersetzen wagte.

Ein ähnlich effektives Werkzeug des Machtkampfes, das sich gerade deshalb als wirkungsvoll erweist, weil es so harmlos „daherkommt", ist die Hilflosigkeit. Es gibt Menschen, die diese Spielart geradezu meisterlich beherrschen und denen es gelingt, andere Menschen auf diese Weise zu aktivieren. Man braucht sich nur etwas ungeschickt anstellen, schon gibt es einen Helfer, der die Sache erledigt. Auch körperliche Beschwerden und Krankheiten können Waffen der Macht sein: Vater muss sich nur ans Herz fassen und schon springen alle.

Rückzug in Kombination mit Verweigerung gehört zu den wirkungsvollsten passiv-verdeckten Spielarten des Machtkampfs und wird häufig von Menschen eingesetzt, die sich selbst als schwach und ohnmächtig erleben. Wenn diese Waffe zudem noch in Verbindung mit Schweigen zum Einsatz kommt, dann entfaltet sie eine unglaubliche Kraft – der andere wird schachmatt gesetzt! Liebesentzug ist zum Beispiel eine Form der Verweigerung; man lässt den anderen emotional oder sexuell am langen Arm verhungern, bis er sich fügt. Dies sind äußerst aggressive, passiv-verdeckte Methoden.

Man kommt nicht sofort darauf, aber Reden kann auch ein Machtmittel sein. Kennen Sie Unterhaltungen, in denen nur der andere redet? Menschen, die ohne Punkt und Komma sprechen, dominieren eine Unterhaltung. Sie setzen sich durch und bestimmen das Gesprächsthema, indem sie den anderen nicht zu Wort kommen lassen.

Bei vielem, was in deutschen Gerichtssälen ausgetragen wird, handelt es sich bei genauerem Hinsehen um nichts anderes als offene oder verdeckte Machtkämpfe. Daniel Goudevert beschreibt dies in seinem Buch „Wie Gott in Deutschland":

Dem nach innen gerichteten Blick ist scheinbar kaum ein Anlass zu gering, als dass er nicht als Kränkung, Beleidigung, Zurücksetzung, als Ungerechtigkeit gedeutet werden könnte ... Die Bei-

spiele ließen sich beliebig fortsetzen und sind zum Teil an Absurdität kaum zu überbieten: Die „Belästigung" durch Gartenzwerge oder des Nachbarn Apfelbaum, dessen Zweige über meinem Grundstück hängen, die Frage, ob man beim Betreten einer Amtsstube anzuklopfen habe oder ob ein Reiseveranstalter in Regress genommen werden könne, wenn ein Paar in dem „zu kleinen" oder „zu weichen" Hotelbett des gebuchten Urlaubsdomizils nicht die gewünschte Beischlafqualität findet – es gibt praktisch nichts, was vor deutschen Gerichten nicht schon erörtert worden wäre. Die Prozesswut der Deutschen scheint keine Grenzen zu kennen (Daniel Goeudevert[15]).

Die Möglichkeiten, sehr offensichtlich oder sehr subtil Herrschaft auszuüben, seinen Stiefel durchzuziehen und sich durchzusetzen sind schier unbegrenzt.

Es gibt Regeln und Formen der Höflichkeit und Rücksichtnahme, die zwar nicht gesetzlich festgeschrieben sind, die aber trotzdem allgemein be- und anerkannt sind. Manche Menschen widersetzen sich diesen Regeln hartnäckig. Es interessiert sie nicht, ob sie andere stören, bedrängen oder in ihren Bedürfnissen verletzen. Man kann sie nicht belangen, da sie ja nicht illegal handeln. Natürlich stellen sie ein Ärgernis dar, sie werden anderen zum Anstoß, aber das interessiert sie nicht. Sie stellen ihr Auto auf den angestammten Parkplatz des anderen, sie lassen ihren Müll einfach liegen, sie scheren sich nicht um die einfachsten Regeln mitmenschlichen oder nachbarschaftlichen Zusammenlebens. Das alles kann Verweigerung sein und damit passiver Machtkampf sein. Die Devise dieser Menschen heißt: „Das ist nicht mein Problem!", ein Ausspruch, der uns in abgewandelter Form schon zu Beginn der Menschheitsgeschichte begegnet: „Sollte ich meines Bruders Hüter sein?" Die Bibel sieht es sehr wohl so, dass uns die Probleme des Bruders und der Schwester etwas angehen. So einfach kommen wir nicht davon. Daher sagt Paulus: *Doch ihr müsst darauf achten, dass die Freiheit, die ihr für euch in Anspruch nehmt, für diejenigen, die ein empfindliches Gewissen haben, kein Hindernis wird, an dem sie zu Fall kommen (1. Korinther 8,9 NGÜ)*. Diese Aussage betrifft in ihrem ursprünglichen Zusammenhang zwar einen anderen Bereich, nämlich den des Essens von Götzenopferfleisch, aber das geistliche Prinzip, das Paulus hier vermittelt, kann auf alle Lebensbereiche übertragen werden: Wir können uns unserer Verantwortung für unseren Nächsten nicht so einfach entziehen. Wir sollen liebevoll, respekt- und taktvoll und nachsichtig mit anderen umgehen und ihnen nicht zum Anstoß werden. Dem ernsthaft nachzukommen, kann bedeuten, uns freiwillig in unseren so geliebten und hartnäckig verteidigten Freiheiten einzuschränken, dem anderen zuliebe.

Selbst das Wort Gottes kann als Machtmittel missbraucht werden. In unseren Gemeinden gibt es Menschen, die auf „fromme" Weise verletzt wurden, häufig in gesetzlich-engen Kreisen oder Familien, in denen sie einer falschen Lehre ausgesetzt waren. Diese Menschen berichten, dass sie als Kinder zum Beispiel dazu gezwungen wurden zu vergeben. Sie *mussten* dem anderen verzeihen, ob sie wollten oder nicht. Wir haben erlebt, wie so jemand angriffig und polemisierend, für uns zunächst völlig überraschend und unverständlich reagierte, als wir in einem Seminar über Vergebung sprachen. Dieser Mensch war zutiefst verletzt, sodass er für das Gute und Heilbringende des Evangeliums nicht mehr empfänglich war. Eine lange Zeit der Seelsorge kann nötig sein, bis solch ein „verbogener" Christ die Heilung Gottes annehmen kann.

Im Prozess mit Ingo und Sara ist es zunächst von Bedeutung, dass sie aufhören, anklagend auf den anderen zu verweisen. Es ist für sie wichtig, ihr eignes Verhalten zu reflektieren. An jedem Konflikt haben beide Parteien ihren Anteil, und jede muss sich mit ihrem eignen befassen. Nachdem ich mit dem Paar über die unterschiedlichen Methoden von Machtkämpfen gesprochen habe, bekommen sie die Hausaufgabe, zunächst einmal nur ihr eigenes Verhalten im Konflikt zu beobachten. Sie sollen sich selbst in den Blick nehmen und auf ihre individuellen Strategien im Konflikt achten. Es geht also zunächst einmal nur darum wahrzunehmen, um für das eigene Verhalten sensibel zu werden.

Diesen Prozess der bewussten Selbstwahrnehmung habe ich auch durchlaufen. Zwei Methoden aus meinem Leben haben wir ja schon kennen gelernt. In der Situation mit Rebecca war es Einschüchterung (aggressiv, offen, aktiv). Indem ich sie anschrie, wollte ich sie einschüchtern und dazu bringen, meinem Willen zu entsprechen. In der Krankenhaus-Situation griff ich zur Lüge (verdeckt, aktiv), indem ich behauptete, das Rufen meiner Kollegin nicht gehört zu haben, obwohl ich es sehr wohl mitbekommen hatte.

Je mehr ich für Machtkämpfe und ihre Methoden sensibilisiert wurde, um so mehr entdeckte ich, wie weit sie verbreitet sind und wie schwer man sie in den Blick bekommt, besonders wenn sie verdeckt, „lieb" oder passiv ausgetragen werden.

Mit welchen Methoden setzen Sie Ihren Willen durch?

3.2 Das Grundprinzip verstehen

Im weiteren Verlauf meines Prozesses ging es darum, das Prinzip der Entstehung und Aufrechterhaltung von Machtkämpfen zu verstehen. Die IP bietet uns ein hervorragendes Modell an, mit dem wir den Grundmechanismus besser verstehen können. Es ist das Prinzip der Überkompensation, das ich anhand folgender Grafik in Anlehnung an Rudolf Dreikurs[16] erklären werde.

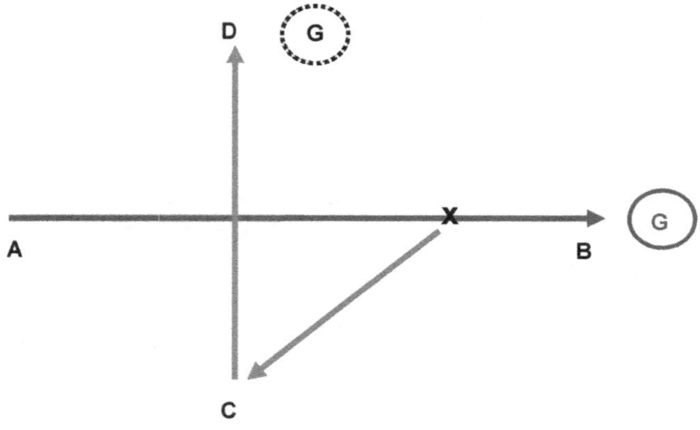

Fangen wir mit der Linie A-B an. Sich auf dieser Linie zu befinden, wünscht sich jeder von uns. Es ist die Linie von Gleichwertigkeit und Gemeinschaft, wofür das G steht. Wenn wir uns hier befinden, geht es uns gut, wir sind mit unserem Leben und der Welt zufrieden. Wir ruhen in uns selbst. Unsere grundlegenden Bedürfnisse werden hier in und durch die Gemeinschaft gestillt. Das bedeutet jedoch nicht, dass immer alles nur glatt läuft. Auf dieser Ebene erleben wir durchaus beides: erfreuliche Situationen, aber auch Misserfolge, Enttäuschungen, Niederlagen. Doch wir sind in der Lage, mit ihnen umzugehen, sie zu meistern – sie dürfen zu unserem Leben dazu gehören. Grundsätzlich gilt für die Linie A-B: Wir haben unseren Platz in der Gemeinschaft gefunden, sind auf Augenhöhe mit anderen und können uns und unsere Vorstellung im Einklang mit ihnen verwirklichen.

Doch jeder von uns kommt auf dieser Linie irgendwann mit Punkt X in Berührung, ob wir wollen oder nicht. Hierbei geht es um Erfahrungen, die Verunsicherung in unser Leben und damit gewissermaßen einen Bruch in dieses ideale Gemeinschaftserleben und die gelebte Gleichwertigkeit bringen. Es handelt sich um Ereignisse, die uns in unserem Selbstwertgefühl erschüttern, um individuelle Verletzungen, die sich jeder Mensch im Laufe seines Lebens zuzieht. Es sind Erfahrungen, die häufig etwas mit Versagen, Ablehnung oder Demütigung zu tun haben, oftmals auch mit Mangel, wo etwas in uns leer und unerfüllt bleibt. Und immer resultiert aus solchen Erfahrungen ein Gefühl von Makel und Entwertung, von Minderwertigkeit. Unsere Erfahrung ist es, dass es im Leben der allermeisten Menschen einen solchen Punkt X, einen solchen Verletzungspunkt gibt – und sicher nicht nur einen. Die IP nennt ihn Primärkonflikt.

An diesem Punkt verändert sich Grundlegendes auf der Lebenslinie eines Menschen: Sie geht abwärts hin zu Punkt C. Ein Mensch, der an seinem Selbstwert zweifelt, erlebt sich selbst als unter den anderen stehend und die anderen als überlegen. Die meisten von uns kennen diese schmerzhaften Empfindungen. An Punkt C hat man die Ebene der Gleichwertigkeit und des Gemeinschaftserlebens verlassen. Man fühlt sich außen vor.

Was tut ein Mensch, der sich dort unten befindet? Die „intelligente", folgerichtige Lösung wäre ja, auf die Linie A-B zurückzukehren, auf die Ebene der Beziehung und der Gleichwertigkeit. Einem Menschen, der in seinem Selbstwert beeinträchtigt ist, genügt dieser „normale" Ausgleich, die Kompensation, jedoch nicht, wodurch er mit seinen Mitmenschen wieder auf Augenhöhe kommen würde (Linie A-B). Er wird immer nach Überlegenheit streben, um sich in der Gemeinschaft gleichwertig zu fühlen. Er wird über das Ziel hinausschießen; er wird immer *über*kompensieren: Punkt D. Hier oben angekommen, muss man besser sein als andere, um sich ihnen ebenbürtig zu fühlen. Man muss alles sein, was auf „er" endet, um sich gleichwertig zu fühlen: erfolgreicher, schöner, durchsetzungsstärker, witziger, beliebter. Ziel der Überkompensation ist es, den eigenen Selbstwert aufzubessern, was allerdings nicht gelingt. Denn genau wie an Punkt C ist man nicht auf Augenhöhe und daher nicht wirklich im Kontakt mit den anderen, was sich wiederum ungünstig auf das Selbstbewusstsein auswirkt. Daher gilt: Die Neurose ist das unintelligente Verhalten eines intelligenten Menschen.

Wo finden Sie sich in der Grafik wieder?

3.3 Das Motiv

Im Folgenden wollen wir die Grafik auf ein konkretes Beispiel aus der Beratungspraxis anwenden.

In der Grafik auf S. 40 ist das Motiv des Machtkampfes schon deutlich geworden. Es geht darum, den eigenen Selbstwert zu stabilisieren, einen Gedanken, den wir nun noch vertiefen wollen.

In dem Buch „Die Arbeit am Charakter" des Arztes Fritz Künkel stieß ich auf zwei Begriffe, die uns in unserem Verständnis weiterhelfen können:

- Sachlichkeit und
- Ichhaftigkeit bzw. Selbstbezogenheit.

Es handelt sich dabei um innere Haltungen, die sich konträr gegenüberstehen. Eine ist im Hinblick auf Beziehungs- und Konfliktfähigkeit hilfreich, die andere kontraproduktiv. Bei den meisten psychischen Störungen, so Künkel, sei eine ausgeprägte Ichhaftigkeit zu beobachten.

Je mehr das Selbstwertgefühl eines Menschen beeinträchtigt ist, desto stärker wird er das Bedürfnis verspüren sich durchzusetzen, denn Niederlagen sind für ihn gleichbedeutend mit Wertverlust und deshalb unerträglich. Aus einem Konflikt als Sieger hervorzugehen, seine Bedürfnisse durchzusetzen oder andere von seiner Meinung zu überzeugen, wird für ihn zum Muss, denn er darf auf keinen Fall der Verlierer sein. Unter einem solchen Druck zu stehen bedeutet jedoch, nicht mehr in der Lage zu sein, angemessenen und sachlich zu agieren und zu reagieren. Dies wird auch in den Diskussionen von Ingo und Sara deutlich, obwohl sie selbst diese Hintergründe noch gar nicht im Blick haben. In ihrem Ringen miteinander verfolgen beide ihr individuelles Ziel: Jeder will sich durchsetzen! Beide brauchen den Sieg, um sich dem anderen ebenbürtig zu fühlen.

Die Handlungsmotivation ist jedoch in diesem Moment nicht mehr sachlich, sondern ichbezogen, da es letztlich „nur" darum geht, sein Selbst zu stabilisieren, indem man seinen Willen durchsetzt. Wer mit oder um Macht kämpft, agiert mit einer ichhaften, selbstbezogenen Motivation: Gewinnen um jeden Preis! In der Selbstbezogenheit sieht der Mensch nur sich selbst und das, was er will und anstrebt. Was der andere möchte oder meint, interessiert ihn nicht wirklich.

Wie war das bei Jesus? Als er die Verkäufer aus dem Tempel vertrieb, agierte er ungehalten und gewalttätig. Wollte er sich etwa nicht durchsetzen? War das etwa kein Machtgebaren? Ja und Nein, denn er handelte nicht aufgrund ichbezogener Motive. Sein Anliegen war rein sachlicher und an dieser Stelle zugleich geistlicher Natur: Es ging ihm um Gottes Ehre und darum, den Tempel als Ort des Opfers und der Anbetung zu reinigen. Jesus hatte es nicht nötig, sein Selbstbewusstsein aufzupolieren. Bei einem anderen Menschen, vielleicht einem Schriftgelehrten, wäre genau dieselbe Aktion u.U. ein Machtkampf gewesen, um damit seine besondere Gesetzestreue zu demonstrieren und um seine gehobene Position zu unterstreichen. Er hätte genau das gleiche Verhalten wie Jesus gezeigt, sein Motiv wäre aber ichhaft gewesen.

Wir handeln weitaus häufiger selbstbezogen, als uns bewusst ist. Vor Kurzem erzählte mir ein Bekannter von einer Begebenheit beim Besuch bei seiner Mutter, die sich 70-jährig noch allein versorgte. Sie hatte ihn gebeten, einen Einkauf für sie zu erledigen, was er aber abgelehnt hatte, woraus ein Konflikt entstanden war. Als ich interessiert nachfragte, warum er ihrem Wunsch nicht nachgekommen sei, kam heraus, dass es für sein Nein keinen wirklichen, sachlichen Grund gegeben hatte. Er hätte die Zeit gehabt, auf ihre Bitte einzugehen. Als er darüber nachdachte und seine Reaktion selbst nicht verstand, wurde im weiteren Gespräch deutlich, dass er seiner Mutter gegenüber schon immer mit Widerstand und Verweigerung reagiert hatte. Schließlich kam er darauf, dass es zwischen ihnen einen nie thematisierten Konflikt aus seiner Kindheit gab, der sich an dieser völlig unpassenden Stelle Bahn gebrochen hatte. Außerdem wurde ihm klar, dass er es gewesen war, der einen Machtkampf – in diesem Falle in Form von Verweigerung – angezettelt hatte und nicht sie. Das Motiv, warum er dem Wunsch seiner Mutter nicht entsprochen hatte, war nicht sachlich, sondern hatte einen ichhaften Hintergrund. Wie wichtig ist es, sich mit der Motivation für sein eigenes Verhalten zu befassen!

Vor Jahren fiel mir auf, dass ich vor bestimmten Gesprächen immer unter Druck stand. Damals war ich mitten in der Seelsorgeausbildung und hatte gelernt, meine Motivation zu hinterfragen, das heißt, die „Wozu-Frage“ zu stellen – die Schlüsselfrage der IP. Wozu brauchte ich den Druck, den ich mir vor klärenden Gesprächen mit anderen machte? Wozu instrumentalisierte ich ihn? Mir wurde bewusst, dass ich mir damit „Schubkraft“ für das Erreichen meiner Ziele verschaffte. Ich stand dann genügend unter Strom, um meine Anliegen durchdrücken zu können – daher der Druck, den ich im Vorfeld empfand. Beschämt stellte ich fest, dass es mein Ziel war, „mein Ding“ durchzusetzen, das heißt, dass ich aufgrund eines völlig ichhaften Motivs handelte. Wäre mir an einer sachlichen Klärung gelegen, würde ich mir in Ruhe und Gelassenheit die Argumente des anderen anhören und überprüfen. Wäre mein Motiv sachlich, würde es mir um eine der Sache dienliche Lösung gehen, um das Wohl aller Beteiligten.

So aber ging es nur um mich und meine Vorstellungen und um meinen Willen. Nur darauf war ich in diesem Moment fokussiert und deshalb taub für das, was der andere sagte oder wollte. Immer mehr wurde mir klar, dass eine ichbezogene Motivation nicht nur unsachlich, sondern auch ungeistlich ist, was sich in folgenden Versen widerspiegelt: *„Der Herr wird für euch kämpfen, ihr aber werdet still sein" (2. Mose 14,14).* Ich war ganz und gar nicht bereit, stille zu sein.

Mit welcher Haltung gehen Sie in Klärungsgespräche? Sind Sie entspannt oder stehen Sie unter Druck? Wenn ja, unter welchem?

Menschen, die ihre Motive nicht reflektieren, agieren oft nicht sachlich, sondern auf einer persönlichen, selbstbezogenen Ebene. Leider ist dies dem Betreffenden meist nicht bewusst, im Gegenteil, er ist von der Lauterkeit seiner Motive überzeugt: „Ich will dir doch nur helfen!", mag er sagen. Er sieht seine Selbstbezogenheit nicht, die vielleicht darin besteht, dass er dem anderen *seine* Art der Hilfe aufdrängt. Sara sagt: „Ich will doch nur, dass er nicht so oft fortgeht! Deswegen konfrontiere ich ihn." Und Ingo wendet ein: „Ich möchte doch nur, dass Sara mich nicht so klammert! Ich kann mich doch nicht immer einengen lassen." Beide halten ihr Motiv für sachlich und nachvollziehbar, ihnen ist nicht klar, dass ihre Motivation dennoch unsachlich ist, was wir im Folgenden noch näher betrachten wollen.

3.4 Not und Nötigung

Sara und Udo haben ein echtes Problem. Meine Erfahrung ist es, dass in jeder Machtkampfproblematik große Not verborgen liegt. Diese Not hat etwas mit Benötigung – wie es schon im Wort steckt – zu tun und wächst sich oft über kurz oder lang zu Nötigung und dem Ringen um Herrschaft aus.

Eine solche Entwicklung wollen wir uns im Folgenden genauer ansehen. Fangen wir mit der Frage an: „Wie kommen Beziehungen überhaupt zustande? Warum entscheide ich mich eigentlich gerade für diesen Partner und nicht für einen anderen?" In einem Artikel über Sexualität fand ich folgende Passage: *Wir erotisieren und sexualisieren nicht das, womit wir uns identifizieren, sondern das, was uns fehlt und fremd ist. Wir verlieben uns nicht in das Vertraute, sondern das andere* (Hillard/Gasser[17]).

In diesem kurzen Statement steckt viel. Was zieht uns am anderen an, was fasziniert uns an ihm? Warum treten wir mit ihm in Beziehung? Es ist das Fremde, das Unbekannte. Das, was uns fehlt und uns ergänzt, zieht uns an, fasziniert uns. Da, wo wir selbst einen Mangel empfinden, suchen wir beim anderen den Ausgleich; für das, was wir selbst nicht haben, suchen wir die Ergänzung.

Nach diesem Gesetz finden sich Mann und Frau, aber auch gleichgeschlechtliche Freundschaften entstehen und funktionieren nach dem Prinzip der Ergänzung: Nähe – Distanz, Lockerheit – Gehemmt-Sein, Optimismus – Pessimismus. Die meisten Beziehungen funktionieren in der Weise, dass Gegensätzliches sich anzieht. Der Fragende findet den Antwortenden; der, der sich anlehnen möchte, den Fels in der Brandung; der Zweifler den Optimisten; der Unbeholfene den Patenten.

So ist Ingo in der Partnerschaft der eher Nüchterne, Sachliche und der, der Sicherheit garantiert. Er ist beruflich erfolgreich. Sie dagegen ist eher emotional, warmherzig und nähebedürftig. Im Gespräch wird deutlich, dass gerade diese Wesenszüge des jeweils anderen es waren, durch die beide zu Beginn ihrer Beziehung fasziniert und angezogen waren. Sie bringt das Gefühlvolle, die Nähe und Wärme in die Beziehung, er Konstanz und Sicherheit. In ihrer Gegensätzlichkeit ergänzen sich beide grundsätzlich hervorragend.

Wir sehen, dass diese Ergänzungsmuster sinnvoll und gut sind. Es ist sinnvoll und gut, dass der eine das zum gemeinsamen Leben beisteuert, was der andere nicht hat; dadurch wird vieles im Leben leichter. Es ist also zunächst dieses perfekte Zusammenspiel, das uns in eine Beziehung hinein bringt und darin hält – das wollen wir an dieser Stelle festhalten.

Trotzdem beobachten Eheberater immer wieder, dass das, was einen Partner zu Beginn einer Beziehung am anderen angezogen hat, irgendwann im Lauf der Jahre genau der Punkt ist, an dem die Beziehung schwierig wird oder gar scheitert. Gerade das, was uns faszinierte und ursprünglich eine gute Ergänzung darstellte, wird zum Problem. Das im Grunde Positive und Gute wird später oft zum Stein des Anstoßes. Wie kommt es aber, dass ein gutes Ergänzungsmuster irgendwann kippt?

Es hat damit tun, dass die Benötigung immer auch die Not impliziert. Jeder bringt in die Beziehung seinen starken Pol ein. Der starke Pol des Partners entspricht jedoch dem eigenen schwachen Pol, dem eigenen Mangel, dem, was uns fehlt. Die Stärke des einen ist gleichzeitig die Schwäche des andren. Hier kommen unsere Selbstzweifel, Minderwertigkeitsgefühle, unsere Bedürftigkeit und unser Gebrochensein ins Spiel (Punkt C). Wir leiden Not und be-nötigen uns gegenseitig, damit sie gestillt werden kann.

Kritisch wird es dann, wenn die Not und die Benötigung des anderen schließlich zur Nötigung wird, und das ist häufig der Fall. Günther Heisterkamp schreibt: *Das Wesensmerkmal aller gestörten familiären Beziehungsgefüge ist gekennzeichnet durch die wechselseitige Be-Nötigung.*[18] Nötigung meint Zwang, Forderung, Erwartung. Aus dem: „Ich wünsche mir." wird ein „Du musst!" Man fordert vom anderen mit Nachdruck, die eigenen Bedürfnisse zu erfüllen, er muss sie erfüllen, weil man schließlich Not leidet! Man muss sich durchsetzen und den anderen dazu bringen, der Erwartung zu entsprechen. Man fordert, manipuliert, dominiert, macht Druck, man kämpft mit Macht um die Erfüllung seiner Bedürfnisse (Punkt D). In diesem Moment hat der andere nicht mehr die Freiheit, Nein zu sagen.

Aus Bedürftigkeit wird Nötigung, wenn wir beginnen, den anderen dazu zu drängen, unseren Mangel auszugleichen nach dem Motto: „Gib mir Beachtung, Identität, Sicherheit! Das erwarte ich von dir! Ich fordere es, weil ich es so dringend brauche!" Wenn der Partner diesen Forderungen nicht nachkommt, beginnen der Machtkampf und manchmal sogar Racheakte. Wir sind verletzt und verletzen.

An welcher Stelle benötigen Sie Ihren Partner und kennen Sie Ihre Not, die dahinter steckt?

Auch in Eltern-Kind-Beziehungen kann die geschilderte Be-Nötigung eine Rolle spielen, besonders wenn es in einer Paarbeziehung kriselt und einer der Partner das Kind an seine Seite zieht, um seine emotionalen Bedürfnisse zu stillen. Das Kind muss etwas tun, was gar nicht seine Aufgabe ist; wir sprechen in diesem Fall von emotionalem Missbrauch.

Die Dynamik des Machtkampfes wird also durch gegenseitige Be-Nötigung entfacht und am Leben gehalten. In kranken Systemen ist diese Dynamik extrem, in abgeschwächter Form ist sie jedoch in vielen Beziehungen anzutreffen. Jeder verfolgt dabei sein persönliches Ziel und übt somit Macht aus. Insofern sind alle Beteiligten immer beides zugleich: Opfer in ihrer Not und Täter in ihrer Nötigung, ohnmächtig und mächtig. Obwohl jeder sich selbst meist gern in der Rolle des Opfers sieht, als Guten und Unschuldigen, strebt jeder sein Ziel unter Ausübung von Macht an.

Ein extremes Beispiel mag dieses Prinzip verdeutlichen: Der Sadist, dem wir normalerweise die Täterrolle zuschreiben, misshandelt den Masochisten und erreicht auf diese Weise sein Ziel: Überlegenheit. Der Masochist, aus unserer Sicht das Opfer, missbraucht im gleichen Moment den Sadisten, indem er ihn dazu bringt bzw. nötigt, ihn zu quälen. Beide sind Opfer und Täter, ohnmächtig und mächtig zugleich.

Das Einklagen und Zwingen an sich ist schon kritisch genug, da es die Beziehung enorm belastet und den Partner unter ein Joch zwingt: das Joch der Forderung. Aber damit nicht genug. Die Dynamik zieht, wenn sie nicht durchbrochen wird, weitere Entwicklungen nach sich. In dem Moment, in dem ein Partner von den Stärken des anderen profitiert, entfaltet er selbst diese Fähigkeiten nicht. Dadurch wird jeder der Partner auf seinem „Spezialgebiet“ immer besser, in seiner Stärke immer mächtiger; er wird es durch die Förderung und durch die Forderungen des anderen.

Und genau an dieser Stelle kippen viele Beziehungen: Der andere wird auf einmal zu stark und sogar zur Bedrohung, zum Gegner oder auch zu dem, der nervt, der einengt. Das, was wir bisher gefördert haben und wovon wir auch profitiert haben, wird zur Gefahr.

Das kann dann folgendermaßen aussehen: Die Partnerin, die den mütterlichen Typ verkörpert, wird zur Übermutter, die Beklemmung und Aggressionen auslöst. Der, der immer alles bestens geregelt hat, fängt an zu nerven, weil sein Engagement als Kontrolle und Dominanz empfunden wird. Der unselbstständige Partner, den man wegen seiner Anhänglichkeit geliebt hat, wird zum Klotz am Bein. Das, was man am Partner geschätzt, bewundert und gebraucht hat, geht einem mit der Zeit fürchterlich auf die Nerven, und man fängt an, sich gegenseitig zu bekämpfen. Das liegt daran, dass Druck immer Gegendruck erzeugt. Hier beginnt der Kampf – der Machtkampf. Beide kämpfen mit Macht um die Erfüllung ihrer Bedürfnisse bzw. gegen den Druck, den der andere durch seine Forderung erzeugt.

Irgendwann kann der Machtkampf dann eskalieren. Dabei unterscheiden wir zwei Möglichkeiten der Eskalation:

- die symmetrische Eskalation
- und die komplementäre Eskalation (Kollusion).

Die symmetrische Eskalation erfolgt unter dem Motto: „Was du kannst, kann ich schon lange!“ oder „Wie du mir, so ich dir!“ Der eine besucht eine Fortbildung, worauf sich die Partnerin ebenfalls zu einem Studiengang anmeldet. Darauf steigt er beruflich auf, was sie zum Anlass nimmt, noch ihren Master zu machen. Und so fort. Oder: Er meldet sich beim Golf-Club an und kauft sich eine teure Ausstattung, worauf sie sich ein Pferd zulegt.

Bei der Kollusion – diesen Begriff hat der Psychoanalytiker Jürg Willi geprägt – gestaltet sich die Paarbeziehung folgendermaßen: Der Starke wird in seiner Stärke immer mächtiger, während der andere in seiner Schwäche immer schwächer doch zugleich auch immer mächtiger wird. Er, der in seiner Helferrolle immer kompetenter und stärker wird, wird von ihr durch ihre Depression mehr und mehr gebunden und kontrolliert.

Menschen, die mit oder um Macht kämpfen, wirken häufig auf ihre Umgebung stark und mächtig. Dahinter verbirgt sich aber häufig etwas ganz anderes. Wenn wir verstehen wollen, wie aus Not die Nötigung d.h. der Machtkampf entsteht, kommen wir nicht umhin, uns mit dem Thema Angst zu befassen.

3.5 Bedürfnis und Angst

„Grundformen der Angst" – so lautet der Titel des Klassikers des Psychoanalytikers Fritz Riemann. Was hat das mit unserem Thema zu tun?

Wir hatten ja festgestellt, dass Machtkämpfe durch den übermächtigen Wunsch beseelt sind, sich mit den eigenen Vorstellungen durchzusetzen. Letztlich geht es dabei darum, die eigenen Bedürfnisse erfüllt zu bekommen oder sich gegen die Forderung des anderen zu schützen. Machtkämpfe entfalten ihre ganze Kraft durch unsere Angst, im Hinblick auf unsere Bedürfnisse zu kurz zu kommen oder von den Erwartungen anderer bezüglich ihrer Bedürfnisse „überrollt" zu werden.

So vielfältig demnach das Phänomen Angst bei verschiedenen Menschen ist – es gibt praktisch nichts, wovor wir nicht Angst entwickeln könnten –, so geht es bei genauerem Hinsehen doch immer wieder um Varianten ganz bestimmter Ängste, die ich deshalb als Grundformen der Angst bezeichnen und beschreiben möchte. (...) *Alle möglichen Ängste sind letztlich immer Varianten dieser vier Grundängste und hängen mit den vier Grundimpulsen zusammen, die ebenfalls zu unserem Dasein gehören und sich auch paarweise ergänzen und widersprechen* (Fritz Riemann[19]).

Es geht also um das Basisgefühl Angst, das jeder von uns kennt, das aber verschiedene Inhalte haben kann. Riemann beschreibt, dass die vier Grundängste mit vier verschiedenen Grundimpulsen zusammenhängen, die wir auch als Bedürfnisse bezeichnen können und die jeder in verschiedenen Abstufungen in sich trägt.

Eine Persönlichkeitsstruktur wird dadurch charakterisiert, welches Bedürfnis mit welcher daran gekoppelten Angst dominiert. Seine Bezeichnungen klingen durchweg pathologisch, sie sind es aber nicht. Riemann sagt, dass es um Charakterstrukturen normaler Menschen mit gewissen Akzentuierungen gehe. Es handelt sich um jeweils zwei Gegentypen:

- Die schizoide Persönlichkeit/der Eigenständige: Bedürfnis nach Ungebundensein/ Angst vor Abhängigkeit und Vereinnahmung

- Die depressive Persönlichkeit/der Nähetyp: Bedürfnis nach Nähe und Zugehörigkeit/Angst vor Isolation
- Die zwanghafte Persönlichkeit/der Beständige: Bedürfnis nach Struktur und Ordnung/Angst vor Chaos
- Die hysterische Persönlichkeit/der Unkonventionelle: Bedürfnis nach Wandlung und Risiko/Angst vor Einengung

Alle diese vier Persönlichkeitstypen besitzen Vorzüge, aber auch Schattenseiten.

3.5.1 Die schizoide Persönlichkeit

Ein Mensch mit vorwiegend schizoider Struktur ist unabhängig, hat Mut zu sich selbst, ist klar und kompromisslos. Weil er sich nicht von Menschen abhängig macht, kann er seine Ziele erfolgreich verfolgen. Da er aber in erster Linie die Sache im Auge hat und nicht den Menschen, lebt er oft einsam und isoliert, er hat wenig Gemeinschaftsgefühl und ist kontaktunsicher. Manchmal neigt er zu Eigenbrötelei und Misstrauen seinen Mitmenschen gegenüber, er kann kalt und unnahbar wirken. Ausgeprägt Schizoide sind Einzelgänger, was in einer engen Partnerschaft zu typischen Schwierigkeiten führt. Persönlichkeitsspezifische „Lieblingssünden" sind: Lieblosigkeit, Härte, Geiz, Rücksichtslosigkeit, Herrschsucht. Der Distanztyp hat keine Schwierigkeiten damit, bärbeißig daher zu kommen, anderen knallharte Grenzen zu setzen oder sie vor den Kopf zu stoßen.

Er reagiert oft allergisch auf jede Form von Bevormundung. Sobald er das Empfinden hat, jemand klammere an ihm, kann er sich rigoros abgrenzen. Seine Waffen im Machtkampf sind Rückzug und Verweigerung, aber er greift zuweilen auch zu aggressiven Mitteln, um den anderen auf Abstand zu halten.

3.5.2 Die depressive Persönlichkeit

Alle Eigenschaften, die Gemeinschaft stiften und fördern, sind Stärken des Nähetypen. Als jemand, der beziehungsorientiert lebt, ist er anpassungsfähig, einfühlsam, gefühlsbetont, rücksichtsvoll und aufmerksam. Die Kehrseite davon besteht darin, dass er durch seine Angst vor Verlust und Trennung zur Überanpassung und Unselbstständigkeit neigt und in Abhängigkeit zu anderen Menschen geraten kann. Um anderen zu gefallen, verbiegt er sich, verleugnet seine eigenen Bedürfnisse und klammert. Seine Stimmung kann leicht ins Resignative, Selbstmitleidige kippen. Seine Lieblingssünden bestehen in übertriebener Aufopferung, zu hohen Erwartungen an andere, moralischer Überlegenheit und Verbitterung.

Der Nähetyp wird in der Regel selten zu aggressiven Machtmitteln greifen, da er den anderen an sich binden und nicht vor den Kopf stoßen will. Er wird also vorzugsweise in Machtkämpfen subtil agieren, wahrscheinlich in der Opferrolle. Er vermittelt dem Partner verdeckt oder auch fordernd die Botschaft, zu kurz zu kommen – es reicht nie! Seine Methoden sind Jammern, Anklagen, Beleidigtsein, er manipuliert den anderen über Schuldgefühle, so dass dieser immer das Gefühl hat, dass das, was er gibt, zu wenig ist.

3.5.3 Die zwanghafte Persönlichkeit

Dieser Menschentyp liebt Werte, Ordnungen und Richtlinien, welche gleichzeitig seine Waffen sind. Er ist pflichtbewusst, ausdauernd, konsequent und verantwortungsbewusst – auf ihn kann man sich verlassen! In einer Partnerschaft oder Freundschaft ist er unbedingt treu.

Auf der anderen Seite kann er pedantisch, stur, rechthaberisch, unflexibel, selbstgerecht und unbarmherzig sein, ein Pharisäer, Perfektionist, Prinzipienreiter, Tyrann – dies ist die Kehrseite und sein Schwachpunkt, womit er an anderen schuldig werden kann. Der Auslöser, einen Machtkampf anzuzetteln, kann beim Beständigen in einer nicht korrekt ausgedrückten Zahnpastatube oder einem falsch eingeräumten Kühlschrank bestehen. In seinem Glaubensleben neigt er zur Gesetzlichkeit.

Da dieser Charaktertyp alles richtig machen will, kann er es nur sehr schwer ertragen, kritisiert zu werden. Kritik ist sein Einstieg in Machtkämpfe; er kämpft mit Macht darum, seine Unschuld zu beweisen. Sätze wie: „Ich habe einen Fehler gemacht, es tut mir leid!“ oder „Du hast recht!“, kommen nur schwer über seine Lippen.

In diesem Zusammenhang erinnere ich mich an einen Beratungsprozess mit einer Frau, die immer wiederkehrende Streitereien in ihrer Familie beklagte. Sie und ihr Mann, beide um die Vierzig, und ihre zwei Kinder im Teeniealter trugen fast täglich irgendwelche Konflikte aus. Worum es dabei ging, war zunächst gar nicht leicht auszumachen. Erst nach und nach kamen wir dahinter, was die Ursache war. Fast ausschließlich ging es darum, dem anderen zu beweisen, dass er im Unrecht und man selbst im Recht war. Es ging dabei um Bagatellen: Wer hatte die Kellertür nicht sachgemäß verriegelt, wer das letzte Ei gegessen, wer hatte das Backblech benutzt und danach nicht wieder gereinigt? Alle stritten die Vorwürfe des anderen ab, rechtfertigten sich, wuschen sich die Hände in Unschuld, schoben alle Verantwortung von sich, beharrten auf ihrem Recht und erklärten den anderen für schuldig, der sich nun wiederum mit Händen und Füßen gegen die Anschuldigung wehrte und das Gegenteil zu beweisen suchte. Dies war der rote Faden, der sich durch alle Konflikte zog: der Kampf um Recht und Unrecht, um Schuld und Unschuld. Gemeinsam überlegten wir, was geschehen würde, wenn einer anfinge zu sagen: „Ich bin mir zwar ziemlich sicher, dass ich das mit dem Backblech nicht war, aber ich mache es gern sauber.“, oder „Vielleicht habe ich mich auch geirrt.“, oder „Tut mir Leid, ich wollte dich nicht angreifen!“?

3.5.4 Die hysterische Persönlichkeit

Menschen mit hysterischer Struktur sind Optimisten, Lebenskünstler und Stimmungsmacher. Sie sind lebensbejahend, impulsiv, großzügig und aufgeschlossen für alles Neue und können leidenschaftlich lieben. In Gesellschaften können sie durch ihr sprühendes Wesen als Alleinunterhalter fungieren, sie können und wollen im Mittelpunkt stehen. Allerdings hat auch diese Persönlichkeit negative Grundzüge. Der Unkonventionelle hat Angst davor, festgelegt oder eingeengt zu werden, was in einer Partnerschaft zu ernsthaften Konflikten führen kann. Schon die Frage: „Liebling, was machen wir denn heute?“, kann dazu führen, dass er mit Verweigerung reagiert, da er Festgenagelt-Werden wittert. Er will sich nicht festlegen und neigt dazu, wenig beharrlich und unstet zu sein. Er ist Meister im Verdrängen und geht gern den Weg des geringsten Widerstandes; er sitzt Konflikte mit Vorliebe aus. Seine Angst vor mangelnder Anerkennung kann zur Geltungssucht führen. Lieblingssünden des Unkonventionellen sind: Oberflächlichkeit, Geltungsstreben, Leichtfertigkeit und mangelndes Verantwortungsbewusstsein.

Da diese Typen auf die Anerkennung anderer angewiesen sind, agieren sie meist auf eine sehr moderate und charmante Weise. Die Waffen ihres Machtkampfes sind daher eher verdeckt und „lieb". Sie setzen mit Charme, angeblicher Vergesslichkeit, Komplimenten, Ablenkungsmanövern und vielen anderen „netten" Spielarten ihren Willen durch, sodass man ihnen gar nicht böse sein kann.

Mein Mann Rolf ist ein freiheitsliebender Typ, während ich viele stetige, gewissenhafte Persönlichkeitsanteile habe. In dieser Gegensätzlichkeit ergänzen wir uns auf der einen Seite vorzüglich, sie bringt aber auch Konflikte hervor, zum Beispiel in unserem Glaubensleben. So sind mir gemeinsame Gebetszeiten wichtig, und meist bin ich diejenige, die darum bittet. Ich muss mich aber vorsehen, Rolf damit nicht unter Druck zu setzen. Er hingegen muss darauf achten, auf meine Bitten nicht schon aus Prinzip mit Widerstand zu reagieren. Wenn uns dies gelingt, ist alles gut…

Wie reagieren Sie auf Widerstand und Verweigerung anderer? Welches Bedürfnis und welche Angst stecken in Ihrer Reaktion?

Zurück zu Ingo und Sara. Wie unschwer zu erkennen ist, hat sie viele depressive Persönlichkeitsanteile. Sie ist warmherzig und emotional. Bei ihm hingegen dominiert das Eigenständige, das Sara grundsätzlich schätzt, weil es ihr Sicherheit gibt. In ihrer Gegensätzlichkeit ergänzen sich beide hervorragend. Über die Jahre allerdings kam es bei dem Paar zu der oben geschilderten Entwicklung: Er erlebt sie als zunehmend einengend und fordernd, sie leidet unter seiner Distanziertheit. Sie fordert bei ihm mehr Nähe ein, was ihn dazu bringt, sich mehr und mehr von ihr zurückzuziehen. Und je mehr er sich distanziert, um so mehr greift sie nach ihm. Sie sieht schon rot, sobald er seine Sporttasche packt; er bekommt die Krise, wenn sie klagt, er sei immer unterwegs und ihn zurückhalten will. Das Verhalten des einen bestärkt den anderen jeweils in seinem Verhalten und seiner Forderung – ein echter Teufelskreis.

Diese Dynamik von gegenseitiger Forderung, von Not und Benötigung, von Druck und Gegendruck können beide sehr gut in ihrem Konflikt identifizieren – stoppen können sie die Eskalation häufig aber trotzdem nicht. Warum ist das so? Um dies zu verstehen, muss man das Thema Angst im Blick haben, das bei beiden im Hintergrund wirksam ist: bei ihm die Furcht vor Vereinnahmung, bei ihr die Angst vor dem Verlassenwerden.

Wie kann es aber geschehen, dass die individuelle Angst der beiden eine solche Macht entfaltet, der sich beide nicht entziehen können? Wie kann daraus ein Teufelskreis von Machtkämpfen entstehen, in den beide sehenden Auges immer wieder geraten und dem beide nicht entfliehen können? Warum können sie kein Stopp setzen und einen Konsens finden? Darüber werden wir uns an späterer Stelle Gedanken machen. Zunächst aber ist es wichtig zu verstehen, worin die Motivation für Machtkämpfe besteht.

3.6 Die Logik des Machtkampfes oder wie man sich Feinde „macht"

Motiv und Logik im Ringen um Herrschaft hängen eng zusammen und bedingen sich gegenseitig. Im Hinblick darauf möchte ich auf einen Begriff aus der IP eingehen, den der „privaten Logik". Mit ihm werden Denkprozesse beschrieben, die nicht über die Schwelle des Bewusstseins treten, also unbewusst bleiben, die aber dennoch all unser Handeln und Entscheiden beeinflussen. Die private Logik ist die persönliche Brille, durch die ein Mensch die Welt sieht. Sie umfasst sowohl seine Wahrnehmung, als auch die für ihn charakteristische Interpretation des Lebens. Dazu noch einmal Rudolf Dreikurs: *Die meisten Handlungen sind die Konsequenzen von Denkprozessen, derer wir uns nicht bewusst sind, die wir nicht erkennen und oft auch nicht kennen wollen. Sie haben aber den entscheidenden Einfluss auf unser Handeln. (...) Die private Logik, die sich jeder zurechtlegt, lässt dann das irrtümliche Verhalten als richtig erscheinen und verhindert die*

Einsicht, dass die meisten Schwierigkeiten und Unannehmlichkeiten im Leben die logische Folge von Irrtümern in unserem Lebensentwurf sind (Rudolf Dreikurs[20]).

Menschen, die zu Machtkämpfen neigen, sind sich dessen häufig nicht bewusst. In der Regel sehen sie sich als Opfer das Machtgebarens anderer. „Der andere hat angefangen! Er hat die Schwierigkeiten verursacht!“, so ihre Sichtweise, die ihre eigene Beteiligung am Konflikt völlig außer Acht lässt.

Grundsätzlich lässt sich zur privaten Logik Folgendes sagen:

- Wir nehmen nur das wahr, was in unser eigenes Selbst- und Weltverständnis und unsere Lebensgrundüberzeugungen hineinpasst.
- Alles, was diesen widerspricht, wird entweder ausgeblendet
- oder umgedeutet.

Diese drei Punkte wollen wir uns nun näher ansehen. Jeder von uns hat sein sehr persönliches Wahrnehmungsschema. Die Frage ist, *was* wir wahrnehmen. Dazu gehört gleichzeitig das, was wir *nicht* wahrnehmen. Wo schauen wir hin, wo schauen wir weg?

Menschen, die zu Machtkämpfen neigen, vermuten überall Manipulation, Bevormundung und Grenzüberschreitung und entdecken sie dementsprechend auch – beim anderen! Mitmenschen sind für sie immer potenzielle Angreifer und Feinde, was ihnen oftmals nicht bewusst ist. In jeder Begegnung liegt die Gefahr, übervorteilt, benachteiligt, provoziert und herausgefordert zu werden, und je mehr man auf so etwas fokussiert ist, umso mehr entdeckt man es auch. Sie sind immer auf der Hut und beobachten ihre Umgebung genau, denn jederzeit kann ein Angriff kommen. Sie leben in einer unterschwellig misstrauischen Haltung, sind von Kopf bis Fuß auf Kämpfe eingestellt. Sie warten geradezu darauf, von anderen provoziert zu werden. Ihre Logik macht andere zu Feinden.

Wo gelingt es Ihnen, sich durch Ihr Denken, Fühlen und Handeln Gegner zu schaffen? Wo „machen“ Sie sich im wahrsten Sinne des Wortes Feinde?

Dazu ein Beispiel, eine Alltagssituation, die wahrscheinlich jeder von uns in der einen oder anderen Variation schon erlebt hat: Nachbarn leihen sich unsere Bohrmaschine aus. Wir bitten sie darum, sie möglichst schnell wieder zurückzubringen. Wir warten einen Tag, zwei Tage, eine Woche. Und während wir warten, schwillt uns der Kamm. Typisch, diese Unzuverlässigkeit! Wie rücksichtslos! Gekränkt denken wir darüber nach, dass den Nachbarn anscheinend alles wichtiger ist als unsere Belange, dass es ihnen offensichtlich egal ist, ob wir die Maschine brauchen oder nicht. Wir überlegen, ob wir uns unser Eigentum selbst zurückholen sollen. Aber nein, *sie* stehen schließlich in der Bringschuld! Nach eineinhalb Wochen wird es uns zu bunt. Mit einer gehörigen Ladung Zorn klingeln wir bei unseren Nachbarn an. Die Tür wird von einer übernächtigten, ungekämmten Nachbarin im Schlafanzug geöffnet. Ohne Gruß erkundigen wir uns gereizt und spitz nach dem Verbleib der Bohrmaschine und rechnen mit einer patzigen Reaktion. (Für diesen Fall haben wir uns schon eine saftige Entgegnung bereitgelegt.) Das Gegenteil passiert: Die Frau ist offensichtlich irritiert und entschuldigt sich vielmals und wortreich bei uns. Und so erfahren wir, dass ihre zwei kleinen Kinder seit Tagen mit Windpocken und verschiedensten Komplikationen das Bett hüten müssen ... Kleinlaut, mit unserer Bohrmaschine in der Hand, schleichen wir von dannen.

Wie oft passiert das: Wir beschämen den anderen durch unser Misstrauen, durch unsere negative Erwartungshaltung, die geradezu auf sein Versagen lauert – und stehen dann selbst als die Beschämten da.

Sara erwartet von Ingo, dass er selbst merkt, wenn etwas im Haushalt zu tun ist. Natürlich erwartet sie gleichzeitig sein Versagen. Sie mag ihn nicht um Hilfe bitten, weil sie meint, dass er gefälligst von sich aus anpacken soll. Und weil dies nicht geschieht, weigert sie sich, ihm Hinweise zu geben. Der Machtkampf geht also von Sara aus. Aus ihrer Sicht liegt der Ausgangspunkt jedoch bei Ingo, für sie ist *er* der Täter, der bewusst nicht mithilft und sie dadurch zwingen will, die Dinge allein zu bewältigen. Sie schiebt ihm boshafte Motive unter und kann sich nicht vorstellen, dass ihre Logik falsch ist, dass Ingo nämlich schlichtweg keinen Blick für die Dinge des Haushalts hat, weil er dies nie gelernt hat. Sie ist letztlich auf sein Versagen eingestellt und übersieht all die Momente, in denen Ingo hilfsbereit ist und sich sehr wohl bemüht. Sara ist gefordert, zunächst ihre Logik und dann auch ihr Handeln zu korrigieren, indem sie Ingo liebevoll auf die Aufgaben hinweist, die er übersieht.

An diesem Beispiel wird deutlich, dass die Logik des Machtkampfes beinhaltet, sich selbst als unterlegen (Punkt C) und vom anderen dominiert zu erleben, den anderen hingegen als stark, überlegen oder wie in diesem Fall rücksichtslos (Punkt D). Man sieht sich ständig in der Gefahr, zu kurz zu kommen, bevormundet, übergangen, bedroht, übersehen, ausgebootet oder ausgenutzt zu werden, und weil man so darauf fixiert ist, übersieht man alles andere. Man übersieht Situationen, in denen man Hilfe, Zuvorkommen und Wohlwollen anderer erlebt oder man spielt sie runter: „Der hat mir ja nur geholfen, weil ich ihm neulich meinen Akkubohrer geliehen habe."

Natürlich bestimmt diese Logik, die neben all unserem Denken und Meinen genauso unseren Glauben beinhaltet, auch die Gottesbeziehung eines Menschen. In diesem Zusammenhang führte Gott mir damals mein misstrauisches Denken vor Augen, das sich bei mir in einer negativen, pessimistischen Grundhaltung, also in einer Art „latentem Unglauben", äußerte. Ich musste mir eingestehen, dass meinem Kampf mangelndes Vertrauen zugrunde lag. Ich vertraute Gott nicht wirklich, dass er sich für mich einsetzen, für mich sorgen würde, mich schützte. Ich konnte nicht glauben, dass er für mich eine Perspektive hatte und einen Platz im Leben. Immer klarer erkannte ich, wie sehr mir ständig die Angst im Nacken saß, zu kurz zu kommen, übersehen zu werden, keinen Entfaltungsraum zu finden. Dadurch war ich alles andere als entspannt, wenn ich mit anderen Menschen zusammen war.

Mir wurde auch bewusst, wie stark das in mir steckte, was die Bibel „Menschenfurcht" nennt. Sie war bereits so stark mit meinem Charakter verwachsen, dass sie zu meinem normalen Denken und Fühlen gehörte, und ich erachte es als Gnade Gottes, dass ich sie überhaupt in den Blick bekam. Menschen waren für mich im Grunde bedrohlich und unberechenbar. Dass dies auch in meiner Ehe eine Rolle spielte, entdeckte ich nach und nach.

Aber was geschieht, wenn Menschen mit dieser Grundüberzeugung dem Leben und anderen Menschen begegnen? Was geschieht, wenn wir dem Leben mit dieser unbewussten Negativerwartung entgegentreten? Es gibt ein psychologisches Grundprinzip und das lautet: „Du bekommst das, was du erwartest!“ Man kann es auch biblisch ausdrücken: Wir ernten, was wir säen. Es ist das Prinzip der „Selffulfilling Prophecy“.

Unsere Wahrnehmung funktioniert gemäß unserer inneren Überzeugungen und gemäß des Mottos, dass das nicht sein kann, was nicht sein darf. Wir blenden alles aus, was nicht in unsere private Logik passt. Die IP nennt das „tendenziöse Apperzeption“: interessengeleitete Nichtwahrnehmung, wir können dementsprechend aber auch von „selektiver Wahrnehmung“ sprechen – beides meint das Gleiche. Wir übersehen das, was nicht unseren Überzeugungen und Sichtweisen entspricht, bzw. nehmen vorzugsweise das wahr, was zu unserer Sicht der Dinge passt. Ist meine Aufmerksamkeit auf die mögliche Machtausübung anderer Menschen gerichtet, werde ich diese auch immer und überall entdecken. Alles, was in dieses Schema nicht hineinpasst, werde ich ausblenden oder deute es dementsprechend um.

Es gibt Menschen, die die Abgrenzung anderer Menschen geradezu provozieren, sich dann aber wundern, wenn der Nachbar seine Grenzlinie ihnen gegenüber immer deutlicher zieht. Sie bringen dies nicht in Zusammenhang mit ihrem eigenen Grenzen-missachtenden-und-überschreitenden Verhalten, das den anderen dazu zwingt, sich vor ihnen zu schützen. Ihre eigenen Anteile blenden sie also aus und deuten die Wirklichkeit so um, wie sie sie brauchen.

Genau dies ist die zweite Ebene der privaten Logik: unsere Deutung, unsere Interpretation der Dinge. Wir interpretieren die Welt immer so, dass sie in unser Lebenskonzept passt, das heißt, unseren unbewussten Erwartungen entspricht. Mit Hilfe unserer Deutungen konstruieren wir unsere eigene Wirklichkeit. Bin ich in meiner eigenen Wertung ein Versager, habe aber wider Erwarten Erfolg, dann „findet ein blindes Huhn eben auch mal ein Korn“, aber das beweist noch lange nicht, dass ich wirklich erfolgreich bin!

Unsere Interpretation entspricht aber in der Regel nicht der objektiven Wahrheit. Das belegen zum Beispiel die verschiedenen, sich teilweise sogar widersprechenden Zeugenaussagen bei ein und demselben Unfall. Diese Leute lügen nicht, jeder hat das Geschehen lediglich durch seine eigene Brille gesehen.

Wenn wir in unserer Kindheit auf der Basis unseres primären Konfliktes (Punkt X) einen Lebensstil entwickelt haben, zu dem viele Machtkämpfe gehören, dann ist unsere Logik, unser Wahrnehmungs- und Deutungsschema, demgemäß geordnet. Menschen, bei denen dieser Lebensstil extrem ausgeprägt ist, wittern überall einen Machtkampf und deuten das Verhalten anderer dementsprechend. Solche Menschen werden immer einen Anlass zum Kampf finden. Denn wenn man darauf geeicht ist, entdeckt man immer irgendwo Ungerechtigkeit oder irgendein Fehlverhalten beim anderen und daher einen Grund, sich mit ihm anzulegen.

Zur Machtkampflogik gehört es, den anderen als Angreifer zu sehen, sich selbst hingegen als Opfer. Diese letztlich feindselige Grundhaltung ist den wenigsten Betroffenen bewusst. So war mir überhaupt nicht klar gewesen, dass *ich* in jener Krankenhaussituation den Machtkampf angezettelt hatte. Meine Kollegin hatte mich gerufen und ich hatte ihr unterstellt, mich bevormunden zu wollen und war in den Widerstand gegangen. Gehorsamsverweigerung einer Vorgesetzten gegenüber ist nun einmal Machtkampf. Ich hatte ihr Rufen als Dominanz bewertet und dementsprechend reagiert. Meine Deutung war schlichtweg falsch gewesen.

Wenn wir über Herrschaftsansprüche reden, dann müssen wir auch über das Phänomen der Projektion sprechen, die nach dem Motto funktioniert: „Was ich selber denk und tu, trau ich auch den andern zu.“ Wir neigen dazu, anderen unsere eigenen Motive unterzuschieben, unsere inneren Regungen auf sie zu projizieren. Anhand der geschilderten Situation aus meiner Krankenpflegeausbildung wird deutlich, was Projektion bedeutet.

Ich hatte das Rufen meiner Kollegin als Herrschaftsanspruch gedeutet, ihr also etwas unterstellt, was der Wirklichkeit nicht entsprochen hatte. Es war eine klassische Projektion: Ich hatte auf sie etwas projiziert, was meiner eigenen Haltung entsprach. Genau dies ist die Logik des Machtkampfes: „Der andere hat angefangen! Er wollte mir was! Er hat mich herausgefordert! Er wollte mich bevormunden und mir seinen Willen aufdrücken!" Der andere ist der Aggressor, ich hingegen nur das Opfer. Daran sehen wir, dass eine Logik, die zu Konflikten führt, immer von Denkfehlern durchzogen ist.

Die „Denke" dessen, der zu Machtkämpfen neigt, ist aus dem bisher Gesagten deutlich geworden: Es handelt sich um eine innere Einstellung, die auf dem Empfinden von Unterlegenheit fußt: Punkt C – Opfer! Hier sieht sich Sara, wenn Ingo zum Sport geht, obwohl sie ihn bittet, zu Hause zu bleiben. Und Ingo erlebt sich hier, wenn Sara ihm eine Szene macht – er fühlt sich als Opfer und sieht sie als Täterin. Zum Zeitpunkt eines Machtkampfes erlebt sich jeder als Opfer an Punkt C und den anderen an Punkt D als Täter. Beide empfinden sich selbst zum gleichen Zeitpunkt als klein und unterlegen und den anderen als überlegen und mächtig.

Charakteristisch für die Überzeugung im Machtkampf ist es ferner, dass er nur zwei Möglichkeiten bietet: siegen oder verlieren! Eine Schwarz-Weiß-Logik nach dem Motte: „Nur einer kann gewinnen!" Und wenn meine Wirklichkeit nur diese beiden Alternativen anbietet, ist es doch mehr als klar, welche ich wählen werde. Wer möchte schon gerne der Loser sein? Die Logik des Machtkampfes bietet dem Betreffenden für seine Lebens- und Beziehungsgestaltung mit allen Konflikten und Auseinandersetzungen, die dazugehören, immer nur diese zwei Möglichkeiten an: Sieg oder Niederlage, Gewinnen oder Gedemütigtwerden, Triumph oder Schande. Farbabstufungen, Nuancen, Schattierungen, Grautöne – die ganze Fülle und Vielfalt des Lebens – gibt es in dieser Logik nicht. Ganz oder gar nicht, alles oder nichts, jetzt oder nie, schwarz oder weiß. Dieses Denken, das Fachleute als neurotisch bezeichnen, zieht sich bei betroffenen Menschen durch alle Lebensbereiche.

In einem Beratungsgespräch bearbeitete ich mit einer Frau die Beziehung zu ihrem älteren Bruder. Der Klientin wurde deutlich, dass es gemäß ihrer bis dahin unbewussten Überzeugung immer nur zwei Möglichkeiten ihm gegenüber gegeben hatte: Unterwerfung oder Kampf. Sie hatte sich für den Kampf entschieden, obwohl sie sich gleichzeitig nach seiner Anerkennung sehnte. Sie fühlte sich von ihm nicht genügend beachtet und wertgeschätzt und bezeichnete ihn als arrogant. Jetzt merkte sie, dass sie ihn aufgrund dieser Negativbewertung gereizt und angriffig behandelte und dadurch Auseinandersetzungen geradezu provozierte. Sie war es, die es immer zum Kampf kommen ließ und nicht er, was sie ihm aber bisher unterstellt hatte. Nachdenklich meinte sie: „Wenn ich in die Kampfeshaltung gehe, dann fühle ich mich ihm gegenüber klein und minderwertig." Der Klientin wurde bewusst, dass ihr Bruder in solchen Situationen ein anderes Bild von ihr gewinnen musste, da sie alles andere als schwach auftrat. Auch sah sie ein, dass sie die Zuwendung ihres Bruders durch ihr Verhalten geradezu verhindert. Sie musste erkennen, dass ihre Beurteilung falsch war und dass eine entspannte Beziehung zu ihrem Bruder nur auf dem Fundament der Gleichwertigkeit beider Partner gelingen würde. Das Problem bestand nun darin, dass es genau dieses in ihrem Kopf (noch) nicht gab. Noch erlebte sie ihn auf einem Sockel, von dem sie ihn durch ihr Kämpfen herunterholen wollte. Sich selbst sah sie als unter ihm stehend.

In einer Gebetszeit, die wir gemeinsam hatten, waren für sie drei Schritte von entscheidender Bedeutung: Zum einen musste sie ihrem Bruder all die Situationen vergeben, in denen er sich über sie gestellt und sie entwertet hatte, all die Begebenheiten, bei denen er an ihr schuldig geworden war. Zum anderen nahm sie Gottes Vergebung für sich selbst in Anspruch dafür, dass sie ihrem Bruder sein „Erster-Sein" missgönnt und ihn bekämpft hatte. Zum Dritten traf sie die Entscheidung – und diese war von besonderer Tragweite –, seine Position als Erster ab jetzt zu würdigen und sie ihm nicht mehr streitig zu machen oder zu missgönnen. Während wir für diese Dinge beteten, legte Gott seinen Frieden wie einen wohltuenden Balsam auf die Verwundungen ihres Herzens. In der darauf folgenden Zeit ging sie auf Entdeckungsreise. Sie wollte das Neuland entdecken, das sich zwischen den beiden Extremen von Unterwerfung und Kampf befand. Die Basis für eine wiederhergestellte, völlig neuartige Geschwisterbeziehung war gelegt.

3.7 Mit welchem Ohr?

Wie hören wir eine Botschaft, wie deuten wir sie? Wir können auch anders fragen: Mit „welchem Ohr“ hören wir eine Botschaft? Ich beziehe mich damit auf den Kommunikationswissenschaftler Friedemann Schulz von Thun, der in seinem Buch die vier Seiten einer Nachricht beschreibt.

Sein Vier-Seiten-Modell oder Vier-Ohren-Modell ist ein Modell der Kommunikationspsychologie. Es beschreibt vier unterschiedliche Ebenen, die jede Botschaft, auch wenn wir uns dessen in der Regel nicht bewusst sind, enthält, wobei auch Mimik, Gestik und Körpersignale eine Rolle spielen:

- Sachinhalt
- Selbstoffenbarung
- Beziehungsaspekt
- Appell

Der Empfänger hat entsprechend der vier Aspekte einer Botschaft, vier metaphorische Ohren, d.h. er kann eine “gesendete Botschaft” nach vier Seiten hin verstehen. *„Was zwischenmenschliche Kommunikation so kompliziert macht, ist: der Empfänger hat prinzipiell die freie Auswahl, auf welcher Seite der Nachricht er reagieren will“* (Friedemann Schulz von Thun[21]).

In der Beratung stellen wir daher oft die Frage: „Auf welcher Ebene der Botschaft liegt deine Aufmerksamkeit? Mit welchem Ohr hörst du das, was der andere mitteilt: mit dem Sach-Ohr und/oder dem Beziehungs-Ohr und/oder dem Selbstoffenbarungs-Ohr und/oder dem Appell-Ohr?“ Das Modell will dabei helfen, Missverständnisse, die aufgrund gestörter Kommunikation zustande kommen, erklär- und verstehbar zu machen. Das Problem besteht nämlich u.a. darin, dass wir eine Botschaft oft nur mit einem Ohr oder zwei Ohren hören und die anderen Aspekte unter den Tisch fallen lassen.

Dazu folgendes Beispiel: Ingo und Sara sitzen mit ihren Kindern am Mittagstisch. Sie hat sich auf die gemeinsame Mahlzeit gefreut, ein leckeres Essen gekocht und den Tisch festlich gedeckt. Während des Essens meint Ingo irgendwann: „Das Salz fehlt." Sara springt auf und holt den Salzstreuer. Sie nimmt wieder Platz und isst weiter, aber der Tag ist für sie gelaufen.

Später in der Beratung meint sie, der Vorfall habe sie kalt erwischt und enttäuscht; den ganzen weiteren Tag über habe eine tiefe Traurigkeit über ihr gehangen wie eine graue Glocke. Als Ingo abends mit ihr hatte schlafen wollen, habe sie sich nur noch enttäuscht und sauer – ein verwirrendes Gefühlschaos – zur Seite gedreht und nichts mehr gesagt, worauf Ingo tagelang nicht mit ihr gesprochen habe. Sie habe aber auch nicht eingesehen, wieder auf ihn zu zugehen: Machtkampf!

Was war passiert? Mit dieser Frage beschäftigen wir uns im Ehe-Gespräch. Was deutlich wird, ist, dass Sara hauptsächlich mit zwei Ohren gehört hatte: mit dem Beziehungs-Ohr und dem Appell-Ohr. Mit dem Beziehungs-Ohr hatte sie vernommen: „Ich bin sauer auf dich, weil du das Salz vergessen hast!" Daher rührte Saras tiefe Enttäuschung: „Wieder einmal bin ich nicht gut genug! Wieder reicht es nicht!" Ferner hatte sie mit dem Appell-Ohr gehört: „Geh und hole mir das Salz!", worüber sie echt sauer gewesen sei. Beides zusammen hatte ihr Gefühlschaos verursacht.

Wie wir bereits festgestellt hatten, verfügt jede Aussage, die wir machen, über vier Seiten gleichzeitig. Auch Ingos Feststellung: „Das Salz fehlt.", besitzt alle vier Botschafts-Aspekte, Sara hatte aber nur zwei gehört. Bei der Reflexion im Beratungsgespräch schauten wir uns alle vier Ebenen seiner Botschaft an.

Ingos Feststellung war auf den ersten Blick eine nüchterne Aussage gewesen, mit der er auf eine Tatsache hinwies (Sachaspekt). Seine Selbstaussage lautete: „Ich vermisste das Salz auf dem Tisch." Die Beziehungsebene war für ihn von diesem Umstand jedoch nicht negativ betroffen, Sara hatte es aber so bewertet. Nun zur Appell-Ebene. Wenn es in Ingos Aussage keinen Appell gegeben hätte, wäre er einfach sang- und klanglos aufgestanden und hätte das Salz geholt, ohne ein Wort darüber zu verlieren. Da er sich aber laut geäußert hatte, musste er mit seiner Feststellung auch ein Ziel verfolgt haben. Ingo gibt zu, dass er in der Tat insgeheim gehofft hatte, dass Sara aktiv wird. Er war müde gewesen und hätte sich gefreut, wenn sie ihm den Salzstreuer gebracht hätte.

Fakt ist, dass Ingo seine Frau weder eines Fehlers bezichtigt, noch sie angeklagt, noch sie gebeten hatte, das Salz für ihn zu holen. Es gibt keinerlei Hinweis auf einen Tadel von seiner Seite, Sara bewertete seine nüchterne Feststellung aber so.

Im weiteren Gespräch wird deutlich, dass Sara die Botschaft von Ingo nicht nur mit nur zwei Ohren gehört, sondern zudem auch noch falsch bewerte hatte. Dies ist das eigentliche Problem in dieser Situation! Hätte Sara auch mit dem Sach-Ohr gehört und seine Bemerkung nicht zudem fehlerhaft gedeutet, dann wäre sie in aller Ruhe und Gelassenheit am Tisch geblieben, hätte vielleicht zu ihm gesagt: „Du hast recht, es ist kein Salz da. Bitte Schatz, hol es dir eben selbst“, und alles wäre gut gewesen. So aber war aus einer Lappalie ein Konflikt geworden, der über Tage angedauert hatte!

Daher ist es wichtig, sich zu fragen, mit welchem Ohr wir vorwiegend hören? Ich habe bei mir festgestellt, dass ich sehr oft mit dem Appell-Ohr wahrnehme und aktiv werde, obwohl der andere mich gar nicht um etwas gebeten hat. Ich bin dabei, darauf zu achten und dies zu ändern, was mir zunehmend gelingt – sehr entspannend!

Mit welchem Ohr hören Sie? Kann es sein, dass so mancher Konflikt in ihrem Leben zustande kommt, weil Sie in eine Botschaft einen Befehl hinein deuten?

Es gibt Menschen, die in erster Linie mit dem Beziehungsohr hören mit der gleichzeitigen Neigung, sich für alles verantwortlich oder gar schuldig zu fühlen. Manchmal fühlen sie sich schnell angegriffen, wo es gar nicht der Fall ist oder sie hören einen Appell, wo es gar keinen gibt. Meine Erfahrung ist es, dass besonders Frauen dazu neigen, vorzugsweise mit diesen beiden Ohren zu hören, was sicher mit unserem Mutterinstinkt zu tun hat. Frauen sind nun einmal beziehungsorientierter als Männer und daher in ihrer Wahrnehmung diesbezüglich sensibler. Sie erspüren sehr schnell, was andere brauchen und sind gut darin, die Bedürfnisse anderer zu stillen. Das hat gute, aber auch problematische Seiten. So mancher Frau muss ich in der Beratung sagen: „Sie funktionieren zu gut…"! Selbst wenn Botschaften auch einen Appell enthalten, so steht es mir als Empfänger doch frei, ob ich ihm nachkommen will oder nicht.

Saras Beispiel verdeutlicht, wie wichtig es ist, sich in dieser Hinsicht zu überprüfen – viel Leid kann dadurch vermieden werden! In Bezug auf unser Thema kann einseitiges Hören und falsches Hören mit jedem der vier Ohren – außer dem Sach-Ohr – zu einem Machtkampf führen, so wie in beschriebenem Konflikt. Und da sind wir wieder beim Thema „Sachlichkeit".

3.8 „Rollenspiel" Machtkampf

Nachdem wir uns mit der Logik von Machtkämpfen befasst haben, wenden wir uns nun einem anderen Aspekt unserer Thematik zu.

Eric Berne beschrieb in der von ihm begründeten Transaktionsanalyse die Zusammenhänge, die dabei helfen, die Entstehung eines Lebensschicksals und die sich darin entfaltende Beziehungsdynamik besser zu verstehen. Er legte dar, dass jeder von uns bereits in den ersten Jahren seines Lebens eine unbewusste Vorstellung vom weiteren Verlauf seines Lebens entwickelt. Diese Vorstellung, die in unserem Unbewussten gespeichert ist, nannte er Lebensskript. Berne sagte ferner, dass dementsprechend beim Kind schon mit vier Jahren die groben Umrisse seiner Lebensgeschichte feststünden. Mit sieben Jahren habe es dann die Einzelheiten festgelegt und mit zwölf Jahren schließlich alles abgerundet und geglättet. Diese Auffassung deckt sich mit der Alfred Adlers.

Das Drehbuch unseres Lebens – unser Lebensskript – ist als ein unbewusster Lebensplan in unserem Inneren gespeichert. Und wie alle Geschichten, so hat auch Ihr und mein Lebensdrehbuch einen Anfang, eine Mitte und ein Ende, seine Helden und Heldinnen, seine Haupt- und Nebendarsteller, Bösewichte und Gute. Es kann interessant oder langweilig, traurig oder lustig sein, es kann glücklich, aber auch tragisch enden. Dies alles ist in unserem Skript festgelegt, so Berne. Dazu gehören auch bestimmte Rollen, die wir anderen zuweisen, aber auch die Rolle, die wir selbst spielen, wie die des Mitläufers, des tollen Hechtes oder des Aschenputtels. Denn wir sind nicht nur Drehbuchautoren, sondern gleichzeitig die Schauspieler, also Hamlet und Shakespeare in einer Person. Und wir übernehmen in unserem eigenen Schauspiel natürlich nicht irgendeine Rolle, sondern die Hauptrolle.

Gemäß unserer eigenen Rolle sieht unser Drehbuch auch die uns ergänzenden Rollen vor. Der Bösewicht braucht immer den Rächer; der Helfer immer den Hilflosen; der, der fragt, immer den, der antwortet; das Opfer immer den Täter; der Aktive immer den Passiven. Die Rollenverteilung unseres Lebens bleibt immer die gleiche, die Personen, die diese Rollen ausfüllen, ändern sich im Laufe der Zeit. Das Fatale dabei besteht darin, dass uns unsere Rolle so vertraut ist, dass wir im Laufe unseres Lebens immer wieder auf sie zurückgreifen, auch wenn sie gar nicht mehr passend ist.

In einem Beratungsgespräch wurde einer Ratsuchenden vor einiger Zeit klar, dass sie immer und immer wieder die Rolle der Vermittlerin einnimmt. Schon als Kind war sie es gewesen, die zwischen den Eltern vermitteln musste. Und auch heute gerät sie immer wieder in die Lage, als Vermittlerin fungieren zu müssen, das heißt, sie findet treffsicher Konfliktparteien, die ihrer Mediation bedürfen – und die Streithähne finden sie.

In einer solchen Dynamik mischen immer wieder drei Prototypen mit:

- Opfer
- Täter/Verfolger
- Retter

In diesen Rollen lassen sich im sogenannten „Dramadreieck" wunderbare Machtspielchen austragen. *Das Dramadreieck beschreibt ein grundlegendes, in vielen Märchen und Heldensagen lange tradiertes Beziehungsmuster zwischen mindestens zwei Personen, die darin die drei Rollen des Opfers, des Verfolgers und des Retters einnehmen. Im Modell des Dramadreiecks wird beschrieben, wie diese Rollen zusammenhängen und wie sie oft reihum gewechselt werden. Das Dramadreieck ist ein psychologisches und soziales Modell aus der Transaktionsanalyse, das zuerst von Stephen Karpman beschrieben wurde. Menschliche Verhaltensmuster, die nachvollziehbaren, aufgedeckten Regeln folgen, werden in der Transaktionsanalyse „Spiel" genannt, obwohl sie für die Betroffenen sehr ernst sein können. Zwischen den Spielern gelten „Regeln" der Rollenerwartung, die vom Rollenträger durch die Wahl einer Rolle unwillkürlich befolgt werden. Dabei übernehmen die Beteiligten diese Rollen aus der inneren Notwendigkeit des Musters heraus, sie „spielen" diese Rollen (sie „sind" nicht die Rollen). Die Muster können teilweise (zumindest in gewissem Maße) auch gezielt manipulativ „eingesetzt" werden, zum Beispiel in der Politik, der Werbung und in Familienfehden (Wikipedia).*

Jeder Mensch kann je nach Situation jede dieser drei Rollen spielen, manchmal sind Menschen aber auch auf eine „spezialisiert". Es gibt Menschen, die es meisterhaft verstehen, sich Retter-Typen gegenüber als Opfer zu präsentieren und diese auf diese Weise aktivieren, für sie Machtkämpfe mit vermeintlichen Tätern auszufechten. Sie selbst halten sich im Hintergrund und treten deshalb auch nicht in Erscheinung – eine äußerst subtile und deshalb besonders wirkungsvolle Art zu agieren, manipulieren oder intrigieren! Zwei schlagen sich die Köpfe ein und der dritte lacht sich ins Fäustchen.

Aber auch die Retter ziehen einen Gewinn aus ihrer Rolle. Zunächst sehen diese Typen natürlich edel und selbstlos aus. Schauen wir jedoch näher hin, wird klar, dass Menschen in dieser Rolle ihre eigenen Machtansprüche verdeckt befriedigen können.

Auch in christlichen Gemeinden ist so manches Dramadreieck installiert, wird so manches Machtspiel ausgetragen, wie es Gerti Strauch in ihrem Buch „Das Gemeindekarussell“ beschreibt.

Um die Dynamik unserer Machtkämpfe aufrechterhalten zu können, brauchen und finden wir unsere Täter und Gegner. Häufig sind es Autoritätspersonen, die wir in unsere Kämpfe verwickeln, zum Beispiel Lehrer, Pastoren, Gemeinde- und Hauskreisleiter – oder unsere Ehepartner.

Unsere Tochter hatte in ihrer Grundschulzeit eine Lehrerin, die alles sehr genau nahm und jedes kleinste Vergehen sofort ahndete. Häufig fand ich in Rebeccas Heft Notizen, in denen die Lehrerin sich zum Beispiel über ein vergessenes Läppchen im Malkasten beschwerte. Ich spürte, wie ich zunehmend unter Druck geriet, und unternahm alles Mögliche, um Rebecca zu mehr Gewissenhaftigkeit zu bewegen. Aber es reichte nie aus, immer gab es etwas zu beanstanden. Mit der Zeit merkte ich, dass ich aggressiv reagierte, sobald ich Rebeccas Heft aufschlug und wieder eine Notiz vorfand. Häufig ging es um Kleinigkeiten, und mir schwoll der Kamm, wie man so schön sagt. Heute denke ich, dass ich in der Gefahr stand, mich durch unsere Tochter aktivieren zu lassen – die ich damals in der Rolle des Opfers sah – für sie als Retterin gegen die Lehrerin (Täterin) zu kämpfen.

Als ich mich irgendwann endlich mit dem Gedanken trug, die Sache mit der Lehrerin persönlich zu klären, spürte ich neben meiner Wut noch ein anderes Gefühl: Angst. Es war eine Mischung aus Zorn und Beklemmung. Ich registrierte, dass ich die Auseinandersetzung scheute und den Zeitpunkt für das Gespräch hinauszögerte. Ferner merkte ich, dass ich in der Gefahr stand, den Konflikt auf Umwegen zu lösen, zum Beispiel durch eine Notiz meinerseits, durch die ich meinem Unmut Luft gemacht hätte und damit in einen unterschwelligen Machtkampf mit dieser Frau geraten wäre. Gott sei Dank kannte ich zu diesem Zeitpunkt meinen Lebensstil schon recht gut, sodass ich mich entschloss, das Gespräch in Angriff zu nehmen und – das war besonders wichtig – die Lehrerin nicht als meine persönliche

Feindin zu sehen, sondern für das offen zu sein, was sie mir zu sagen hätte. Es wurde ein gutes Gespräch …

Wie wichtig ist es, sich selbst im Blick zu haben und das eigene Verhalten zu reflektieren, um Machtspiele zu vermeiden. Ein Buch Bernes trägt bezeichnenderweise den Titel „ Spiele der Erwachsenen“. Ein „Spiel“, das er darin beschreibt, habe ich in den letzten Jahren in der Beratung sowie im weiteren Bekanntenkreis so oft beobachtet, dass ich es hier erwähnen möchte. Es geht so: Ein Paar lernt sich kennen. Beide verlieben sich ineinander, ziehen zusammen, und am Anfang geht alles gut. Doch im Laufe der Monate macht er seiner Partnerin das Leben zunehmend schwer. Er fängt an, sie zu kontrollieren und zu dominieren. Er schreibt ihr vor, was sie zu tun und zu lassen hat, schreit sie an, betrinkt sich und kommt zu spät nach Hause. Und obwohl er sie so behandelt, bleibt sie bei ihm. Ihre Freunde, die das alles beobachten, raten ihr, sich zur Wehr zu setzen. Je aggressiver er jedoch wird, desto mehr entschuldigt sie sein Benehmen. Dies alles läuft über mehrere Jahre so, bis sie ihn eines Tages plötzlich und ohne Vorwarnung wegen einer neuen Beziehung verlässt – für ihn aus heiterem Himmel. All sein Flehen, zu ihm zurückzukommen, nützt ihm nichts. Sie bleibt unerbittlich, die Beziehung ist und bleibt für sie beendet.

Auch hier geht es wieder einmal um Macht und Ohnmacht, um einen Täter und ein Opfer. Doch die Frage, die sich dem aufmerksamen Beobachter stellt, lautet: „Who’s who?“ Wer ist denn nun eigentlich Opfer und wer Täter? Wir sehen an diesem Beispiel, dass diese Frage gar nicht so leicht zu beantworten ist. Die Person, die anfänglich als Opfer erscheint, zieht zu guter Letzt unerwartet und knallhart ihren Joker.

Das „Spiel“ des Mannes nennt Berne „Versetz mir eins!“, während sie in Ergänzung zu seinem „Hab ich dich wieder erwischt!“ spielt.[22] Wenn man die Lebensgeschichten beider kennt, dann ist es offensichtlich, dass beide Beziehungsmuster dieser Art schon lange praktizieren. Er hat in seiner Vergangenheit immer wieder Freundinnen auf die beschriebene Weise verloren, während sie immer wieder und treffsicher an Personen gerät, die sie schlecht behandeln. Und besonders bei ihr entdecken wir deutlich das schon erwähnte Alles-oder-nichts-Prinzip, dazu Rache als Fehlziel: „Ich warte so lange, bis das Maß voll ist, indem ich es vermeide, Dinge zu klären und gesunde Grenzen zu ziehen, um dann die Beziehung rigoros zu beenden." Der andere hat zu keinem Zeitpunkt der Beziehung eine faire Chance, sich zu ändern.

Machtspiele haben immer zwei Seiten: Wir ziehen daraus einen Gewinn, zahlen aber auch einen hohen Preis dafür.

In den letzten Jahren wurde viel über „geistlichen Missbrauch" diskutiert und geschrieben. Dabei werden meist christliche Leiter und Pastoren als Täter gebrandmarkt. An dieser Stelle möchte ich anmerken, dass der Begriff „geistlicher Missbrauch" eher irritierend ist, da Missbrauch immer ungeistlich ist. „Religiöser Missbrauch" bezeichnet meines Erachtens treffender, was gemeint ist. Natürlich kommt es in christlichen Gemeinden vor, dass von Leitern Macht ausgeübt wird, was Edin Lovas in seinem Buch „Machtmenschen" sehr eindringlich beschreibt. Trotzdem müssen wir genau hinschauen, bevor wir jemanden eines solchen Vergehens bezichtigen. Es kann alles immer auch ganz anders sein! Denn immer wieder geht es in solchen Fällen letztlich um eine Täter-Opfer-Retter-Dynamik, in der ein vermeintliches Opfer sehr geschickt agiert.

Spielt sich so etwas in christlichen Gemeinden oder Werken ab, ist der Schaden groß. Hauptmerkmal einer solchen Dynamik ist eine große Verwirrung, in die Beteiligte, aber häufig sogar Unbeteiligte, hineingezogen werden und der man sich kaum entziehen kann, auch wenn man sich dagegen sträubt. Menschen, die so etwas erlebt haben, bestätigen, dass eine solche Situation etwas äußerst Beängstigendes hat, weil sie häufig von dämonischen Mächten inszeniert ist. Das alles trägt die charakteristische Handschrift des Diabolos, des großen Durcheinanderbringers, wie die Bibel den Teufel beschreibt. Oft richten sich solche Angriffe gegen geistliche Werke oder Leiter und Leiterinnen, die unter Gottes Segen stehen, die aber manchmal mit ihrer Waffenrüstung nachlässig oder nicht wachsam genug waren. Es sind Dynamiken mit unglaublicher Zerstörungskraft, die da entfesselt werden. Wenn dabei auch vieles kaputtgeht, so bewahrt Gott doch die Seinen, die in ihm gegründet sind und es spätestens dann lernen, geistlich zu kämpfen und nicht mit menschlichen Waffen zurückzuschlagen.

Als wir vor Jahren in solch einen verwirrenden Kampf gerieten, spürten wir sehr deutlich, dass es reale Mächte gibt, die nur ein Ziel haben, nämlich Gottes Geliebte und seine Werke zu vernichten. Es sind die geistlichen Mächte und Gewalten der Himmelswelt, deren Auftrag es ist, nicht nur Gottes Auserwählte zu bekämpfen und möglichst zu zerstören, sondern auch die Schöpfung und die Schöpfungsordnung, also alles, was Gottes Wesen und Herrlichkeit widerspiegelt. Wer mit wachem Geist die wachsende Zerstörungskraft wahrnimmt, die sich gegen alles Göttliche richtet, sei es Familie, gesunde Sexualität, Frau- und Mannsein, Ehe, christliche Werte, Gottes Gemeinde in vielen Teilen der Welt oder auch die Natur, kann unschwer erkennen, in welchem Zeitalter wir uns befinden. Es gibt eine Macht, deren Ziel es ist, alles, was Gottes Wesen wiederspiegelt und verkörpert, zu zerstören, zu pervertieren oder auch zu kopieren bzw. zu fälschen, wie es C.S. Lewis in seinem Roman „Die böse Macht" anschaulich darstellt.

In jener Phase lehrte uns Gott, nicht aus eigner Kraft zu kämpfen, sondern ihn kämpfen zu lassen und selbst vollständig in der geistlichen Waffenrüstung gekleidet nicht nur zu stehen, sondern dem Angriff auch zu widerstehen. Wir mussten lernen, Krieg zu führen, aber nicht auf menschliche, weltliche Weise. Unsere Waffen sind nicht irdischer, sondern geistlicher Art, da Jesus sagt, dass sein Reich nicht von dieser Welt ist. Unsere Waffen haben die Macht, jede geistliche Festung, wo immer diese sich auch manifestieren mag, zu schleifen. Die Waffenrüstung besteht aus unserer durch Jesu Blut gewirkten Gerechtigkeit, unserer Heilsgewissheit, unserer Friedfertigkeit und Wahrhaftigkeit, unserer Bereitschaft, das Evangelium weiterzusagen, unserem Glauben, dem Wort Gottes und unserer Vollmacht durch den Heiligen Geist (Epheser 6,14).

Achten Sie einmal darauf, bei welchem Menschentyp es Sie geradezu reizt, ein Kämpfchen anzuzetteln, ihn zu provozieren, ihm zu widersprechen.

3.9 Ernten, was man sät

Egal, welche Rolle wir vorzugsweise wählen, ob die des Opfers, des Täters, des Retters, des Versagers, des schwarzen Schafes oder der Prinzessin, wir haben sie schon von Kindheit an trainiert, häufig in unserer Beziehung zu Vater oder Mutter. Im Laufe des weiteren Lebens werden wir dann immer wieder Menschen finden, die das entsprechende Beziehungsmuster mit uns fortsetzen. In der Beratung stellen wir daher manchmal die seltsam anmutende Frage: „Haben Sie Ihren Vater oder Ihre Mutter geheiratet?“ Meist können die Ratsuchenden spontan und sehr klar darauf antworten.

Sara hat es von klein auf gelernt, dass sie von ihren Eltern nicht gesehen wird, ihre Bedürfnisse unwichtig sind und sie für ihre Anliegen kämpfen muss. Ingo hingegen erlebte in seiner Kindheit eine überbordende Mutter, die ihn ständig kontrollierte. Er hat es schon als Kind gelernt, mit einem solchen Menschentyp klarzukommen und seine Freiheit zu verteidigen. Ingo und Sara haben sich gesucht und gefunden. Sie setzen miteinander die Beziehungsmuster fort, die sie in ihrer Kindheit gelernt haben, beide wiederholen ihre Kindheit. Das ist der schon beschriebene Wiederholungszwang.

Die meisten Konflikte, die wir mit anderen Menschen austragen, kommen aufgrund von Übertragungen zustande. Übertragungen sind Beziehungsmuster, in denen jemand die Reaktion auf eine frühere Bezugsperson im Kontakt mit einer Person der Gegenwart wiederholt. Oft liegt der Übertragung ein in der Kindheit nicht gelöster Konflikt zugrunde, z.B. ein Konflikt mit dem Vater oder einem der Geschwister. Später wird er dann mit einer anderen Person ausagiert, die gar nichts mit dem ursprünglichen Konflikt zu tun hat. Oft handelt es sich um eine Person, die Persönlichkeitsmerkmale oder Verhaltensweisen aufweist, die an den ursprünglichen Konfliktpartner erinnern.

Ingo überträgt seinen Mutterkonflikt auf Sara. Immer, wenn sie von ihm Nähe einfordert, bekommt sie eine Ladung ab, die ihr gar nicht „gehört“. Auch sie überträgt den Primärkonflikt ihrer Kindheit auf ihn, in dem sie darum kämpft, von ihm gesehen zu werden, wobei auf ihn ihr ohnmächtiger Zorn niedergeht, der noch von damals stammt.

Sich durchzusetzen, andere auszutricksen, Schlachten zu schlagen, Vorschriften zu umgehen – das ist für viele Menschen Lebenselixier pur, und wir lernen es von Kindesbeinen an. Wir holen uns dabei unseren „Kick". Auch Ingo und Sara haben ihre speziellen Methoden zur Erreichung ihrer Ziele schon früh trainiert. Der Gewinn, den ein errungener Sieg mit sich bringt, ist beträchtlich. Es fühlt sich gut an, eigene Vorstellungen und Pläne verwirklicht und sich darin gegen andere durchgesetzt zu haben. Das Siegertreppchen zu erreichen, vermittelt ein erhabenes Gefühl. Der Erfolg gibt dem Erfolgreichen recht. Daher ist es für Betroffene gar nicht so leicht, auf ihre Kämpfe zu verzichten.

Der Gewinn liegt also klar auf der Hand. Aber was ist der Preis? Was sind die Kosten eines solchen Lebensstils? Diese Fragen habe ich mir gestellt, als ich damit begann, mich mit meinen eigenen Verhaltensmustern zu befassen. Die Liste, die beim Nachdenken darüber zustande kam, war interessant und erschreckend zugleich.

Um dies zu vertiefen, wollen wir uns mit dem biblischen Prinzip der Saat und der Ernte befassen. Der Preis, den wir zahlen, entspricht der Ernte, die wir mit unserem Verhalten einbringen. Wir ernten immer, was wir gesät haben, ob wir wollen oder nicht, ob es uns bewusst ist oder nicht. Ich erinnere an das psychologisches Grundprinzip der „Selffulfilling Prophecy", das da lautet: „Du bekommst das, was du erwartest!" Im Falle des Machtkampfes handelt es sich um Negativ-Erwartungen des Betroffenen, die durch sein eigenes Verhalten in Erfüllung gehen. Er „macht" im wahrsten Sinne des Wortes Erfahrungen, er „macht" sich Feinde. Ein altes Sprichwort drückt es noch anders aus: Wie man in den Wald hineinruft, so schallt es hinaus. Und die Bibel beschreibt es so: *Denn sie säen Wind und sie ernten Sturm (Hos 8,7 EÜ).* Wenn wir Misstrauen und Feindschaft säen, wird unsere Ernte entsprechend ausfallen. Säen wir Wohlwollen und Nachsicht, gewähren wir Vertrauensvorschuss, werden wir Freundlichkeit ernten.

Im Folgenden möchte ich dieses Prinzip anhand eines Kreislaufs verdeutlichen:

Selektive Wahrnehmung (Ohr) ist auf Übersehen-Werden, Benachteiligung, Ungerechtigkeit etc. „geeicht“ (Negativ-Erwartung).
Interpretation (Fehldeutung) eigentlich „neutraler Ereignisse“: „Der andere will mir was, er will mich dominieren. Er verweigert mir das, was ich brauche! Der andere hat angefangen!“
Emotionale Reaktion bis hin zu Körperreaktionen durch Ausschüttung von Stresshormonen.
Handlung: Einstieg in den Machtkampf, z.B. Schuldzuweisung.
Reaktion des Anderen: Gemäß des Prinzips, dass Druck immer Gegendruck erzeugt, leistet der andere Widerstand und erfüllt damit die Negativerwartung.
Bestätigung der Negativerwartung: „Der andere will mir was, er will mich dominieren. Er verweigert mir das, was ich brauche! Der andere hat angefangen!“

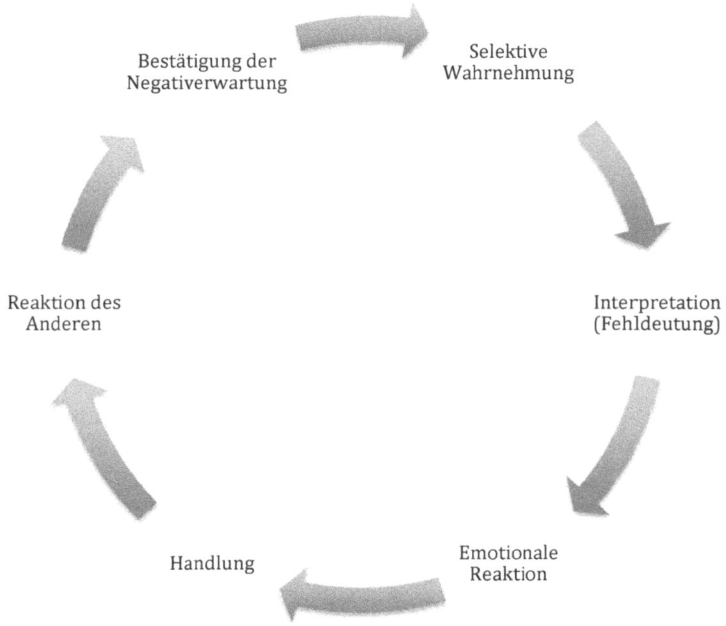

Die Überschrift zu diesem Kreislauf könnte auch lauten: Wie ein Schicksal entsteht. Sind wir in einem solchen Teufelskreis gefangen, zahlen wir selbst, aber auch andere, einen hohen Preis dafür.

Zum einen sind die Kosten für uns selbst sehr hoch, da beschriebene Lebenshaltung auf Dauer extrem kräftezehrend ist. Es kostet eine Menge Energie, immer auf der Hut sein zu müssen. Es ist sehr anstrengend, immer gegen den (selbst verursachten) Widerstand anderer kämpfen zu müssen, immer die Starke, Überlegene sein zu müssen. Der Anspruch an uns selbst, uns durchzusetzen, unser Recht behaupten zu müssen, bedeutet, unter Dauerstress zu stehen. Diese stetige innere Anspannung betrifft natürlich nicht nur unsere Seele, sondern auch – wie sollte es anders sein – unseren Körper. Krankheiten verschiedenster Art sind darauf zurückzuführen.

Vielleicht empfinden wir Beziehungen zu Menschen oder das Leben überhaupt als anstrengend. Und das ist es ja auch, denn die beschriebene Grundhaltung nimmt viel Kraft. Es kostet unglaublich viel Energie, immer in Hab-Acht-Stellung zu sein, um nicht zu kurz zu kommen und von anderen nicht übervorteilt zu werden; im Kontakt zu anderen Menschen bedeutet es eine fortwährende innere Anspannung. Und die, das ganze Leben belastende Müdigkeit, ist lediglich ein Symptom der gestörten und komplizierten Beziehungen.

Wie fühlen Sie sich im Kontakt zu anderen Menschen eher: entspannt oder angespannt? Wie erklären Sie sich das?

Wie beschrieben „machen“ wir uns Feinde. Gestörte Beziehungen bringen es folgerichtig mit sich, dass unsere natürlichen Bedürfnisse nach Liebe, Gemeinschaft und Sicherheit nicht gestillt werden, da das nur innerhalb gleichwertiger, wohlwollender Gemeinschaft (Linie A-B) geschieht. Nur im Kontakt zum anderen bekommen wir das, was unsere Seele benötigt. Kämpfe um Herrschaft und Einfluss stellen ein echtes Beziehungshindernis dar. Als Störungen in unserer Beziehungsfähigkeit ziehen sie daher oft Gefühle von tiefer Einsamkeit und innerer Leere nach sich. Der jüdische Religionsphilosoph Martin Buber spricht im Hinblick darauf von „Vergegnungen“ – es kommt zu keiner wirklichen Begegnung zwischen zwei Menschen. Auch bei der Depression spielt dies eine Rolle.

Die Ablehnung, die wir durch die Vergegnungen erleben, schadet wiederum unserem Selbstwertgefühl. Wir kommen immer wieder in Situationen, in denen wir ins Abseits geraten und Mauern aufrichten, die uns von anderen isolieren. Unser Selbstbewusstsein leidet erheblich darunter.

Ich denke an einen Bekannten, bei dem wir schon lange beobachten, dass er nie zur vollen Entfaltung seines Potenzials gelangte, obwohl er schon lange Christ ist. Wir fragten uns, woran das wohl liegen könne. Eines Tages kam ich mit ihm ins Gespräch, und er erzählte mir von seiner Kindheit und seinem überaus erfolgreichen, jüngeren Bruder. Schließlich sagte er: „Mein Bruder und ich sind grundverschieden. Wenn er früher etwas erreichen wollte, hat er so lange mit meinen Eltern verhandelt, bis er sie überzeugen konnte und er zufrieden war. Ich habe das anders gemacht: Ich bin meinen eigenen Weg gegangen."

Als er dies erzählte, wurde mir vieles klarer: Eine grundlegende Voraussetzung für Erfolg ist soziale Kompetenz. Der Bruder hatte diese trainiert; er hatte sich im Ver- und Aushandeln von klein an geübt, während unser Bekannter sich aus der Beziehung zu anderen ausgeklinkt und verweigert, „sein Ding allein durchgezogen" hatte. Sein Bruder hatte seine Pläne und Vorstellungen auch nicht aufgegeben, sie aber mit den Eltern ausgehandelt. Er hatte sich die Zeit genommen, Überzeugungsarbeit zu leisten, während unser Bekannter dem aus dem Weg gegangen war. Um erfolgreich sein zu können, brauchen wir die anderen. Soziale Kompetenz und Erfolg gehören zusammen wie die zwei Seiten einer Münze. Soziale Kompetenz beinhaltet zum großen Teil die Fähigkeit, die eigenen Vorstellungen im Einklang mit denen der anderen umzusetzen, also konflikt- und kompromissfähig zu sein. Viele von uns haben das in ihrer Kindheit nicht gelernt, sondern pendeln ständig zwischen Extremen: auf der einen Seite Unterwürfigkeit, auf der anderen rebellisches Aufbegehren. Viele von uns müssen es im Laufe ihres Lebens dann durch schmerzhafte Erfahrungen nachträglich lernen, die gute, gesunde Mitte zu finden.

Zu diesen Menschen gehörte ich auch. Nach und nach lernte ich zu verstehen, wie ich meine Beziehungen belastete und meinen eigenen Erfolg blockierte.

Wie beschrieben, bringen wir uns nicht nur selbst unter das Joch unserer Machtkämpfe, sondern zwingen auch andere Menschen darunter. Ich erinnere mich an eine Klientin, die sich darüber beklagte, dass sich ihre jüngere Schwester nicht ausreichend um die Betreuung ihrer alten Mutter kümmerte. Diese lebte noch alleine und versorgte sich selbst – mehr recht als schlecht. Die Klientin sah es als ihre Pflicht, mehrmals in der Woche zu ihrer Mutter zu fahren, um ihr behilflich zu sein. Sie spürte aber deutlich, dass sie dieser Einsatz auf Dauer überforderte, da sie zudem noch voll als Krankenschwester berufstätig war. Das Problem bestand für sie in der Weigerung ihrer Schwester, sich in dem gleichen Maße zu engagieren, wie sie es tat. Deren erklärte Lösung war es hingegen, die Mutter in ein Pflegeheim zu geben, aber das wollte meine Klientin wiederum nicht. Während des Gesprächs merkte ich, wie ich mich zunächst auf die Seite meiner Klientin „schlug" und im Hinblick auf die Schwester voreingenommen reagierte. War es nicht richtig, die Last gleichmäßig zu verteilen? Wie konnte die eine die andere so hängen lassen? Doch dann kam mir ein anderer Gedanke: Es war die freie Entscheidung meiner Klientin, sich so stark zu engagieren. Aber sie hatte nicht das Recht dazu, das Gleiche von ihrer Schwester zu verlangen, die verheiratet war, zwei kleine Kinder hatte und zudem psychisch wenig belastbar war. Sie konnte wohl ihren Wunsch äußern, hingegen war sie nicht berechtig, eine Forderung stellen. Sie versuchte jedoch, ihre Schwester unter das gleiche Joch zu zwingen, das sie sich selbst auferlegt hatte und das sie überforderte, und dies war nicht in Ordnung. Die Schwester hatte das Recht dazu, sich abzugrenzen und beide mussten zusammen eine Lösung finden, mit der sie sich wohl fühlten. Ich spürte deutlich, dass meiner Klientin der Verlauf unseres Gespräches missfiel…

Immer mehr sah ich auch in meinem Leben den hohen Preis, den die Menschen meiner Umgebung für meinen Lebensstil zahlten, und diese Erkenntnis belastete mich zunehmend. Wie oft war ich es, die durch ihre Haltung von Angriffigkeit und Misstrauen eine Atmosphäre von Unfriede und Druck um sich verbreitet hatte? Wie oft hatte ich andere in meine Machtspiele verwickelt? Der Preis, den wir zu zahlen haben, zeigt sich auch in unseren belasteten Beziehungen, sowie in unserer gestörten Gottesbeziehung. Machtkampf belastet und stört Beziehungen, da wir, solange wir kämpfen, nur unsere eigenen Ziele und nicht den anderen und dessen Bedürfnisse im Blick haben. Ich musste erkennen, dass ich unter einer echten Beziehungsstörung litt. „Aber ich will doch nur das Beste!" – Diesen Einwand hört man immer wieder, und ich kenne ihn selbst. „Manchen muss man eben zu seinem Glück zwingen!" Doch wie kann es richtig sein, Zwang auszuüben, wozu sich nicht einmal Gott hinreißen lässt?

Ein weiterer Preis, den wir für einen Machtkampf-Lebensstil zahlen, betrifft also unseren Glauben und unsere Gottesbeziehung. So erlebte ich, dass Gottes Handeln in meinem Leben aufgrund meiner Fehlhaltung blockiert wurde. Ich hatte echte Schwierigkeiten, ihn in meinem Herzen zu erfahren, mit ihm in Kontakt zu kommen, seine Stimme zu hören oder in die Anbetung zu finden. Ich erlebte Gott häufig als fern. Diesbezüglich sprachen Worte des Propheten Jesaja zu mir: *Seht her, die Hand des Herrn ist nicht zu kurz, um zu helfen, sein Ohr ist nicht schwerhörig, sodass er nicht hört. Nein, was zwischen euch und eurem Gott steht, das sind eure Vergehen; eure Sünden verdecken sein Gesicht, sodass er euch nicht hört (Jesaja 59,1.2 EÜ).*

Unsere falschen Haltungen stellen Hindernisse und Trennwände dar, die uns von Gott abschneiden. Dies ist eine ernste Wahrheit, aber das Evangelium hat neben seiner frohen, eben auch diese sehr ernste Seite. Leanne Payne schreibt: *Wenn wir unsere Sünde nicht beim Namen nennen, wird unser Hören auf Gott undeutlich. Heiligkeit und Heiligung unserer Gedanken und unserer Handlungen sind für das hörende Gebet unbedingt notwendig. Bewusste Sünde baut eine Mauer zwischen Gott und uns selbst, sodass die Kommunikation mit ihm abbricht. Sünde verhärtet das Herz und macht es „trüb". Ein solches Herz wird immer falsch hören. Wenn die Sünde nicht als das anerkannt wird, was sie ist, wächst sie und zerstört die Fähigkeit, Gott in rechter Weise zu hören. Ichbezogene „Weisheit“ ist das Ergebnis.*[23]

Viele Christen haben echte Schwierigkeiten, Gott spürbar zu erleben. Sie haben das Empfinden, dass ihre Gebete nur bis zur Decke steigen und sie nicht wirklich zu Gott durchdringen. Wie viele Christen gehen jahraus, jahrein zu allen möglichen frommen Veranstaltungen, aber sie entwickeln sich geistlich nicht weiter! Wie oft hören wir Menschen in Krisensituationen vorwurfsvoll fragen, warum Gott denn nicht höre und eingreife? Aber sie schaffen nicht die Voraussetzungen dafür, weil sie nicht hören und sich nicht um die Hindernisse ihres Lebens kümmern.

Meine eigene Erfahrung hat mir gezeigt, dass es wirklich schwierig ist, Gott zu begegnen, solange mein Leben von Streit, Auseinandersetzungen und Geschrei oder einer renitenten, von Verweigerung und Widerstand gekennzeichneten Haltung geprägt war. Gott musste mir widerstehen. Und ich weiß heute, dass auch meine Depressionen damit in Verbindung standen. Wenn wir so leben, dann ist unser Gewissen zu Recht belastet, sodass wir *keine Freimütigkeit haben, zum Thron der Gnade zu treten (Hebräer 4,16)*. Gott muss zu unserem Gegner werden, solange wir selbst kämpfen, da er uns ausdrücklich dazu aufgefordert hat, stille zu sein, während er selbst für uns kämpft. Er selbst muss sich uns in den Weg stellen, wenn wir dies nicht befolgen, weil wir sonst Schaden anrichten. Gott hat uns verordnet, zuzusehen wie er streitet, während wir ruhig sind.

In diesen Zusammenhang gehören auch die „Schuhe des Friedens“, ein Teil unserer geistlichen Waffenrüstung. Ob wir es wollen oder nicht – sobald wir anfangen, mit Jesus zu leben, stehen wir in einem geistlichen Kampf, auch wenn das vielen Christen nicht bewusst ist. Wissen wir, was es bedeutet, ohne Schuhe in den Krieg zu ziehen? Welcher Soldat kann sich das leisten?

Wir zahlen also auf den unterschiedlichsten Ebenen unseres Seins, unserer Beziehungen und auch unseres Glaubens einen hohen Preis, wenn wir auf ein Leben der Machtkämpfe nicht verzichten wollen. Und nicht nur wir – auch unsere Mitmenschen.

Warum halten viele von uns oftmals über lange Zeiträume dieses ungesunde Beziehungsmuster aufrecht? Die Antwort ist, dass der Gewinn, den wir daraus ziehen sehr hoch ist. Oft werden wir erst dann bereit, unseren Lebensstil zu ändern, wenn uns der Preis dafür zu hoch wird. Und *dass* er es ist, haben wir ja gerade gesehen.

Wie hoch er in Wahrheit ist, beschreibt Leanne: *Auf ein Leben zurückschauen, das von Ichbezogenheit regiert wurde, bedeutet, auf eine unerträgliche Sterilität und Einöde zurückzublicken. Wo echte Gemeinschaft mit Gott herrscht, da ist eine unglaubliche Fruchtbarkeit: Freundschaft, Sohnschaft, Einheit, Demut, Heiligkeit, Fülle des Seins: „Nicht ihr habt mich erwählt, sondern ich habe euch erwählt und dazu bestimmt, dass ihr euch aufmacht und Frucht bringt und dass eure Frucht bleibt. Dann wird euch der Vater alles geben, um was ihr ihn in meinem Namen bittet. Dies trage ich euch auf: Liebt einander!" (Johannes 15, 16-17).*[24]

Wir erinnern uns: Wirkliche Gemeinschaft, erfülltes Leben, finden wir nur auf der Linie A-B. Befinden wir uns an Punkt C oder Punkt D, haben wir diese Ebene verlassen, sind wir gefangen in uns selbst, blockiert von Minderwertigkeit, gebunden an unsere selbstbezogenen Ziele der Überlegenheit, abgetrennt vom anderen. Daher sollen wir in die Gemeinschaft zurückkehren, indem wir unsere Gleichwertigkeit mit den anderen bejahen, denn nur hier finden wir gelingendes Leben und erfüllende Beziehungen. Nur hier finden wir die Basis für gelebte Liebe.

Wer liebt, ist langmütig und gütig.
Er spielt sich nicht auf und drängt sich nicht auf.
Er sucht nicht nach seinem eigenen Vorteil
– eher ist er bereit, den unteren Weg zu gehen.
Er respektiert den Willen des anderen und ist
nicht rechthaberisch.
Wer liebt, begegnet dem anderen geduldig, freundlich und mit Wohlwollen; er unterstellt ihm nichts Böses und gewährt ihm Vertrauensvorschuss.
Er ist nicht empfindlich oder nachtragend,
sondern hat einen langen Atem und hält an der Hoffnung fest.
Frei nach 1. Kor. 13,1ff

4. Aufbruch zur Liebe

Die meisten von uns tun sich schwer mit der Liebe – wir Menschen haben immer zu wenig. Wir wollen lieben, aber wir spüren unseren Mangel und manchmal sogar unsere Unfähigkeit dazu. Jedoch ist der Wunsch nach einem gottgefälligen Leben in uns tief verwurzelt, tiefer noch als die Sünde – Gott sei Dank! Insofern schreibt Paulus: *Denn ich habe nach dem inneren Menschen Wohlgefallen am Gesetz Gottes (Römer 7,22.23 RElb).* Das heißt, unser innerer Mensch stimmt mit Gottes Satzungen völlig überein. Tief in unserem Inneren wissen wir, dass es gut ist, nicht zu stehlen, zu beneiden, die Ehe zu brechen, über Gott zu spotten; dass es sehr gut ist, treu zu sein, die Eltern respektvoll zu behandeln, in Zufriedenheit und ohne Neid zu leben. Wir spüren, dass die Aufforderungen, liebevoll und verantwortungsbewusst miteinander umzugehen, gut und richtig sind. Gottes Zehn Gebote, die er Mose gab und die Jesus in der Bergpredigt bekräftigt und sogar zuspitzt, sind Liebesgebote. Sie entspringen seiner Liebe zu uns und sind zutiefst gut und sinnvoll, weshalb auch unser Grundgesetz darauf basiert. Sie zeigen uns, wie wir unser Leben gestalten und in unseren Beziehungen miteinander umgehen sollen. Gandhi sagte, dass die Bergpredigt eines Jesus von Nazareth die Grundlage einer jeden Ethik sei. Daher können diese Gebote auch nicht aufgehoben werden, deshalb gelten sie auch für die neutestamentliche Gemeinde. Jesus sagt sehr klar, dass sie bis ins letzte Detail erfüllt werden müssen, weil unser Gott Liebe ist und wir nach seinem Bildnis erschaffen wurden: *Meine Freunde, wir wollen einander lieben, denn die Liebe hat ihren Ursprung in Gott, und wer liebt, ist aus Gott geboren und kennt Gott. Wer nicht liebt, hat Gott nicht erkannt; denn Gott ist Liebe (1. Johannes 4,7.8).* Auf diesem Hintergrund ist dann auch Paulus' weitere Ausführung des schon erwähnten Verses verständlich, die einem verzweifelten Aufstöhnen gleichkommt: *... doch in meinem Handeln sehe ich ein anderes Gesetz am Werk. Es steht im Kampf mit dem Gesetz, dem ich innerlich zustimme, und macht mich zu seinem Gefangenen. Darum stehe ich nun unter dem Gesetz der Sünde, und mein Handeln wird von diesem Gesetz bestimmt. Ich unglückseliger Mensch! Mein ganzes Dasein ist dem Tod verfallen. Wird mich denn niemand aus diesem elenden Zustand befreien (Römer 7,22.23 NGÜ)*?

Wir wissen, dass der Inhalt der Gebote Gottes Liebe heißt; sie ist der Maßstab, den Gott an unser Leben anlegt. Darüber denken wir nicht gern nach, und viele sind versucht, sich selbst zu verdammen, wenn sie es doch tun. Ich kann mich gut erinnern, dass mir beim Nachdenken darüber in den ersten Jahren meines Christseins höchst unwohl war, denn ich erkannte mein Versagen nur zu deutlich.

Wenn wir ehrlich sind, wissen wir oft noch nicht einmal, was Liebe denn nun eigentlich ist. Eine Bekannte beschrieb dies einmal folgendermaßen: „Ich weiß, dass Liebe nicht nur ein Wort ist, oder besser gesagt: mein Kopf weiß es. Ich weiß, wie sich Seide anfühlt, wenn man darüberstreicht, im Gegensatz zu Samt oder grobem Leinen. Aber wie sich Liebe anfühlt, das weiß ich nicht. Liebe, diese fünf Buchstaben, sind für mich wie eine Schale ohne Inhalt; wie ein lächelndes Gesicht, das man in seiner Erinnerung sucht und nicht findet. Es ist wie nach einem Zahnarztbesuch, man betastet seine Wange, aber da ist nur Gefühlloses, Taubes. Da ist Berührung, aber man spürt sie nicht. Lebendiges wie tot. Mein Kopf weiß, dass eine Mutter ihr Kind liebt, dass Mann und Frau sich lieben – natürlich! Aber mit meinem Herzen kann ich das nicht empfinden."

Das Etikett „Liebe" tragen bekanntlich die ungeheuerlichsten Dinge bis hin zur „käuflichen Liebe". Da wird in einem alten Schlager die Frage gestellt: „Kann denn Liebe Sünde sein?", wobei natürlich Sex gemeint ist. Vor Jahren wurde ein Buch mit dem Titel „Wenn Frauen zu sehr lieben" zum Bestseller. Beim Durcharbeiten dieses Buches wird aber deutlich, dass es de facto um das Thema Koabhängigkeit geht. Wir sprechen von Liebe und verwechseln sie mit Abhängigkeit. Dieses Wort muss sich viel gefallen lassen …

Entsprechend dieser Sprachverwirrung leben wir dann auch. Wir sehnen uns nach Nähe und Zärtlichkeit und geraten in ungute Verstrickungen. Wir wollen dem anderen nah sein, überschreiten dabei aber seine Grenzen und verletzen ihn. Wir möchten treu sein und schaffen es nicht. In all diesem Beziehungschaos verbirgt sich doch immer der eine große Wunsch: Wir wollen lieben und geliebt werden. Eltern lieben ihre Kinder und wollen nur das Beste für sie. Ehepartner wollen es besser machen als ihre Eltern; sie wollen es schaffen, was diese vielleicht nicht geschafft haben: beieinanderbleiben bis zuletzt, Liebe bis ans Ende. Wir möchten beieinander bleiben bis ins Alter, und unser Herz wird von wenigem so stark berührt wie von dem Anblick eines alt gewordenen, Händchen haltenden Paares. Aber die Scheidungsrate ist so hoch wie nie zuvor.

Viele von uns tun sich schwer mit Beziehungen. Sie haben Schwierigkeiten, zu lieben und sich lieben zu lassen, sowohl im Hinblick auf Menschen, wie auch auf Gott. Sie haben Probleme, Kontakt zu anderen aufzunehmen oder zufriedenstellend in einer Beziehung zu bleiben, sie zu erhalten und zu pflegen.

Als ich mir über diese Dinge Gedanken machte – auch über meinen eigenen Mangel –, fand ich in der Zeitschrift Aufatmen einen Artikel über Charles de Foucault und Worte von ihm, die mich sehr berührten und trösteten. Es war, als ob Gott dadurch zu meinem Herzen spräche: *An seinem letzten Lebenstag, dem 1. Dezember 1916, dem Tag seiner Ermordung durch die Hand eines jungen Burschen, schreibt der 58-Jährige in einem Brief an seine*

Cousine: „Kann man leiden und kann man lieben, dann kann man viel. Dann kann man das Größte, wozu man auf dieser Welt fähig ist. Man fühlt, dass man leidet, aber man fühlt nicht immer, dass man liebt. Aber man weiß, dass man lieben will. Und lieben wollen ist lieben ... Wie wahr das ist. Wir werden nie genug lieben. Aber Gott, der ja weiß, aus welchem Lehm er uns geformt hat, und der uns unendlich mehr liebt, als eine Mutter jemals ihr Kind lieben kann, er hat uns versprochen, dass er den nicht zurückweisen will, der zu ihm kommt."[25]

Man fühlt nicht immer, dass man liebt ... Auch mir erging es so, aber ich wollte lieben, das wusste ich. Ich wollte es von ganzem Herzen lernen! Wie gut, dass Gott die Voraussetzung dafür geschaffen hat: *Und Gottes Liebe zu uns ist daran sichtbar geworden, dass Gott seinen einzigen Sohn in die Welt gesandt hat, um uns durch ihn das Leben zu geben. Das ist das Fundament der Liebe: nicht, dass wir Gott geliebt haben, sondern dass er uns geliebt und seinen Sohn als Sühneopfer für unsere Sünden zu uns gesandt hat (1. Johannes 4,10 NGÜ).* Wenn diese Verse wahr sind, dann hat Gott bereits den Grund für die Fähigkeit zu lieben in uns gelegt. Dann können wir uns voller Zuversicht und Dankbarkeit auf diese Tatsache stellen! Diese Erkenntnis war ein Trost für mich, als ich mich danach ausstreckte, meine unguten und lieblosen Verhaltensweisen abzulegen. Bevor es an späterer Stelle darum gehen wird, wie das konkret aussah, wollen wir uns zunächst über Haltungen und Tugenden Gedanken machen, die den Weg für Veränderung ebnen und Raum schaffen, dass wir in unserer Liebesfähigkeit wachsen können. Es geht dabei um Achtsamkeit, Genauigkeit, Beharrlichkeit, Betroffenheit und Beichte. Gottes Ruf der Liebe, den wir nur mit den Ohren unseres Herzens wahrnehmen können, veranlasst uns, nach diesen Tugenden zu streben.

4.1 Achtsamkeit, Genauigkeit und Beharrlichkeit

Hören ist eine wichtige Fähigkeit, die wir kultivieren sollten. Sicher kennen auch Sie Situationen, in denen Sie diese Fähigkeit vermissen und die einen faden Beigeschmack hinterlassen: Sie sind zu einer Festlichkeit eingeladen worden und sitzen neben einem Fremden. Es wird gegessen und getrunken, die Zeit vergeht, und Sie haben immer noch kein Wort miteinander gewechselt. Schließlich stellen Sie sich vor und beginnen ein Gespräch. Sie möchten den anderen kennenlernen und fragen ihn dies und jenes zu seinem Leben, was er auch bereitwillig beantwortet. Nach einer Weile wird er sogar redselig. Sie haben „sein" Thema angeschnitten. Ihr Nachbar erzählt und erzählt, und es ist amüsant, ihm zuzuhören. Nach etwa einer Stunde gehen Ihnen jedoch die Fragen aus, und Sie würden jetzt auch gern etwas zum Gespräch beitragen. Nun wird Ihnen auch bewusst, dass Sie während der ganzen bisherigen Zeit nichts anderes getan haben, als Fragen zu stellen und zuzuhören. Doch hat Ihr Gegenüber offenbar kein Interesse, im Gegenzug auch etwas von Ihnen zu erfahren. Nun wollen Sie es wissen: Sie stellen Ihre Fragen ein und warten ab. Schweigen. Sie sitzen wie zu Beginn wortlos nebeneinander. Noch glauben Sie, dass Ihr Nachbar nun endlich seinerseits aktiv werden und das Gespräch wieder aufnehmen wird. Aber Sie irren sich.

Immer wieder begegnen uns Menschen, bei denen wir kaum zu Wort kommen. Sie besitzen die Fähigkeit, aus einem Gespräch innerhalb kürzester Zeit einen Monolog zu machen, in dem es nur um sie, ihre Krankheit, ihre Arbeit, ihre Leistung, ihre Probleme geht. Manche kennen wir schon lange, aber wir haben selten erlebt, dass sie sich von selbst nach unserem Ergehen erkundigen. Sie reden gern und gut, aber sie hören nicht zu. Und deshalb haben sie auch keine Fragen.

Wir müssen es lernen, zu hören, zuzuhören, hinzuhören. In unseren Seelsorgeschulungen wird immer wieder deutlich, dass wirkliches Hören nicht zu unseren natürlichen Fähigkeiten gehört. Besonders beim Thema Gesprächsführung wird dies deutlich. Echtes Interesse am anderen zeigt sich darin, ob wir fragen und hören können und wollen.

Können Sie zuhören oder haben Sie sich aufs Reden verlegt? Hören Sie wirklich, was andere Ihnen sagen? Interessiert es Sie, was andere Ihnen rückmelden?

Wollen wir wirklich hören, was unser Ehepartner, was unsere Kinder uns zu sagen haben, diejenigen, die uns gut kennen, auch unsere schwierigen Eigenarten? Offene Ohren und Augen gehören zusammen. Wenn uns die fehlen, dann kann es geschehen, dass wir wichtige Hinweise nicht mitbekommen, eine einzelne Geste, einen Nebensatz oder einen Blick – wie bei Rebecca. Es geht darum, auf solche Hinweise zu achten, es geht um Achtsamkeit im Umgang miteinander. Wir brauchen den anderen, der uns auf Dinge in unserem Leben aufmerksam macht, die wir selbst übersehen, weil wir – jeder für seinen Bereich – betriebsblind sind. Daher sollten wir uns bemühen, einander zuzuhören, möglichst genau hinzuhören, achtsam zu sein, um die Stolpersteine und Hindernisse in unserem Leben in den Blick zu bekommen. Christoph Häselbarth hat einmal gesagt, der Demütige sei immer bereit zu hören ...

Auseinandersetzungen gehören zu unserem Leben, aber oft nimmt man sich nicht die Zeit, sie zufriedenstellend zu klären. Man legt sie ad acta. Man ist nicht achtsam, man ist leicht-fertig. *„Es sind die kleinen Füchse, die den Weinberg verderben" (Hohelied 2,15),* sagt die Bibel, kleine Füchse, die man leicht übersieht und die genau deshalb so gefährlich sind. Kleine Füchse, denen man keine Beachtung schenkt, bis der von ihnen angerichtete Schaden irgendwann dramatisch zutage tritt. Plötzlich kommt der Zusammenbruch, die Krise, trifft man auf seine Grenze. Wenn man jedoch genauer hinschaut, merkt man, dass es gar nicht so „plötzlich" war. Denn jede Krise hat eine Vorgeschichte. In wie vielen Beratungen, gerade auch von Ehepaaren, bestätigt sich dies. Es gab oft schon Jahre vorher die ersten Hinweise auf eine Störung in der Beziehung, aber das Paar ging ihnen nicht weiter nach. Und über die Jahre wurde aus dem Funken ein Flächenbrand.

Neben dem Bild von den kleinen Füchsen veranschaulicht noch ein zweites den Sachverhalt. Antoine de Saint-Exupéry erzählt in „Der kleine Prinz" von den Affenbrotbäumen: *Auf dem Planeten des kleinen Prinzen gab es fürchterliche Samen (...) und das waren die Samen der Affenbrotbäume. Der Boden des Planeten war voll davon. Aber einen Affenbrotbaum kann man, wenn man ihn zu spät angeht, nie mehr loswerden. Er bemächtigt sich des ganzen Planeten. Er durchdringt ihn mit seinen Wurzeln. Und wenn der Planet klein ist und die Affenbrotbäume zahlreich werden, sprengen sie ihn. „Es ist eine Frage der Disziplin", sagte mir später der kleine Prinz. „Wenn man seine Morgentoilette beendet hat, muss man sich ebenso sorgfältig dazu zwingen, die Sprösslinge der Affenbrotbäume auszureißen, sobald man sie von den Rosensträuchern unterscheiden kann, denen sie in der Jugend ähnlich sehen. Das ist zwar eine langweilige, aber leichte Arbeit (...) Ich habe einen Planeten gekannt, den ein Faulpelz bewohnte. Er hatte drei Sträucher übersehen.*[26]

Unter diesem Abschnitt befindet sich eine Zeichnung: Ein winziger Planet, von drei mächtigen Bäumen völlig durchwurzelte ... Disziplin, die von Erfolg gekrönt sein soll, ist immer mit Beharrlichkeit verknüpft. Wir müssen am Ball bleiben, wenn sich unser Leben hin zum Guten wandeln soll.

Es geht darum, „unser" Unkraut rechtzeitig, sorgsam und mit Ausdauer zu entfernen. Es geht darum, unsere Liebes- und Beziehungshindernisse zu beseitigen: *Deshalb nun, weil wir von einer großen Wolke von Zeugen umgeben sind, wollen wir auch jedes Hindernis, das heißt die Sünde, die so leicht unser Vorwärtsschreiten hemmt, abtun (Hebräer 12,1).* In dieser Weise übersetzt David Stern den Vers in seinem Jüdischen Neuen Testament[27].

Die Bereitschaft, Hinweise, die der Heilige Geist gibt, ernst zu nehmen und die Blockaden aus unserem Leben zu schaffen, muss sich schon früh im Leben eines Gläubigen zeigen. Ist diese „Radikalität" schon zu Beginn nicht vorhanden, so wird es aller Voraussicht nach auch später daran mangeln. Wo ist unsere Radikalität, mit der wir zu Beginn unseres Christenlebens die LPs mit dunklen und unsauberen Texten in den Mülleimer entsorgten? Carlo Carretto weist auf die Gefahr reiner Religiosität hin und darauf, wie sehr Gott es sich wünscht, dass wir auf ihn hören: *Die Glut des Evangeliums ersticken wir unter dem dunstigen Schleier einer Religiosität, die den Willen Gottes nicht sucht. Das ist der springende Punkt. Dort beginnt das wahre Gebet, wo der Wille Gottes gesucht wird. Im Grunde sind die Dinge einfach, äußerst einfach: Es genügt, auf das zu hören, was Jesus gesagt hat. Es genügt, das Evangelium zu nehmen und in die Tat umzusetzen, was er uns gesagt hat. Kurz: Es geht um den Willen, nicht um Worte. Der göttliche Geist sucht in uns den guten Willen. Der Geist Jesu findet sich dort ein, wo der Wille danach verlangt, denn er ist die Liebe, und zur Liebe gehören zwei.*[28]

Ein Lebensstil, der von Machtkampf durchzogen ist, richtet sich auch gegen Gott, und er hat etwas mit Argwohn und Ungehorsam Gott gegenüber zu tun. Wirklicher Gehorsam ist immer ein Akt des Vertrauens. Wir beginnen, auf Gottes leise Hinweise zu achten und darauf einzugehen. Nach solchen Aufbrüchen hin zur Liebe hält Gott voller Sehnsucht in unserem Leben Ausschau. Er bemerkt sie sofort und wird sie umgehend und reichlich segnen. Es ist wie beim Gleichnis vom verlorenen Sohn. Der Vater hält Abend für Abend Ausschau nach seinem abtrünnigen Kind, und als er es dann endlich nach langer, langer Zeit heimkehren sieht, rennt er ihm voller Freude entgegen, um es in seine Arme zu schließen.

Als ich mich auf den Weg der Umkehr machte, meine Gesinnung korrigieren zu lassen und mich zu verändern, da spürte ich förmlich, dass Gott mit Wohlgefallen auf mich schaute und mir mit Liebe entgegeneilte. Es ist nicht die Vorstellung von Zorn und Gericht, die uns motiviert, zum Vater im Himmel umzukehren, sondern das Erkennen seiner grenzenlosen Güte und die Erfahrung seiner Liebe, die uns in seine Gegenwart lockt.

Es reicht nicht, Dinge nur als gut und richtig zu anzusehen und rein theoretisch zu bejahen. Wir sollen es lernen, unsere Erkenntnisse umzusetzen und sie so ins Leben zu bringen. Es gibt Endlos-Seelsorgeprozesse, bei denen der Betreffende viel erkennt, aber nichts verändert. Veränderung muss sichtbar sein. Wenn meine Umgebung – und zuallererst mein Ehepartner und meine Kinder – nicht mitbekommen, dass sich bei mir Grundlegendes gewandelt hat, dann stimmt etwas nicht!

Wenn wir beginnen, die Hindernisse unseres Lebens anzugehen, dann nennt die Bibel das Heiligung. Heiligung bedeutet, mein Leben an den Maßstäben, die Gott an mein Leben legt, zu messen und daran auszurichten. Dieser Maßstab findet sich in den Zehn

Geboten und der Bergpredigt. Es geht in diesem Prozess zu aller erst um die Genauigkeit, mit der wir auf Gott hören. Dies beschreibt die christliche Psychologin Hanne Baar: *Es ist kein Mensch bedeutender als der andere. Was uns unterscheidet, ist das Maß an Genauigkeit und Liebe, mit dem wir Gott folgen und damit uns selbst, unsere Eigenart, finden.*[29]

Es geht um unser „Maß an Genauigkeit und Liebe", das nichts mit Gesetzlichkeit zu tun hat. Unsere Liebe zeigt sich in unserer Genauigkeit im Hören auf Gott und zwar mit gespitzten Ohren, wie es Leanne Payne ausdrückt. Das beschreiben auch folgende Verse aus dem Buch Josua, die ich vor Kurzem entdeckte und die mir seitdem nachgehen: *Achtet aber genau darauf, das Gebot und das Gesetz zu erfüllen, das euch Mose, der Knecht des Herrn, gegeben hat: den Herrn, euren Gott, zu lieben, auf allen seinen Wegen zu gehen, seine Gebote zu halten, euch ihm anzuschließen und ihm von ganzem Herzen und ganzer Seele zu dienen (Josua 22,5 EÜ).* Gott sehnt sich nach einer solchen „Anhänglichkeit", mit der wir auf ihn hören, ihn lieben, uns ihm anschließen und folgen. Im Bild gesprochen führt sie dazu, dass wir wie die Rebe am Weinstock hängen. So kann und wird der Lebenssaft dessen durch uns fließen, der das Gesetz erfüllt hat (Johannes 15). Jesus kam nicht, um das Gesetz aufzulösen, sondern um es zu erfüllen, denn sein Gesetzt besteht aus Liebesgeboten. Sind wir mit ihm verbunden wie die Rebe mit dem Weinstock, dann kann es gar nicht anders sein, als dass wir sie erfüllen.

4.2 Betroffenheit

Ich bin froh, dass ich mit der eingangs geschilderten Begebenheit – meinem Konflikt mit Rebecca – nicht leichtfertig umging. Es war gut, dass ich über diesen Augenblick nicht einfach hinwegsah, diesen Moment, in dem es mir an Beherrschung und Geduld und letztlich an Liebe gefehlt hatte.

Ich erkannte also, dass das Thema „Machtkampf" in meinem Leben eine Rolle spielte. Ich war darüber gestolpert, war angeeckt, hatte mich gestoßen – und mit mir hatten sich auch andere daran gestoßen. Ich begriff, dass dieses Anstößige Sünde war, etwas, womit ich andere Menschen verletzte und vor den Kopf stieß. Plötzlich wurde mit bewusst, wie oft ich meine Kinder barsch anging und in wie vielen anderen Bereichen meines Lebens diese Härte immer wieder hervorbrach. Diese Erkenntnis war für mich zugegebenermaßen erschreckend.

Inzwischen weiß ich, wie wichtig es ist, dass wir Betroffenheit über uns selbst zulassen, die von Selbstverdammnis klar zu unterscheiden ist, da diese in der Regel mit diffusen Schuldgefühlen einhergeht. Wenn der Heilige Geist in unserem Leben Sünde aufdeckt, dann ist das sehr konkret, dann wissen wir genau, worum es geht. Betroffenheit in diesem Sinne ist eine Traurigkeit, die zu unserem Heil notwendig ist und die etwas Gutes in unserem Leben hervorbringen soll. Paulus schreibt dazu an die Gemeinde zu Korinth: *Mein Brief hat euch zwar hart getroffen, und doch bereue ich nicht, ‚ihn geschrieben zu haben'. Zunächst allerdings habe ich es bereut; ich habe ja gemerkt und bin mir bewusst, wie sehr euch das, was ich zur Sprache brachte, weh getan hat, auch wenn es nur für kurze Zeit war. Dafür freue ich mich jetzt ‚umso mehr' – natürlich nicht über euren Schmerz, sondern darüber, dass dieser Schmerz euch zur Umkehr gebracht hat. Das Ganze hat euch auf eine Art und Weise weh getan, die Gottes Willen entsprach, und deshalb hat unser Brief euch letzten Ende so keinerlei Schaden zugefügt. Denn ein Schmerz, wie Gott ihn haben will, bringt eine Umkehr hervor, die zur Rettung führt und die man nie bereut. Der Schmerz hingegen, den die Welt empfindet, bewirkt den Tod (2. Korinther 7,8-10 NGÜ).*

Es gibt sie also, die gottgewollte Traurigkeit, die wir so gern aus der Bibel streichen würden. Sie äußert sich in einem „gebeugten und zerschlagenen Geist", wie Jesaja es beschreibt, und ist häufig die Voraussetzung dafür, dass wir dem Herrn in ganz neuer Weise begegnen können. Die Betroffenheit, das Zerschlagensein über das eigene Versagen, unsere Härte und den eigenen Mangel an Liebe, ist die Voraussetzung für einen Prozess der Heiligung und Heilung.

Ohne Reue keine Buße. Menschen, die diesen Punkt nicht erreichen, gehen ohne wirkliche Veränderung aus Beratung und Seelsorge. Das zeigt die Erfahrung. Reinhold Ruthe sagte einmal: „Ohne Tränen keine Heilung." Gemeint sind neben den Tränen des Schmerzes auch die Tränen über sich selbst. Im Leben von Ratsuchenden, die diesen Punkt der Selbsterkenntnis erreichen, über sich selbst weinen und diese Betroffenheit zulassen können, geschehen oft die erstaunlichsten Veränderungen, wenn sie bereit sind umzukehren. Es ist, als ob dadurch ein Damm bricht und Gottes Segen sich ungehindert in ihr Leben und das ihrer Familien ergießen kann. Oft ist dies der Beginn von tief greifender Heilung und Wiederherstellung zerstörter Beziehungen. Ich bin immer wieder sprachlos über den gewaltigen Fortschritt, den ein solcher Zerbruch oft nach sich zieht.

Ich glaube, dass das, was wir als tiefe Erschütterung erleben, in der Regel das Zerbrechen unserer Selbsttäuschung ist, auch was das Maß unserer Liebe betrifft. Solch ein Zerbruch bringt uns schmerzlich in Berührung mit unserer Lieblosigkeit und Selbstbezogenheit, die doch so tief im Menschen steckt. Er dient der Bewusstmachung, dass wir nur eine kleine Kraft besitzen und jemanden brauchen, der unser Herz erneuert, damit es liebesfähig wird (Hesekiel 36,26).

Die Lebensgeschichte von Petrus belegt das. Jesus sagt zu ihm vor seinem Zusammenbruch: *Simon, Simon, der Satan hat verlangt, dass er euch wie Weizen sieben darf. Ich aber habe für dich gebetet, dass dein Glaube nicht erlischt. Und wenn du dich wieder bekehrt hast, dann stärke deine Brüder (Lukas 22,31.32 EÜ).*

Ich habe mich immer gefragt, warum Jesus sagt: „… wenn du dich wieder bekehrt hast." Petrus war doch schon bekehrt. Er war mit Jesus unterwegs gewesen, war Zeuge seines Wirkens gewesen. Jesus hatte ihn und die anderen Jünger mit Vollmacht ausgestattet und dann mit dem Auftrag losgeschickt, die gute Nachricht zu verbreiten und Kranke zu heilen und Dämonen auszutreiben. Simon Petrus hatte diese Aufgabe zusammen mit den anderen erfolgreich ausgeführt, er hatte Wunder erlebt und seinem Meister danach begeistert Bericht erstattet. Und dennoch sagt Jesus zu ihm: „Und wenn du dich wieder bekehrt hast …"

Offenbar führt eine solche Erschütterung, auf die Jesus Petrus hier vorbereitet, erst zur wirklichen Umkehr, unserer eigentlichen Bekehrung, die uns so tief gehend verändert, dass Jesus uns erst danach unserer wahren Berufung zuführen kann. Als Jesus später Petrus fragt: „Liebst du mich?“, antwortet dieser sehr verhalten und kleinlaut. Spätestens an diesem Punkt in unserem Leben wissen wir, dass wir ohne Jesus nicht in der Lage sind zu lieben. Erst ein zerbrochenes Herz ist sich dessen bewusst.

Als mir zu Bewusstsein kam, dass viele Machtkämpfe, die mein Leben belasteten, von mir selbst hervorgerufen wurden, war ich tief betroffen. Ich war erschüttert über mich selbst und auch darüber, dass ich mir dieser Tatsache zeit meines Lebens nicht bewusst gewesen war. Warum kam ich mir erst jetzt auf die Spur? Warum mussten so viele Jahre vergehen? Welches Unheil hatte ich angerichtet und wie viel Unfrieden durch meine Unwissenheit schon verbreitet? Mit Erschrecken dachte ich an meine Kinder. Welchen Schaden hatte ich in ihnen bereits verursacht? Wie oft hatte sich diese Fehlhaltung in meiner Ehe niedergeschlagen? Wie viele Menschen hatte ich auf diese Weise schon verletzt? Ich war wirklich entsetzt über mich selbst. Ich wollte mich ändern – und Gott half mir bei meinem nächsten Schritt in diese Richtung.

4.3 Der Name meines Freundes

„Sie verstricken andere in Machtkämpfe!“ – Endlich konnte ich dem Problem, das mich nun schon so lange begleitete, einen Namen geben.

Es ist wichtig, dass wir unsere Fehlhaltungen und Sünden beim Namen nennen. Wir alle kennen das Märchen von Rumpelstilzchen und haben die Szene vor Augen, wo der Wicht ausgelassen um sein Lagerfeuer tanzt und laut triumphiert: „Ach, wie gut, dass niemand weiß, dass ich Rumpelstilzchen heiß!“ Kernaussage der Geschichte: Kenne ich etwas oder jemanden mit Namen, so verliert er seine Macht über mich.

Es ist tatsächlich von Bedeutung, inwieweit wir Wesen, Strategien und Ziele unserer Feinde kennen. Nur gegen das, was wir kennen, können wir uns schützen. Wir alle wissen um die Bedrohung, die vom radikalen Islam ausgeht. Al Kaida ist uns allen ein Begriff. Aber wer und wo ist Al Kaida? Wo können wir sie finden? Wie sieht sie aus? Verstehen wir, worum es geht?

Solange unsere wahren Schwierigkeiten im Verborgenen bleiben, keinen Namen haben, sich hinter Symptomen verstecken können, beherrschen sie uns; dann haben wir keine Chance, irgendetwas zu ändern. Daher ist es so wichtig, dass die Hindernisse, die verborgenen Motive unseres Lebens, entlarvt werden. Davon handelt auch das lesenswerte Büchlein von Hanne Baar mit genau diesem Titel „Die Namen meiner Feinde". Auch Gottes Wort benennt unsere wichtigsten Feinde sehr konkret: *Im Übrigen ist klar ersichtlich, was die Auswirkungen sind, wenn man sich von der eigenen Natur beherrschen lässt: sexuelle Unmoral, Schamlosigkeit, Ausschweifung, Götzendienst, okkulte Praktiken, Feindseligkeiten, Streit, Eifersucht, Wutausbrüche, Rechthaberei, Zerwürfnisse, Spaltungen, Neid, Trunkenheit, Fressgier und noch vieles andere, was genauso ‚verwerflich' ist (Gal 5,19 NGÜ).*

Deshalb lautet die Frage einer jeden Seelsorge: Was ist das Problem hinter dem Problem? Das Problem hinter dem Problem (Symptom) ist immer eine Beziehungsstörung; immer geht es um problematische Beziehungsmuster, die sich blockierend zwischen Menschen stellen. Wie heißt das Hindernis, das ich aus meinem Leben beseitigen muss? Welchen Namen hat es? Geht es um Neid, Bitterkeit, Rache, Faulheit, Geiz, Kontrolle, Rechthaberei? Wie heißt meine Haltungs- oder Wurzelsünde? Das, was die Psychologie als Fehlhaltung bezeichnet, nennt die Bibel Sünde. Wir sollen bereit werden, unsere Sünde beim Namen zu nennen.

Carlo Carretto schreibt: *In der Tiefe liegt die Schuld, die entscheidender ist, die umfassender ist, auch wenn sie verborgen ist. Diese Schuld besteht weniger in einzelnen Handlungen als vielmehr in Grundhaltungen, die meist besser als die Taten die wahre Qualität des menschlichen Herzens bestimmen. Es ist eine verborgene, ja verschleierte Schuld. Wir bekommen sie nur mit großer Mühe und oft erst nach langer Zeit überhaupt in den Blick, doch ist sie in unserem Bewusstsein lebendig genug, um uns zu belasten und schwerer in uns zu wiegen als alle Dinge, die wir gewöhnlich beichten. Ich meine die Haltungen, die unser ganzes Leben wie eine Sphäre einhüllen und die bei allem gegenwärtig sind, was wir tun und was wir lassen. Sünden, die wir nicht einfach abschütteln können.*[30]

Für die meisten von uns ist es unangenehm, sich mit ihren Sünden zu befassen. Wir scheuen uns davor und lenken uns gern davon ab, verdrängen sie. Mir wurde jedoch vor Kurzem in einer Gebetszeit klar, dass ein wesentlicher Teil der Gnade Gottes darin besteht, der Welt den Dienst der Überführung von Sünde zu erweisen. Dies ist das Werk des Heiligen Geistes, von dem es im Johannesevangelium heißt: *Und wenn er kommt, wird er der Welt zeigen, dass sie im Unrecht ist; er wird den Menschen die Augen öffnen für die Sünde, für die Gerechtigkeit und für das Gericht. Er wird ihnen zeigen, worin ihre Sünde besteht: darin, dass sie nicht an mich glauben (Johannes 16, 8.9 NGÜ).*

Wie gut, wenn er kommt, unser Freund, und uns unterweist! Denn was passiert mit einem Volk, zu dem er nicht mehr redet? Was geschieht, wenn wir keine Korrektur mehr erhalten? Bedeutet es nicht letztlich Gericht, wenn Gott sein Reden einstellt? Im Alten Testament war es immer ein Zeichen des Gerichts über Israel, wenn Gott nicht mehr sprach. *Mein Volk kommt um, weil ihm die Erkenntnis fehlt (Hos 4,6 EÜ).* Gottes Volk leidet Not, wenn es nicht versteht, „was der Geist der Gemeinde sagt". Wir nehmen Schaden, wenn wir keine Erkenntnis über geistliche Zusammenhänge erlangen, also auch keine Erkenntnis über uns selbst und unser eigenes Leben. Gott drängt mich in letzter Zeit, regelmäßig für den Dienst des Heiligen Geistes zu beten, seiner Gemeinde die Augen für ihre Verfehlungen zu öffnen und ihr dadurch notwendige Erkenntnisse zu geben. Möge Gott sein Volk mit offenen Ohren und einem aufmerksamen Herzen segnen, das immer wieder neu bereit ist zu hören! Mein Anliegen ist es aber auch, Gott um diese Gnade auch für mich selbst zu bitten: um die Gnade, Erkenntnis über meinen eigenen Zustand zu erlangen und die Dinge in meinem eigenen Leben, in meiner Ehe und Familie, die der Erneuerung bedürfen.

Wissen Sie, welchen Namen Ihr Feind trägt? Wenn nicht, wollen Sie ihn herausfinden?

Es ist für uns von Bedeutung, die Namen unserer Feinde zu kennen und noch viel mehr, den Namen unseres Freundes. Wie gut für uns zu wissen, an wen wir uns wenden können, wenn unsere Probleme und Sünden einen Namen, ein Gesicht bekommen haben. Wenn wir entdecken, dass wir uns auf dem falschen Weg befinden, können wir uns an Jesus wenden, wir können umkehren.

Ausdruck unserer Bereitschaft zur Umkehr ist die Beichte; dort bekennen wir, was wir erkannt haben: *Die Beichte vor dem Bruder ist tiefste Demütigung, sie tut weh, sie macht gering, sie schlägt den Hochmut furchtbar nieder. Vor dem Bruder als Sünder dazustehen, ist kaum zu ertragende Schmach. Im Bekenntnis konkreter Sünden stirbt der alte Mensch einen schmachvollen Tod vor den Augen des Bruders. Weil diese Demütigung so schwer ist, meinen wir immer wieder, der Beichte vor dem Bruder ausweichen zu können* (Dietrich Bonhoeffer[31]). Für Schwestern gilt dies natürlich in gleicher Weise. Es ist heilsam auszusprechen: „Es ist leider so, dass ich manipuliere und mit schlechter Laune Druck mache, um meinen Willen durchzusetzen! Ja, ich bin immer wieder angriffig und rechthaberisch. Ja, es soll möglichst alles nach meiner Nase gehen und wenn nicht, dann bin ich sauer und lasse es die anderen spüren! Das alles tut mir leid und ich strecke mich mit aller Kraft nach Veränderung aus! Und wenn du Jesus, mein Freund, mir nicht dabei hilfst, werde ich mich nie ändern können!"

Obwohl ich immer wieder froh bin, die Gelegenheit zur Beichte bei meinem Mann zu finden, hatte ich doch in allen Phasen meines Veränderungs- und Heilungsprozesses eine Seelsorgerin an meiner Seite, die ich dafür in Anspruch nehmen konnte. Die Bedeutung und Wichtigkeit der Beichte ist im Volk Gottes weithin in Vergessenheit geraten. Dies könnte ein Grund für den Mangel an wirklicher Freude bei vielen Christen sein und dafür, dass sich in unserem Leben oft so wenig ändert.

Als ich vor einiger Zeit meine Seelsorgerin aufsuchte, um bei ihr zu beichten, sah sie mich verwundert und mit großen Augen an. Offensichtlich erstaunt und irritiert meinte sie, dass ihr ein solches Anliegen lange nicht mehr vorgetragen worden sei. Und dies sagte sie angesichts der Tatsache, dass sie eine „hoch frequentierte“ Seelenhirtin mit viel Erfahrung ist …

Wir müssen die Beichte wieder ernst nehmen, denn es besteht ein direkter Zusammenhang zwischen Beichte und Heilung: *Darum bekennt einander eure Sünden und betet füreinander, damit ihr geheilt werdet (Jak 5,1 NGÜ).* Ich habe viel davon profitiert, dass ich beichtete und meine Seelsorgerin für mich betete. Ihr fürbittendes und segnendes Gebet hatte eine große Kraft, die mir dabei half, mich zu verändern und mein Fehlverhalten nach und nach abzulegen.

Wie in jedem Veränderungsprozess war es auch für mich von Bedeutung zu wissen, wohin ich mich entwickeln wollte. Was war das neue Ziel, das ich anstreben sollte? Der Freund meiner Seele stellte mir dies vor Augen: *Die Frucht hingegen, die der Geist Gottes hervorbringt, besteht in Liebe, Freude, Frieden, Geduld, Freundlichkeit, Güte, Treue (Gal 5,22 NGÜ).* Alle diese Tugenden sind letztlich Ausprägungen der Liebe. Und darum geht es doch: Wir wollen zur Liebe aufbrechen. Sie ist der bester Schutz gegen die Feinde unserer Seele!

Die stärkste Motivation auf meinem Weg hin zur Veränderung war die unbedingte Gewissheit, dass mein Freund Jesus für mich sorgen und sich für mich einsetzten würde, sobald ich aufhören würde zu kämpfen, gemäß der Verheißung: *Der Herr kämpft für euch, ihr aber könnt ruhig abwarten (2. Mose 14,14 EÜ).* Ich wusste tief in meinem Herzen, dass Gott für mich eintreten würde in dem Moment, in dem ich es lernte, stille zu sein, auf meine vermeintlichen Rechte zu verzichten und meine Waffen aus der Hand zu legen.

Im Folgenden wird es darum gehen, was nun weiter nötig ist, um in unserem Veränderungsprozess vorwärts zu kommen und in der Liebe zu wachsen. Es wird darum gehen, was wir selbst ganz konkret tun können, um Machtkämpfe zu verhindern oder aus schon bestehenden auszusteigen.

Bahnt eine Straße, ebnet den Weg, entfernt die Hindernisse auf dem Weg meines Volkes!
Jes. 57,14 EÜ

Wir verwechseln Gnade mit Zufall, wenn wir annehmen, Gnade bedeute, unser Leben gelinge letztlich von allein, und wir müssten nichts dafür tun.
Martin Schleske[32]

5. Ausstieg aus dem Machtkampf

Gott hat uns den eindeutigen Auftrag gegeben, alle Hindernisse aus unserem Weg zu räumen, und es scheint so zu sein, dass *wir* damit beginnen müssen, um damit einen Weg für Gottes heilendes und belebendes Handeln zu bahnen. Diesem Auftrag nachzukommen, stellt für uns eine echte Herausforderung dar. Gott tut viel für uns und vieles kann auch nur er tun, aber es gibt Dinge, die er uns nicht abnimmt. Es gibt Aufgaben, für die er zwar die Voraussetzungen schafft und Hilfe bereitstellt, die wir aber selbst erledigen müssen. Die Blockaden, die wir beseitigen sollen, sind immer Liebeshindernisse, sie haben immer einen Namen und sie behindern den Fluss der Liebe in der Gemeinschaft mit anderen.

Aus dem Ringen um Herrschaft auszusteigen bedeutet zunächst, den eigenen Machtanspruch über andere abzulegen. Es bedeutet aber auch, „die Segel aus dem Wind zu nehmen". Wir können es lernen, die Machtkämpfe, die unsere lieben Mitmenschen anzetteln, ins Leere laufen zu lassen. Wir hören auf, uns anderen in den Weg zu stellen und ihnen dadurch eine Angriffsfläche zu bieten. Wir vermeiden es, für sie zum Hindernis zu werden, über das sie stolpern oder an dem sie sich stoßen können. Selbst wenn andere Menschen uns herausfordern, indem sie uns kräftig „entgegenpusten", uns „eine steife Brise um die Ohren wehen lassen" und uns „in Fahrt bringen" wollen, ziehen wir unsere Segel ein, sodass ihr Angriff ins Leere geht. Wir vermeiden das Gerangel um Überlegenheit und Vorherrschaft, lassen uns nicht mehr herausfordern und in Kämpfe verstricken.

Wir können es nicht verhindern, dass der Wind anhebt, weht oder auch stürmisch wird. Insofern ist es kraftzehrend und müßig, sich ihm in den Weg zu stellen, ihm zu wehren oder ihn zum Innehalten zwingen zu wollen. Was wir jedoch tun können, ist, ihm einfach keine Angriffsfläche mehr zu bieten. So verstehe ich auch die Anweisung Jesu, dem Bösen nicht zu widerstehen: *Ihr wisst, dass es heißt: ‚Auge um Auge, Zahn um Zahn. Ich aber sage euch: Setzt euch nicht zur Wehr gegen den, der euch etwas Böses antut. Im Gegenteil: Wenn dich jemand auf die rechte Backe schlägt, dann halt ihm auch die linke hin. Wenn einer mit dir vor Gericht gehen will, um zu erreichen, dass er dein Hemd bekommt, dann lass ihm auch den Mantel. Und wenn jemand von dir verlangt, eine Meile mit ihm zu gehen, dann geh zwei mit ihm. Gib dem, der dich bittet, und weise den nicht ab, der etwas von dir ausleihen möchte (Matthäus 5,38-44 NGÜ).*

Jesus beschreibt hier Verhaltensweisen, mit denen die Römer versuchten, Juden zu demütigen. Indem wir uns an seine Anweisungen halten, praktizieren wir die beste Form von Selbstverteidigung. Wenn in Jakobus 4,7 im Gegensatz hierzu steht, dass wir dem Teufel widerstehen sollen, damit er von uns fliehe, so meint diese Textstelle etwas anderes, denn sie bezieht sich auf den geistlichen Kampf, in dem wir uns als Christen befinden.

Wir sollen es lernen nachzugeben – eine Zumutung für viele von uns, denn wir setzen Nachgeben mit Verlieren gleich. Jesus hingegen leitet uns nicht nur zum Nachgeben an, sondern legt sogar noch einen drauf: Ich gehe nicht nur die geforderte Meile, sondern freiwillig noch eine zweite.

Wir lernen es, unsere Segel aus dem Sturmwind von Zwang, Herrschaft und Kontrolle zu nehmen und sie nur noch dem besonnenen, kraft- und liebevollen Wehen des Heiligen Geistes zur Verfügung zu stellen. Damit zeichnen wir uns als Kinder Gottes aus und verwirklichen Gottes Vorstellung von Liebe: *Die Frucht hingegen, die der Geist Gottes hervorbringt, besteht in Liebe, Freude, Frieden, Geduld, Freundlichkeit, Güte, Treue (Gal 5,22 NGÜ).*

Wir fangen an, seine Liebesgebote umzusetzen, indem wir unsere Mitmenschen aus dem Joch unserer Erwartungen, unserer Kontrolle und unseres Willens entlassen und in gute Klärungsprozesse einsteigen, anstatt uns in Herrschaftskämpfe zu verstricken.

Wie kann das nun konkret aussehen, die Segel aus dem Wind zu nehmen? Dazu ein Beispiel von einer Bekannten von uns, nennen wir sie Ute. Sie ist verheiratet und hat drei kleine Kinder. Ihre Mutter ist seit einiger Zeit Witwe und häufig zu Gast bei ihnen. Immer, wenn sie kommt, bringt sie tütenweise Geschenke mit, die keiner gebrauchen kann und für die auch kein Platz ist, da unsere Freunde in ihrer kleinen Wohnung nur begrenzten Platz haben. Immer wieder hat Ute ihre Mutter schon darum gebeten, das viele Schenken zu unterlassen – ohne Erfolg, es wurde fast noch schlimmer. Nach einiger Zeit sah sie rot, sobald ihre Mutter auftauchte, und oftmals kam es zum Streit. Ute schüttete irgendwann ihr Herz bei mir aus und wir besprachen die Angelegenheit mit dem Resümee: Unsere Bekannte hat aufgehört, ihre Mutter verändern zu wollen; sie hat ihrer Mutter die Erlaubnis gegeben, Geschenke mitzubringen. Dadurch hat sie den Teufelskreis von Druck und Gegendruck durchbrochen. Ute hat ihr aber gleichzeitig mitgeteilt, dass sie die Sachen, die sie nicht gebrauchen kann, verschenken wird.

Viele, die sich auf den Weg der Veränderung machen, brauchen dabei seelsorgerliche oder fachliche Hilfe, da sich die alten Muster oft als sehr widerspenstig und hartnäckig erweisen. Gott wird uns den für uns hilfreichen Weg zeigen, sei es ein therapeutisches Angebot, Seelsorge oder Beratung, wenn wir offen dafür sind und ihn um Weisheit bitten. Ich selbst habe mir in besagten Phasen meines Lebens auch eine Begleitung gesucht und erlebt, wie Gott mich auf diese Weise in meinem Ringen um Veränderung unterstützt und geleitet hat.

Nachdem wir uns damit beschäftigt haben, die Entstehung von Machtkämpfen und ihre Mechanismen, die sie am Leben halten besser zu verstehen, wollen wir uns im Folgenden damit befassen, wie wir aus diesen unguten Verhaltensmustern aussteigen beziehungsweise sie von vorn herein vermeiden können.

5.1 Erforsche mich: Erneuerung des Denkens

Beziehungsstörungen und sonstige Konflikte fußen immer auf einem Denken, das von irrigen Überzeugungen, Fehldeutungen und Vorurteilen durchsetzt ist. Es geht darum, dass wir unsere private Logik durchschauen sowie die darin enthaltenen Denkfehler, die zu Konflikten führen. Ich habe es mir zur Gewohnheit gemacht, Gott zu bitten, mich darin zu unterstützen. Ich bete mit dem Psalmisten: *Erforsche mich, Gott, und erkenne mein Herz, prüfe mich und erkenne mein Denken! Sieh her, ob ich auf dem Weg bin, der dich kränkt, und leite mich auf dem altbewährten Weg! (Psalm 139,23.24 EÜ).* Gott freut sich über ein solches Gebet und geht nur zu gerne darauf ein.

Veränderungsprozesse werden immer erst durch eine Veränderung unseres Denkens ermöglicht, biblisch ausgedrückt durch eine Erneuerung unserer Gesinnung.

Wir erinnern uns an die private Logik, mit der wir uns weiter oben befasst haben und rekapitulieren, wodurch sie sich auszeichnet:

- Wir nehmen nur das wahr, was in unser eigenes Selbst- und Weltverständnis und unsere Lebensgrundüberzeugungen hineinpasst.
- Alles was diesen widerspricht, wird entweder ausgeblendet
- oder umgedeutet.

Veränderungsprozesse müssen an genau diesen drei Punkten ansetzen:

- Wir sollen unsere Projektionen
- und unsere Übertragungen erkennen,
- Erweiterung der Wahrnehmung erfahren und
- unsere Fehldeutungen korrigieren.

Für mich war es von großer Bedeutung, mein falsches Denken und die damit verknüpfte begrenzte Wahrnehmung und falsche Beurteilung dessen, was ich erlebte, zu durchschauen.

Ich benötigte das Erforschen Gottes dringend – hier ein Beispiel dafür, wie stark mein Denken auf Machtkämpfe eingestellt war: Einer unserer Söhne ging noch zur Grundschule, als er es sich zur Gewohnheit machte, mir seine Schultasche, kaum war er nach Hause gekommen, direkt vor die Spüle in der Küche zu stellen, an der ich zu dieser Zeit normalerweise auf Hochtouren arbeitete. Für mich gab es damals nur eine Erklärung: Machtkampf! Und dementsprechend verhielt ich mich dann auch ihm gegenüber. Dies traf jedoch keineswegs den Kern der Sache. Denn ich unterstellte Micha eine falsche Motivation, ich projizierte etwas Eigenes auf ihn. Gleichzeitig war meine Interpretation eine Fehldeutung, die ich korrigieren musste. Natürlich wollte er nur eins: Aufmerksamkeit! Das erkannte ich jedoch erst nach einigem Reflektieren mit meinem Mann. Als mir sein wirkliches Ziel bewusst wurde, nahm ich mir erst einmal Zeit, wenn er aus der Schule kam, nahm ihn auf den Schoß und unterhielt mich mit ihm. Fortan stellte er seine Tasche in sein Zimmer… Seitdem wussten mein Mann Rolf und ich sofort, was dahintersteckte, wenn er anfing, uns zu provozieren. Und es bedurfte keines großen Aufwands, um dies abzustellen – ein paar „Streicheleinheiten" genügten, und schon war er wie ausgewechselt. Papa und Mama hatten begriffen, dass er durch sein Verhalten sagen wollte: „Ich bin auch noch da!" Er ist unser Mittlerer …

Auch Ingo kommt im Laufe der Beratung einem wichtigen Denkfehler auf die Spur. Immer wieder war mir aufgefallen, dass er davon spricht, sich im Hinblick auf Saras Wünsche nicht verbiegen zu wollen. Als ich ihn frage, was er damit eigentlich meine, sagt er: „Ich gebe mich auf, knicke ein, verliere mein Profil, wenn ich zu sehr auf Saras Wünsche eingehe. Ich bin nicht mehr ich selbst, wenn ich nachgebe." Das ganze Ausmaß dieser irrigen Überzeugung wird ihm im weiteren Verlauf des Gesprächs deutlich. Sara einen Gefallen zu tun bzw. in einem Konflikt nachzugeben, setzt er mit einem Sichverbiegen gleich, was wiederum den Verlust seines eigenen Willens und seiner eigenen Persönlichkeit für ihn bedeutet. Wie absurd! – das scheint Ingo nun auch zu begreifen. Ich frage ihn, ob auch Jesus seiner Meinung nach kein Profil hatte und ein Loser war. „Natürlich nicht!", antwortet er. Darauf schauen wir uns einen Bibeltext an, in dem Jesus ohne Zweifel in einer Debatte mit seinen Jüngern nachgegeben und nicht auf seinem Recht beharrt hatte: *Da kam die Frau des Zebedäus mit ihren Söhnen zu Jesus und warf sich vor ihm nieder; sie wollte ihn um etwas bitten. „Was möchtest du?", fragte er. Sie antwortete ihm: „Erlaube doch, dass meine beiden Söhne in deinem Reich neben dir sitzen, der eine an deiner rechten Seite und der andere an deiner linken Seite." Jesus entgegnete: „Ihr wisst nicht, um was ihr da bittet. Könnt ihr den ‚bitteren' Kelch trinken, den ich trinken werde?" – „Das können wir!", erklärten sie. Da sagte Jesus zu ihnen: „Meinen Kelch werdet ihr zwar auch trinken; aber darüber zu verfügen, wer an meiner rechten und an meiner linken Seite sitzen wird, das steht nicht mir zu. Wer dort sitzen wird, das hat mein Vater bestimmt" (Math. 20,20-23 NGÜ).* Die Jünger erklären dreist, dass sie Jesu Kelch trinken könnten. Obwohl dies natürlich nicht der Fall war, lässt Jesus diese Aussage so stehen und beharrt nicht auf seinem Recht – er gibt nach! Ingo lässt den Text auf sich wirken, eine ganze Weile sitzt er nachdenklich da.

Im Laufe des Gesprächs erkennt Ingo mehr und mehr, dass er zwei Dinge miteinander verknüpft hat, die nicht zusammengehören: Nachgeben und kein Profil haben. Diese Verknüpfung ist ihm bis dahin nicht bewusst gewesen. Daher hat er also solche Probleme, sich darauf einzulassen, die Liebessprache seiner Frau zu sprechen, von der noch weiter unten die Rede sein wird. Wenn Sara ihn um einen Gefallen bittet, leuchtet bei ihm sofort die Alarmlampe auf: Gefahr im Verzug! Nun versteht Sara auch, warum Ingo so schroff reagiert oder sich verweigert, wenn sie eine Bitte an ihn hat. Wie unlogisch diese Gedanken-Verknüpfung ist und wie weitreichend die Folgen davon sind, wird Ingo erst nach und nach bewusst.

Wo gehen Sie Denkfehlern auf den Leim und unterstellen anderen Absichten, die sie gar nicht haben? Wo deuten Sie den Kommentar anderer zu Unrecht als Angriff oder Zumutung?

Ich habe mich dazu entschieden, die Bemerkungen anderer grundsätzlich nicht als Angriff zu bewerten und, selbst wenn sie so gemeint sind, nicht dementsprechend zu reagieren. Ich konfrontiere sehr wohl, aber ich steige in keinen Machtkampf ein. Dies meine ich mit „Segel aus dem Wind nehmen". Als mich vor einiger Zeit ein Verkäufer in einem Laden unhöflich behandelte und mich mit meinem Anliegen abwimmeln wollte, fragte ich ihn: „Warum sind Sie so unfreundlich zu mir? Ich bin hier, weil ich an dieser Stelle Ihre Hilfe brauche." Er lenkte sofort ein.

Hier können wir wieder von Jesus lernen. Er ging über das verletzende oder angriffige Verhalten anderer weder konfliktscheu hinweg, noch verstickte er sich in rechthaberische Kämpfe. Als Judas ihn zur Begrüßung verräterisch küsste, um ihn an die Juden auszuliefern, fragte er sehr direkt nach seiner Motivation: „Mein Freund, wozu bist du gekommen?" Und als er später vor seiner Kreuzigung von einem Knecht geschlagen wurde, konfrontierte er ihn: „Wenn ich nichts Schlimmes getan habe, wozu schlägst du mich dann?" Es ist nicht so, dass Jesus alles über sich ergehen und mit sich machen ließ. Jesus war nicht nur „lieb" – er war auch sehr klar und direkt, sodass er manchmal geradezu schroff wirkte!

Die meisten Menschen (und auch die allermeisten Christen) sind konfliktscheu. Sie klären ihre Angelegenheiten nicht an den Stellen, an denen es angebracht wäre, und der nicht geklärte Konflikt bricht sich später an völlig unpassender Stelle Bahn und artet in Machtkampf aus. C.S. Lewis hat einmal gesagt, dass Liebe etwas Strengeres und Großartigeres sei als bloße Gutherzigkeit und „Liebsein". Wir müssen nicht alles mit uns machen lassen, aber wir können es lernen, die Dinge zu klären, ohne uns in Kämpfe verstricken zu lassen.

Es ist wichtig, dass wir uns selbst auf die Schliche kommen. Wie oft kommt es vor, dass wir unsere eigenen Motive und Absichten anderen unterstellen. Gott half mir dabei, meine Projektionen zu erkennen, zum Beispiel diejenigen, die meinem Konflikt mit jener Lehrerin zugrunde gelegen hatten oder auch dem mit Micha. Ein Großteil der Zeit in Therapie und Seelsorge wird darauf verwandt, dem Ratsuchenden dabei zu helfen, auf sein falsches Denken, seine irrigen Überzeugungen und Negativerwartungen, das heißt seine fehlerhaften Lebensgrundüberzeugungen aufmerksam zu werden und sie zu verstehen. Diese Irrtümer müssen durch die Wahrheit ersetzt werden – Gottes Wort ist dabei ein hervorragendes Korrektiv.

Bei einem Silvesterabend in kleiner Runde tauschten wir uns mit unseren Freunden aus, für welche Bereiche und Entwicklungen wir in unserem Leben dankbar sind und wo wir uns Veränderungen wünschen. Ein Freund von uns äußerte sich dazu folgendermaßen: „Ich habe in letzter Zeit erkannt, dass für mich das Glas immer nur halb leer ist. Dies ist so, seit ich zurückdenken kann. Ich wünsche es mir zu lernen, die Welt mit anderen Augen zu betrachten." Dieser Freund drückte aus, worum es geht: Wir haben es selbst in der Hand, welche Gegebenheiten unseres Lebens wir wahrnehmen oder auch ausblenden. Wo sehen wir hin, wo schauen wir weg? Wie interpretieren wir die Dinge?

Heiligung d.h. Veränderung fängt in unserem Kopf an. Das wurde mir deutlich, als ich mich mit Jesu hohepriesterlichem Gebet beschäftigte: *Mach sie durch die Wahrheit zu Menschen, die dir geweiht sind. Dein Wort ist die Wahrheit. So wie du mich in die Welt gesandt hast, habe ich auch sie in die Welt gesandt. Und für sie weihe ich mich dir, damit auch sie durch die Wahrheit dir geweiht sind (Johannes 17,17-19 EÜ).* Wir sind darauf angewiesen, dass Gott unsere Gedanken mit seiner Wahrheit erfüllt, auch unsere Gedanken über uns selbst und unsere Mitmenschen. Dies bedeutet gleichzeitig, dass er den Horizont unserer Wahrnehmung erweitern muss. Es ist eben nicht so, dass andere Menschen immer nur darauf aus sind, uns zu dominieren, zu bevormunden und zu manipulieren. Wie oft entspringen diese Vorstellungen unserem eigenen Herzen oder den leidvollen Erfahrungen unserer Vergangenheit, die wir immer wieder aufleben lassen, wie es bei Übertragungen, um die es später noch gehen soll, der Fall ist. Die anderen sind nicht zu unserem Schaden in unser Leben gestellt worden, sondern sind uns als Gabe, Segnung, Hilfe und Ergänzung zugedacht. Gott will sie uns zum Segen werden lassen. *Das* ist die Wahrheit! Er möge uns dabei helfen, die anderen mit wohlwollenden Augen zu betrachten, ihnen Vertrauensvorschuss zu gewähren und zu erkennen, wie oft sie uns zum Segen werden, uns Gutes tun, entgegenkommend mit uns umgehen.

Wir benötigen Erweiterung und Korrektur unserer Wahrnehmung. Um aus unserer verdrehten Logik herauszufinden, brauchen wir göttliche Offenbarung. Denn wir sind in unserem Denken und unseren Überzeugungen gefangen, weil sie für uns „normal" sind. Wir kommen oft gar nicht auf die Idee, dass wir diejenigen sind, deren Wahrnehmen und Denken falsch sind und nicht die anderen. Aber Gott wird uns helfen und uns in alle Wahrheit führen, wenn wir uns dafür öffnen. Er wird uns seinen guten Heiligen Geist senden, der allein fähig ist, uns die Wahrheit zu zeigen, auch die Wahrheit über sich selbst, die uns in die Freiheit führt und zur Liebe befähigt.

5.2 Gleichwertigkeit ist gut genug!

Wie wir gesehen haben, beruhen Machtkämpfe in der Regel auf dem Prinzip der Überkompensation – und auch hierin verbergen sich gravierende Denkfehler. Wir rekapitulieren, was Überkompensation bedeutet, nämlich, dass wir uns nur dann anderen Menschen gegenüber gleichwertig fühlen, wenn wir besser sind als sie, schöner, beliebter, erfolgreicher, geistlicher oder eben auch – um bei unserem Thema zu bleiben – überlegen und durchsetzungsstärker. Dieser Mechanismus kann durchbrochen werden, wenn wir erkennen, dass er uns nicht weiterhilft, sondern Ursprung vielfältiger Beziehungsprobleme ist, die wiederum unserem Selbstwertgefühl schaden. Es hilft uns zu begreifen, wie unlogisch ein solches Denken ist und welch hohen Preis wir dafür zahlen.

Wir dürfen es mit Gottes Hilfe lernen, den Punkt D nicht mehr als erstrebenswert zu erachten und bereit dazu werden, so „normal" zu sein wie die anderen auch. Wir dürfen aufhören zu konkurrieren. Wir müssen nicht mehr die Überlegenen, Allwissenden, Makellosen sein und hoch über den anderen schweben. Wir dürfen es lernen, das Nein des anderen zu akzeptieren.

Ich erinnere mich an eine Beratung mit einem jungen Mädchen, die mit depressiven Episoden, einem sehr negativen Denken und Schwierigkeiten in der Schule zu kämpfen hatte. Angeblich wurde sie dort gemobbt. Sie erzählte von einem Familien-

Ferienaufenthalt in der Schweiz, zu dem auch eine ihrer Freundinnen mitgekommen war. Dort war es zu Konflikten gekommen, die dazu geführt hatten, dass sie für einen ganzen Tag „abgehauen war“, wie sie es beschrieb. Aus ihrer Sicht waren die anderen Schuld am Streit, die sie als rechthaberisch und dominant darstellte. Natürlich hatte sich die Familie große Sorgen gemacht und war sehr froh, als sie abends wieder auftauchte. Was deutlich wurde: Sie hatte die große Gabe, Land und Leute verrückt zu machen, sie konnte ihre ganze Familie aufmischen. Im weiteren Gespräch zeigte sich, was hinter ihrem Verhalten steckte. Ihre Freundin kam nämlich mit ihrem unkomplizierten und freundlichen Wesen in ihrer Familie gut an. Das allerdings missfiel meiner Klientin, da ihre Freundin dadurch besser gelitten war als sie selbst. Sie fühlte sich in den Schatten gestellt und nicht genug beachtet. Dabei kam heraus, dass sie dieses Empfinden häufig hatte, auch in den Konflikten in ihrer Klasse spielte dies eine Rolle. Nun merkte sie, dass sie mit ihrem auffälligen Verhalten dafür sorgte, dass sich alle Aufmerksamkeit auf sie konzentrierte – allerdings in negativer Weise, was ihr bis dahin nicht so recht klar gewesen war. Ferner erkannte sie, dass sie sehr wohl von den anderen beachtet wurde, ihr dies aber nicht ausreichte. Sie beanspruchte mehr Aufmerksamkeit für sich, nur dann fühlte sie sich wertvoll. Als sie nun im Urlaub merkte, wie beliebt ihre Freundin bei ihrer Familie war, sah sie sich sofort in ihrem Wert infrage gestellt. Nun wurde ihr auch bewusst, warum sie fortgelaufen war: Sie kämpfte vordergründig mit Macht um Aufmerksamkeit, dahinter lag aber ihr Ringen um Selbstwert. Es war für sie wichtig zu erkennen, dass darin ein falsches Denken steckte: „Nur, wenn ich *mehr* Beachtung habe, als die anderen, bin ich wertvoll!“ Daher kämpfte sie so sehr darum. Wir besprachen, dass dies das eigentliche Problem darstellte. In ihrer Vorstellung waren zwei Dinge miteinander gekoppelt, die nicht zusammengehörten: Wert haben und übersteigerte Beachtung. Sie musste beides dringend entkoppeln, da sie sonst ihre Beziehungen gefährdete. Ich hatte den Eindruck, dass diese Erkenntnis von großer Bedeutung für sie war. Nicht die anderen wollten ihr was, sondern sie mischte mit ihrem Verhalten immer wieder alles auf, tat sich auf diese Weise hervor und bekam eine Menge Aufmerksamkeit, allerdings zog sie sich so auch den Unmut der andren zu. Und damit schadete sie wiederum ihrem Selbstwertgefühl. Diese junge Frau musste ihr Denken korrigieren, sie musste es lernen, dass sie, so wie sie war, gut genug war, ihren Wert bereits besaß und nicht erst darum kämpfen musste. Sie musste es lernen, sich mit dem Maß an Aufmerksamkeit zu begnügen, das auch alle anderen bekamen und somit Gleichwertigkeit zu bejahen.

Erleben Ihre Mitmenschen Sie auf der Ebene der Gleichwertigkeit? Oder fühlen Sie sich nur dann gut, wenn sie besser (klüger, beliebter, geistlicher, sportlicher etc.) sind als andere?

Mir hat mal ein Wortspiel geholfen: „Einfach sein – einfach sein!" Wenn wir lernen, nach diesem Grundsatz zu leben, kommen Ruhe und Gelassenheit in unser Leben, und das tut einfach nur gut! Jemand sagte einmal über die Einfachheit, dass sie der beste Selbstschutz sei. Ich kann das unterstreichen, denn wie oft reizt es uns geradezu, an der Fassade zu kratzen, die ein anderer sich in mühevoller Kleinarbeit zugelegt hat.

Wir wollen es lernen, die Gleichwertigkeit zu würdigen als einzige Basis, auf der unsere Beziehungen gelingen können. Dazu müssen wir Überlegenheit als Fehlziel bzw. als Zielverfehlung erkennen und aus unserem Leben verbannen. Wir beginnen, unsere Schwachheit nicht mehr als Makel zu betrachten, sondern als Gabe und Chance, auch im Hinblick auf unsere Gottesbeziehung. Leanne Payne beschreibt dies folgendermaßen: *Ich lernte, meine Unzulänglichkeiten zu feiern, was zu einem äußerst wichtigen Bestandteil meiner bewussten Zeit in seiner Gegenwart wurde. Ich nahm die Gerechtigkeit Gottes und seine alles umfassende Zulänglichkeit anstelle meiner eigenen und wurde befreit von allem sinnlosen Sichabmühen. (...)Wir dürfen uns über unsere Unzulänglichkeit und Kleinheit freuen, in dem ständigen Bewusstsein, dass Gottes Wille geschieht, wenn wir beten.*[33]

Durch seinen Geist erkennen wir Gottes Liebe und seinen Respekt vor dem, was wir verachten – vor dem Kleinen und den Kleinen. Der Zerbruch unserer Selbsttäuschung, die Annahme unserer selbst in unserer Gebrochenheit und das gleichzeitige Erfahren der Barmherzigkeit Gottes leiten den Heilungsprozess ein, in dessen Verlauf wir lernen, vor anderen unsere Maske der Stärke abzulegen. Wir lernen es, den Mut aufzubringen, uns den anderen auch mit unseren Schwächen und Unsicherheiten zu zeigen und machen dann eine neue Erfahrung. Wir erleben, dass nicht das geschieht, womit wir eigentlich gerechnet haben, nämlich dass der andere nur darauf gewartet hat, dies nun gründlich auszunutzen. Nein, wir erfahren das Gegenteil, wir erleben Gemeinschaft in einer völlig neuen Art und Weise und Intensität. Wenn wir anfangen, unser Schwachsein, unseren Mangel, unsere Unzulänglichkeit und unsere Bedürftigkeit anzuerkennen, zu bejahen und nicht mehr zu verstecken, wenn wir auf die Linie A-B zurückkehren, werden wir für andere umso liebenswerter, nahbarer und mitmenschlicher. Ich habe dabei so gut wie nie erlebt, dass dies ausgenutzt wurde.

5.3 Das Joch der Forderung fortnehmen

Auf der Ebene der Gleichwertigkeit geht es nicht mehr darum, im Kampf gegen den anderen zu gewinnen, sondern *ihn selbst* zu gewinnen. Das kann gelingen, wenn wir „das Joch unserer Forderungen“ fortschaffen. Was meine ich damit?

Weiter oben hatten wir uns ja damit befasst, wie aus primär guten Beziehungsmustern eine Be-Nötigung entstehen kann. Wir sahen bei Ingo und Sara, wie ein im Grunde sinnvolles Ergänzungsmuster „kippt“, wie Benötigung zu Nötigung wird und zum Machtkampf ausartet, wenn der eine die Bedürfnisse des anderen stillen *muss*. Den beiden hilft es, sich ihren Konflikt anhand folgender Fragen anzusehen:

- Was ist mein starker, was mein schwacher Pol, den mein Partner ausgleichen soll?
- Welches Bedürfnis verbirgt sich darin? Was brauche, was benötige ich?
- Warum fühle ich mich selbst in diesem Bereich so unsicher oder unfähig?

- Wo spielen Verletzungen und Selbstzweifel eine Rolle?
- Wo muss ich aus Nötigung und Machtkampf aussteigen?
- Was würde mir helfen, meinen unterentwickelten Pol zu entfalten? (Letzteres ist nicht im Sinne eines Autonomiestrebens gemeint, sondern als eine Erweiterung der eigenen Möglichkeiten. Gott hat uns dazu geschaffen, in einer gesunden Weise voneinander abhängig zu sein, im Sinne von Bezogenheit und Ergänzung. Völlige Autonomie ist nicht in seinem Sinn.)

Sara erkennt im Zuge dessen, dass sie es auf der einen Seite genießt, wenn Ingo sich um viele Dinge kümmert, die ihr unangenehm sind. Er setzt sich mit Ämtern auseinander, erledigt finanzielle Angelegenheiten etc. Sie selbst traut sich vieles davon nicht zu; sie sei nicht so „tough" wie er, meint sie. Hier kommen ihre Minderwertigkeitsgefühle ins Spiel, ihre Not, sich selbst als durchsetzungsschwach zu sehen. Dies war ein Grund dafür, warum sie zu Beginn ihrer Beziehung von ihm fasziniert war. Er hat das, was sie nicht hat. Sie, der Nähetyp, macht sich in vielem von ihm abhängig, sie ist von seiner Unabhängigkeit und seinem Selbstbewusstsein beeindruckt, die ihr fehlen. Gleichzeitig leidet sie aber darunter, ist zornig und setzt ihn zunehmend unter Druck, ihr mehr Nähe zu geben. Aus ihrer Not ist somit Nötigung geworden.

In dem sehr lesenswerten Buch über Kommunikation ohne Machtkampf – er nennt es „gewaltfreie Kommunikation" – schreibt Marschall B. Rosenberg:

Ich verstehe jeden Ärger als Ergebnis einer lebensfremden, Gewalt provozierenden Art zu denken. Im Kern jedes Ärgers findet sich ein Bedürfnis, das nicht erfüllt ist. (…) Um Ärger vollständig auszudrücken, brauchen wir ein klares Bewusstsein für unser Bedürfnis. (…) Anstatt uns für gerechte Empörung einzusetzen, empfehle ich, dass wir uns mit unseren eigenen oder den Bedürfnissen anderer Menschen emphatisch verbinden. Dazu mag intensives Üben notwendig sein, wo wir immer wieder ganz bewusst den Satz „Ich bin wütend, weil …" ersetzen durch „Ich bin wütend, weil ich … brauche.[34] Sara darf sehr wohl ihre Wünsche und Bedürfnisse äußern, gleichzeitig muss sie aber lernen, jeden scharfen, fordernden Unterton aus ihrer Kommunikation zu nehmen. Falls sie auf ein Nein von Ingo trifft, muss sie lernen, nicht gleich beleidigt oder zornig zu sein oder zu resignieren, sie muss also eine höhere Frustrationstoleranz entwickeln. Sie spürt jedoch, dass genau dies ihr unendlich schwer fällt, und sie fragt sich, warum das so ist?

Außerdem will Sara selbstständiger werden, sich auch in ihrer Freizeitgestaltung nicht mehr so von Ingo abhängig machen und ihr Bedürfnis nach Kontakt und Austausch mehr in ihrem sozialen Netz stillen.

Ingo erkennt, dass er Sara aufgrund ihrer Emotionalität und Warmherzigkeit geheiratet hat, die bei ihm nicht so stark ausgeprägt ist. Gleichzeitig fühlt er sich dadurch aber oftmals bedrängt und in seinem Freiheitsdrang beschnitten. Ihre gefühlvolle Seite und ihr Nähebedürfnis tun ihm auf der einen Seite gut, nerven ihn aber gleichzeitig. Sein Machtkampf besteht in einer Verweigerungshaltung, die bei immer dann „anspringt", wenn sie bei ihm nach Nähe sucht. Er erkennt, wie oft er ihr Bedürfnis fälschlicherweise als Forderung bewertet. Ingo muss seine Fehldeutungen korrigieren und erkennen, dass Sara ihn mit ihrem Bedürfnis nach Zuwendung nicht immer nur und ausschließlich dominieren will. Gleichzeitig fängt er an, sich darüber Gedanken zu machen, warum ihn ihre Erwartungshaltung, auch ihre Emotionalität, so schnell unter Druck bringt. Sein Joch, das er auf sie legt, seine Forderung heißt: „Lass mich gefälligst in Ruhe!" Welche Not bei ihm dahinter steckt ist ihm noch nicht klar. Seine Angst, die sich hinter seinem Zorn verbirgt, hat er noch nicht im Blick.

Was beiden nicht klar ist: Solange sie den Partner unter das Joch ihrer Forderungen bringen, erreichen sie das genaue Gegenteil von dem, was sie sich wünschen, denn Druck erzeugt immer Gegendruck. Der Machtkampf wird so lange bestehen bleiben und sich immer wieder hochschaukeln, solange sie das Joch nicht fortnehmen. Gleichzeitig werden ihre Bedürfnisse nicht gestillt werden.

Wenn wir uns diese Zusammenhänge vergegenwärtigen, dann verstehen wir auch die Worte eines Paulus: *Seht zu, dass niemand die Gnade Gottes verscherzt, dass keine bittere Wurzel wächst und Schaden stiftet und durch sie alle vergiftet werden (Hebräer 12,15 EÜ).* Durch unsere Negativ-Erwartungen, die mit unseren „bitteren Wurzeln" in Zusammenhang stehen, veranlassen wir andere

Menschen dazu, sich entsprechend unserer pessimistischen und negativen Überzeugungen zu verhalten. Es ist fast so, als zwängen wir die anderen, sich so zu verhalten, wie wir es von ihnen erwarten. Wir provozieren es förmlich. Und dadurch „verunreinigen“ wir sie, wie Paulus es nennt, d.h., wir setzen sie mit unserer Negativerwartung unter Druck und lösen in ihnen damit die Art von Anspannung aus, die nötig ist, um unserer Erwartung zu entsprechen. Erwarten wir von Menschen Zurückweisung oder Grenzüberschreitung, dann werden wir genau dies immer wieder erfahren. Zumindest wird unsere Deutung so sein. Haben wir erst einmal jemanden als Menschen identifiziert, der nur auf eines aus ist, nämlich uns zu dominieren, dann bleibt er dies, auch wenn es de facto nicht so ist. Selbst freundliche Bitten oder Anweisungen können als Zumutung oder Bevormundung interpretiert und zum Anlass genommen werden, Widerstand zu leisten und sich zu verweigern.

Und so kommt es, dass wir Erfahrungen „machen“. Sehen und behandeln wir andere als Machtmenschen, kann es sein, dass sie sich uns gegenüber auch genau so verhalten. Wie man in den Wald hineinruft, so schallt es wieder heraus.

Wir meinen, dass unsere Forderungen an den anderen doch schließlich berechtigt seien, müssen dann aber oft erkennen, dass es unberechtigte, überzogene Erwartungen sind. Es gibt Bedürfnisse und Sehnsüchte, die kein Mensch stillen kann. Wir müssen verstehen, dass viele unserer tiefsten Bedürfnisse nur von Gott gestillt werden können. Wenn wir dies von unserem Partner erwarten, überfordern wir ihn.

Ein anderes Problem besteht darin, dass viele Menschen aufgrund ihrer Verletzungen nicht in der Lage sind, etwas vom anderen anzunehmen, also zu empfangen. Ständig senden sie Signale aus wie: „Ich brauche… Gib mir…!“ Der Partner bemüht sich, dem nachzukommen, aber seine Anstrengung reicht nie aus, weil der andere nicht fähig ist, sich lieben zu lassen. Um mich lieben zu lassen, muss ich bereit sein zu nehmen, zu empfangen. Mein Herz muss offen sein. Ein verletztes Herz jedoch ist immer auch ein Herz, das meint, sich schützen zu müssen. Oft sind die Schutzwälle so dick, dass nichts mehr hindurchkommt –

auch keine Liebe. In diesem Fall kann der andere sich noch so sehr bemühen – es reicht nie aus.

Welche Ihrer Bedürfnisse und Sehnsüchte kann nur Gott stillen?

Wie heilsam wirkt es sich aus, wenn Menschen aufhören vom anderen zu fordern, dass *er* beginnen müsse, sich zu verändern! Ich erinnere mich an ein Gespräch mit einer Frau, deren Mann ein Suchtproblem hatte. Sie war Christin und litt sehr unter dem Verhalten ihres Partners, der nichts vom Glauben wissen und an seiner Sucht nichts ändern wollte. Glücklicherweise hörte diese Frau hin, als ihr Mann irgendwann in einem Nebensatz etwas Entscheidendes sagte: „… du interessierst dich ja nur für die Kinder." Innerlich zuckte sie zusammen, weil sie spürte, dass er recht hatte. Sie hatte sich die letzten Jahre so stark um die Belange der Kinder gekümmert, dass er wirklich zu kurz gekommen war! Die Kinder waren ihr wichtiger gewesen als ihr Mann – sie war so ehrlich, sich dies einzugestehen. Sie war frustriert gewesen und hatte ihn das auch spüren lassen! Mit Gottes Hilfe begann sie, ihr Leben zu überdenken, ihrem Mann zu vergeben, für ihn zu beten und sich ihm wieder neu zuzuwenden. Sie traf die bewusste Entscheidung, sich wieder für ihn zu öffnen. Sie wünschte sich nach wie vor Veränderung, aber sie forderte keine mehr von ihm, sie nahm das Joch ihrer Erwartungen von ihm, stattdessen begann sie, sich selbst zu verändern. An diesem Punkt begann der Heilungsprozess ihrer Beziehung, auch, wenn es manchmal noch Rückschläge gab. Nach einiger Zeit begann er eine Therapie und war zu dem Zeitpunkt, als ich mit dieser Frau sprach, schon jahrelang „trocken".

Gott ermahnt uns: *Nein, das ist ein Fasten, wie ich es liebe: die Fesseln des Unrechts zu lösen, die Stricke des Jochs zu entfernen, die Versklavten freizulassen, jedes Joch zu zerbrechen, … (Jesaja 58,6 EÜ).* Diese Aufforderung Gottes ist ernst. Keiner von uns hat das Recht, anderen die Bürde seiner Forderungen zuzumuten, die ihnen die Luft zum Atmen nimmt. Mit welchem Joch belasten wir andere? Wenn wir den oben genannten Fragen nachgehen und uns mit uns selbst und unseren Beziehungsmustern befassen, kommen wir an einen Punkt, wo wir mit unserer Not, einer tief liegenden Entmutigung, in Berührung kommen. Gott möchte mit uns über unsere Not sprechen, damit wir aufhören können, andere zu manipulieren, zu dominieren oder zu nötigen und damit wir sie loslassen können.

Nur die Freiheit stellt dem anderen Raum zur Veränderung bereit. Liebe braucht Freiheit zum Atmen.

Zum Schluss dieses Kapitels noch eine ermutigende Geschichte, die mir eine Bekannte vor einiger Zeit erzählte. Sie ist verheiratet, hat zwei Kinder im Teenie-Alter und als ganze Familie haben sie ein Training nach dem Konzept „Gewaltfreie Kommunikation" durchlaufen, das in dieser Situation zur Anwendung kam. Die Vorgeschichte war folgende: Die Familie hatte zu Mittag gegessen, die Küche sah dementsprechend aus und meine Bekannte fühlte sich nicht gut und hatte den Wunsch, sich hinzulegen. Daher bat sie ihren Sohn, die Arbeit zu erledigen, was früher regelmäßig zu einem Konflikt geführt hatte. Diesmal verlief alles jedoch anders, da sie die grundlegenden Regeln der gewaltfreien Kommunikation beherzigte:

- Sie äußerte zunächst ihre Wahrnehmung: „Liebes Kind, die Küche sieht wüst aus und ich weiß, dass du jetzt nach der Schule auch müde bist."
- Sie sagte, was das in ihr emotional auslöst und begründe dies auch, indem sie ihr damit verbundenes Bedürfnis beschrieb: „Weißt du, ich habe schon den ganzen Morgen Kopfschmerzen und würde mich gern hinlegen."
- Sie äußerte ihren damit verbundenen Wunsch: „Daher würde ich mich darüber freuen, wenn du die Küche heute für mich machen würdest. Das würde mir jetzt echt helfen!"

Der Sohn erledigte die Aufgabe ohne Widerrede.

Vielen von uns taucht dabei unweigerlich die Frage auf: „Was wäre geschehen, wenn er sich verweigert hätte?" Bei dieser Art von Kommunikation ist es wichtig, bei einem Nein des anderen nicht in den Kampf einzusteigen, sondern eine sachliche Klärung anzustreben: „Okay, ich verstehe, dass du das jetzt nicht tun willst. Wie sollen wir uns einigen?"

5.4 Nein ist okay!

Ich beginne dieses Kapitel gleich mit einer Frage:

Wie reagieren Sie auf Kritik? Wie geht es Ihnen damit, wenn Ihnen jemand eine Grenze setzt? Was löst ein Nein bei Ihnen aus?

Achten Sie einmal auf Ihre Reaktion, wenn Ihnen jemand eine Bitte abschlägt, wenn Sie auf ein Nein, auf eine Grenze stoßen. Wie fühlen Sie sich dann? Ärgerlich, gekränkt oder beleidigt? Wie verkraften Sie das Nein, das Ihnen jemand entgegensetzt? Wie deuten Sie es: als Abfuhr, als Ablehnung oder gar als Machtdemonstration?

Die meisten Menschen tun sich unglaublich schwer damit zu respektieren, wenn ein anderer sich ihnen gegenüber abgrenzt. Sie fangen dann an, zu argumentieren, zu streiten, zu drängen und zu kämpfen. Gerade Menschen, die selbst sehr hilfsbereit sind und sich selbst ein Nein nie erlauben würden, haben Schwierigkeiten mit der Abgrenzung anderer. Das, was sie sich selbst nicht zugestehen, gestehen sie anderen auch nicht zu.

In seinem Buch „Die innere Stimme der Liebe" geht Henri Nouwen auf diese Zusammenhänge ein: *Ein Teil deines Kampfes ist, deiner eigenen Liebe Grenzen zu setzen – etwas, was du nie getan hast. Du gibst, worum Menschen dich bitten, und bitten sie um mehr, gibst du so lange mehr, bis du merkst, dass du nicht mehr geben kannst, dass du ausgenutzt und manipuliert wirst. Nur wenn du imstande bist, dir selbst Grenzen zu setzen, wirst du auch imstande sein, die Grenzen anderer anzuerkennen, zu respektieren, ja dankbar für sie zu sein.*[35]

Auf wie viele Neins stieß und stößt Jesus? Wie oft stieß er auf Ablehnung und Zurückweisung? Er lässt uns nicht im Unklaren, welche Konsequenzen ein Nein für uns hat, und es lässt ihn keineswegs kalt und unberührt – er respektiert es dennoch! Selbst wenn er auf hartnäckigen Widerspruch traf, ging er nicht dagegen an. Deswegen haben auch wir nicht das Recht, weder den Widerstand, noch den Willen eines anderen zu brechen.

Wir sollten uns folgende Regel zu Herzen nehmen: „Der andere darf Nein sagen – und ich darf es auch!" Der andere hat das Recht, Nein zu sagen, und ich habe im Gegenzug das Recht, meine Reaktion daraufhin abzuwägen. Der andere darf sich abgrenzen, und ich muss mir überlegen, wie ich damit umgehen will, wobei es wichtig ist, dass sich nicht das Motiv der Rache einschleicht. Gerade bei der Erziehung unserer Kinder war diese Erkenntnis für mich ungemein wichtig und half mir in vielen Fällen, Auseinandersetzungen zu vermeiden. Die Kinder durften ihre schmutzige Wäsche unterm Bett verschwinden lassen und damit unsere Absprache missachten, sie in den Wäschekorb zu befördern – und ich durfte mir im Gegenzug überlegen, ob ich sie unter diesen Bedingungen mitwaschen wollte oder nicht. Spätestens als ihr Kleiderschrank leer war, änderten sie ihr Verhalten. Und ich hatte wieder dazugelernt – es ging also auch ohne Machtkampf!

Ich erinnere mich an eine Teilnehmerin eines unserer Seminare. Sie war in ihrer Gemeinde sehr engagiert, dabei unglaublich hilfsbereit, und wann immer Not am Mann bzw. an der Frau war, sprang sie ein. Ihr Problem bestand darin, dass sie große Schwierigkeiten mit der entspannten Gelassenheit anderer Gemeindemitglieder hatte und ihrer Fähigkeit, gut für sich zu sorgen. Bei Engpässen im Gemeindealltag, wenn händeringend nach Helfern gesucht wurde, kam es immer wieder vor, dass andere sich ganz selbstverständlich abgrenzten. Dies Verhalten löste bei ihr ein wahres Gefühlschaos aus. Sie schilderte die ganze Palette: Zorn, Hass, maßlose Enttäuschung und Bitterkeit. In solchen Situationen konnte sie unglaublich hart reagieren, weswegen andere sich von ihr distanzierten, was sie dann wiederum verletzte.

Schließlich erkannte sie, dass jedes Gemeindeglied, so wie sie selbst ja auch, in seiner persönlichen Verantwortung vor Gott stand – auch mit seinem Nein. Diese Erkenntnis half ihr sehr, und sie begriff, dass es nicht ihre Aufgabe war zu beurteilen, ob dieses Nein berechtigt war oder nicht. Sie sah ein, dass sie weder für alle Engpässe und Notfälle in der Gemeinde zuständig war und einspringen musste, noch es ihr zustand, die Hilfe der anderen erzwingen zu wollen. Die anderen durften Nein sagen – und sie durfte das auch. Eine wichtige Erkenntnis für sie war es dabei, dass sie diese Grenze jedoch nur im Hören auf Gott ziehen konnte. Nur im Zwiegespräch mit Gott war sie in der Lage zu erkennen, wann sie den Auftrag hatte, sich zu engagieren und wann sie sich entspannt zurücklehnen durfte. Sie musste es auch lernen zu ertragen, dass bestimmte Bereiche in der Gemeinde brachlagen, und Gott zu vertrauen, dass er es ist, der seine Arbeiter in die Ernte schickt und sie auch dafür motiviert.

Das Ziel der Heiligen ist: „ihn zu erkennen". Erkenne ich Ihn da, wo ich heute stehe? Wenn dies nicht der Fall ist, dann lasse ich Ihn im Stich. Ich bin nicht da, um meine eigenen Ideen zu verwirklichen, sondern um Ihn zu erkennen. In der christlichen Arbeit gehen wir allzu oft nur davon aus, dass etwas getan werden müsse und dass gerade wir es seien, die es tun müssen. Dies ist nie die Einstellung des Heiligen; er geht einzig darauf aus, in jeder Lage, in der er sich befindet, die Erkenntnis Jesu Christi zu erlangen (Oswald Chambers[36]).

Anders ausgedrückt: Nicht die Not ist unser Auftraggeber, sondern der Herr.

Ähnlich gelagert, wie unser Umgang mit dem Nein anderer, ist unser Umgang mit Kritik. Der Psychotherapeut und Theologe Reinhold Ruthe erzählte während eines Seminars folgende Geschichte: Herr Meier kommt nach Hause. Er ist müde von der Arbeit, es ist Zeit fürs Abendbrot. Als er das Haus betritt, steigt ihm der Geruch angebrannten Essens in die Nase. „Sabine, es riecht!", meint er zu seiner Frau. Kaum hat er das ausgesprochen, geht ein vorwurfsvoller Wortschwall auf ihn nieder. Warum er wieder so spät nach Hause komme, wie man da richtig planen könne und dass es dann kein Wunder sei, wenn das Essen anbrenne … und so weiter. Wir können uns die Situation lebhaft vorstellen, haben vielleicht selbst schon so etwas erlebt: Eine kleine kritische Bemerkung, und schon fühlen wir uns getadelt, angegriffen oder bevormundet und gehen in die Luft. Wir fangen an uns zu rechtfertigen, uns zu drehen und zu winden, selbst anzuklagen, zurückzuschlagen. Was wäre gewesen, wenn Frau Meier einfach geantwortet hätte: „Du hast recht Paul, es riecht!"?

Ein Großteil unserer Konflikte kommt auf beschriebene Art und Weise zustande. Wir fühlen uns von anderen kritisiert, korrigiert oder zurechtgewiesen und schon gehen wir hoch wie eine Rakete. Wir setzen Kritik mit Verletzung gleich. Eine solche Situation wird aber häufig erst durch unsere eigene Reaktion zur Verletzung.

Als ich mit Sara und Ingo vor einiger Zeit an einer ähnlichen Situation arbeitete, wurde deutlich, wie die Eskalation zustande gekommen war. Ihr Mann hatte sie morgens gefragt. „Hast du gestern Abend vergessen, die Terrassentür zu schließen?" Er hatte lediglich eine Frage gestellt, weiter nichts, doch ihre Deutung lautete: „Der will mich maßregeln, dieser Oberlehrer kann mich mal!" Ihre hochemotionale Reaktion darauf speiste sich aus dieser Interpretation und schon entwickelte sich ein heftiger Streit. Das eigentliche Problem waren nicht Ingo und seine Frage gewesen, sondern ihre Interpretation, ihre falsche Deutung.

Unsere Bewertungen sind häufig Fehldeutungen. Die Aussage: „Es riecht.", ist zunächst keine Kritik. Wenn wir sie aber so interpretieren, wird das zum Problem! Und selbst, wenn sie wirklich als Kritik gemeint sein sollte, liegt es in unserer Hand, ob wir uns angegriffen fühlen wollen oder nicht.

Wenn mein Mann beim Essen meint, der Salat sei aber etwas salzig, warum muss ich mich dann ärgern, rechtfertigen oder zum Angriff übergehen? Entweder er hat recht und ich sage: „Stimmt, da ist zu viel Salz dran, tut mir leid!" Oder ich sage: „Lieber Schatz, ich finde den Salat genau richtig, aber es tut mir leid, wenn er für dich zu salzig ist." Normalerweise ist die Sache damit erledigt und wir essen in aller Ruhe weiter.

Daher einige wichtige Tipps:

- Der andere darf mich kritisieren, er darf mich auf meine Fehler aufmerksam machen und mich korrigieren. Ich gebe ihm die ausdrückliche Erlaubnis dazu!
- Ich werte Hinweise anderer nicht als Angriff und reagiere daher auch nicht aggressiv oder beleidigt.

- Gleichzeitig prüfe ich, ob ich den Hinweis des anderen annehmen, ob ich ihm zustimmen will oder nicht. Wenn ich dafür Zeit brauche, sage ich: „Danke, dass du mir das gesagt hast, ich werde darüber nachdenken."
- Meine Rückmeldung kann dann später entweder lauten: „Du hast recht, danke für den Hinweis!" oder aber: „Diesen Schuh kann ich mir nicht anziehen, ich sehe das aus den und den Gründen anders."

Ich behaupte nicht, das es mir Lust bereitet, mich der Kritik anderer auszusetzen. Auch heute noch zucke ich zusammen, wenn jemand das Gespräch mit mir sucht mit der bedeutungsschweren Eröffnung: „Dorothea, ich muss mal mit dir reden." Interessanterweise rechne ich dann meist damit, dass er mir etwas Unangenehmes mitzuteilen hat. Doch dann gehe ich in mich und mache mir bewusst, dass dies *meine* Chance ist! Es besteht immerhin die Möglichkeit, Aspekte meiner Persönlichkeit und meines Lebensstils in den Blick zu bekommen, für die ich bisher blind war. Und wenn dies der Fall ist und der andere mich mit berechtigter Kritik konfrontiert, dann will ich dankbar dafür sein, sie als willkommene Korrektur begrüßen, sie mir wirklich zu Herzen nehmen. Inzwischen fällt mir dies zunehmend leichter, aber ich übe immer noch... Diese Veränderung hat sicherlich auch etwas mit der Erkenntnis zu tun – und zwar nicht nur vernunftmäßig – dass ich nicht makellos sein muss und Fehler machen darf. Meine Befürchtung, dass andere nur darauf warten, mir „einen reinzuwürgen" und ich automatisch abgelehnt werde, wenn sie meine Unvollkommenheit entdecken, erweist sich immer wieder als unzutreffend. Wie oft bin ich beschämt über die Großzügigkeit und die Nachsichtigkeit meiner Familie, Freunde und sonstigen Mitmenschen. Wenn wir das entdecken und wirklich mit dem Herzen begreifen, dann fällt eine riesige Last von uns und das Leben und unsere Beziehungen gestalten sich zunehmend konfliktfreier und entspannter.

Es geht also immer wieder darum, mit den Äußerungen, mit der Kritik oder dem Nein des anderen auf eine sachliche Art und Weise umzugehen.

Wie aber sollen wir reagieren, wenn sich unser Partner weigert, unsere guten, legitimen Bedürfnisse zu stillen? Wie gehen wir an diesem Punkt mit dem Nein des anderen um?

Unsere Beobachtung ist es, dass es oft die Frauen sind, die im Glauben vorangehen, wenn der Partner „geistlich durchhängt". Oft sind es die Frauen, die sich nach mehr geistlicher Gemeinschaft, gemeinsamen Gebetszeiten oder einem gemeinsamen geistlichen Dienst sehnen – alles gute, berechtigte Bedürfnisse. Aber im Laufe der Jahre haben sie resigniert, weil nichts geschah und der Partner immer wieder auswich. Die Enttäuschung ist gewachsen und mit ihr auch die Distanz. Unbemerkt und schleichend haben sie sich innerlich von ihrem Partner zurückgezogen – oft auch in sexueller Hinsicht. Das ist zwar verständlich, aber auch bedenklich. Denn oft wird die Distanziertheit als Druckmittel eingesetzt, als Appell, nun „doch endlich mal in die Gänge" zu kommen. Diese Frauen versuchen, ein gutes, geistliches Ziel auf einem ungeistlichen Weg durchzusetzen. Aber das funktioniert nicht, denn Druck erzeugt immer Gegendruck. Oft wird dann das Bett zum Nebenkriegsschauplatz – der eigentliche Konflikt liegt auf einer anderen Ebene.

Die Bibel zeigt uns einen besseren Weg, unsere Partner zu motivieren: Wir sollen *sie* gewinnen! Dafür ist es hilfreich, die „Liebessprache" des Partners zu kennen und zu sprechen, die Gary Chapman in seinem Buch „Die fünf Sprachen der Liebe"[37] beschreibt.

- Lob und Anerkennung
- Zweisamkeit
- Geschenke, die von Herzen kommen
- Hilfsbereitschaft
- Zärtlichkeit

Dies zu wissen, bedeutet einen Weg zu finden, auf dem wir den anderen gewinnen können. Wir sollen nicht gegen ihn gewinnen, sondern *ihn selbst* für uns gewinnen (1. Petrus 3,1), und am besten wird dies gelingen, wenn wir bereit sind, seine Muttersprache der Liebe zu sprechen, ihn so zu lieben, wie er es am besten „versteht“. Es erweist sich immer wieder als hilfreich für Paare, darüber miteinander ins Gespräch zu kommen.

Ich hörte von einer Bekannten, einer jungen Frau, die seit einigen Jahren verheiratet ist. Das Paar hat zwei kleine Kinder. Sie bemerkte irgendwann im Laufe ihrer Ehe, dass ihr Mann nachlässig darin wurde, ihre Liebessprache zu sprechen. Es handelte sich dabei um Zärtlichkeit und um Geschenke. Als ihr dies bewusst wurde, stand sie kurz in der Gefahr, ihn bitter und vorwurfsvoll zu konfrontieren. Doch dann entschied sie sich dazu, zunächst einmal ganz bewusst, die Liebessprache ihres Mannes zu sprechen: Lob und Anerkennung. Dies praktizierte sie über mehrere Wochen, mit dem Resultat, dass ihr Mann wieder aufmerksamer darin war, ihr das zu geben, was sie sich wünschte und was sie brauchte. Wir stehen immer wieder vor der Entscheidung, zu wählen, was wir säen wollen. Die junge Frau wählte Freundlichkeit und Versöhnlichkeit, sie entschied sich für die Liebe und erntete dementsprechend Segen.

Kennen Sie die Liebessprache ihres Partners? Kennen sie Ihre eigene?

Aber zurück zu der Frage, was wir tun können, wenn der Partner sich hartnäckig weigert, ein berechtigtes Bedürfnis des anderen zu erfüllen. Mir ist bewusst, dass ich hier ein heikles Thema anschneide, für das es keine Patentlösung gibt. Eins jedoch ist sicher: Machtkampf ist keine Lösung, er führt immer in eine Sackgasse! Wenn der andere seinen Pflichten nicht nachkommt, lasse ich mich nicht dazu verleiten, Gleiches mit Gleichem zu vergelten. Ich erledige meine Aufgaben und bleibe dem anderen zugewandt, auch wenn dieser sich verweigert.

Wir müssen es in solchen Fällen lernen, Gott für uns kämpfen zu lassen, mit unserer Not und unserem Mangel und unserem Anliegen vor ihm zu stehen und dem Drang zu widerstehen, selbst für unser Recht zu kämpfen. Das fühlt sich manchmal an wie Sterben, denn alles in uns drängt dahin, aktiv zu werden. Doch wir widerstehen dem Verlangen, dem Partner gegenüber eine feindselige Haltung einzunehmen und ihn zu bedrängen. Wir nehmen das Joch unserer Forderung vom anderen fort.

Gleichzeitig bleiben wir „am Ball", das heißt, wir bleiben mit dem Partner im Gespräch und lassen uns von Gott Weisheit und den richtigen Zeitpunkt zeigen, um die Schwierigkeiten und die eigene Not zu thematisieren und die oben genannten Fragen miteinander durchzusprechen.

So muss Sara es lernen, Udos Nein zu respektieren, ohne auf der einen Seite zu resignieren oder auf der anderen beleidigt zu reagieren oder zu kämpfen. Hier die richtige Balance zu finden, ist gar nicht so einfach, aber mit Gottes Unterstützung durchaus möglich. Immer wieder erleben wir, wie Gott auf wunderbare Weise unterstützend eingreift und segnet, sobald ein Partner aus den zermürbenden Machtkämpfen aussteigt, auch wenn der andere Partner sich verweigert oder in seinem Veränderungsprozess einfach langsamer ist.

In meinem Leben gab es ein Anliegen, mit dem ich vor Gott 20 Jahre lang stand. Doch wie Christus verheißen hat, wurde die Situation für mich erträglich, weil er sie mit mir (er)trug. Er hat gesagt: *Mein Joch drückt nicht, meine Last ist leicht (Matthäus 11,30 NGÜ).* In diesem Sinne schreibt Leanne Payne: *Es gibt keine Last, die er uns nicht entweder abnimmt oder die zu tragen er uns hilft. Die Tatsache, dass wir in Christus – in der Einheit mit ihm und dem Vater – sind, macht dies möglich. Was sich mir entgegenstellt, das stellt sich ihm entgegen.*[38]

Gott sei Dank müssen solche Situationen nicht immer zwanzig Jahre andauern, doch ist in der Regel ein langer Atem nötig.

Vor Kurzem bearbeitete ich mit einer Ratsuchenden in einem Seelsorgeprozess genau dieses Thema. Die Frau litt seit Jahren unter der Distanziertheit ihres Mannes, die, wie sie wusste, mit seinen Verletzungen zusammenhing. Obwohl ihr Mann sie liebte und gut mit ihr umging, konnte er seine Liebe nur schwer ausdrücken. Sie erkannte, dass all ihr Kämpfen ihn nicht verändern konnte und sie zunehmend in eine Sackgasse geriet. Nachdem sie ernsthaft über Trennung nachgedacht hatte, kam sie zu einer Entscheidung. Unter Tränen sagte sie zu Jesus im Gebet: „Herr, ich bringe dir meinen Mangel, meine Unzufriedenheit und meinen Schmerz. Ich weiß, dass du mir diesen Mann zur Seite gestellt hast. Auch wenn mir bewusst ist, dass er im Moment meinen emotionalen Mangel nicht befriedigen kann, werde ich bei ihm bleiben. Ich tue es im Vertrauen auf dich. Du bist es, der meinem Mangel begegnet, und du bist es auch, der meinem Mann helfen kann und wird." Gott segnete die Frau mit einem tiefen Frieden, der nach dieser Entscheidung ihr Herz erfüllte, obwohl ihr Mann sich nicht schlagartig veränderte.

Viele Menschen, und vor allem auch Paare, lassen sich zu früh entmutigen und geben auf. Beziehungsarbeit ist aber nun einmal kein Spaziergang, sondern verlangt uns zuweilen so einiges ab an Beharrlichkeit, Frustrationstoleranz, Leidensfähigkeit und Vergebungsbereitschaft – ich spreche aus eigener Erfahrung...

Über lange Strecken unserer Ehe befanden mein Mann und ich uns in ähnlichen Prozessen, in denen wir auch professionelle Hilfe in Anspruch nahmen. Es waren Phasen immer wiederkehrenden Versagens auf beiden Seiten, mit vielen Enttäuschungen über uns selbst und den anderen, mit vielen Tränen, mit Angst, Schmerz und Zorn. Es war ein jahrelanger Prozess, in dem wir lernten, dem anderen gegenüber wohlwollend und im Gespräch zu bleiben, immer wieder auf Gott zu vertrauen, nicht zu verzagen, auszuharren, still zu sein, auf seine Hilfe zu warten und „das Dennoch des Glaubens" zu sprechen. Auf diese Weise uns immer wieder zu neuem Vertrauen aufraffend, leitete Gott uns Schritt um Schritt weiter, er schaffte Heilung und die Durchbrüche, die uns selbst nicht gelangen. In alldem erlebten wir letztlich Gottes Treue und seine Hilfe bei den notwendigen Veränderungen. Aber wir brauchten wahrlich einen langen Atem!

5.5 Eine Frage der Identität: Wo ist deine Grenze?

Auf der einen Seite sollen wir lernen, das Nein anderer zu respektieren, auf der andren Seite sollen wir wissen, wann wir selbst Ja oder auch Nein sagen sollen. Sich hierüber klar zu werden, ist die beste Voraussetzung, Machtkämpfe erst gar nicht entstehen zu lassen. Klarheit fängt immer bei uns selbst an. Um klar werden zu können, müssen wir wissen, wer wir sind, was zu uns gehört und was nicht. Ich benötige Klarheit über mich selbst, meine Bedürfnisse, Wünsche – letztlich meine Identität.

Die meisten Menschen, die zu uns in die Beratung oder zu Seminaren kommen, haben damit Probleme. Wir wollen uns drei mögliche Grenzziehungen anschauen, die der Familientherapeut Salvatore Minuchin beschreibt, von denen die ersten zwei allerdings problematisch sind. Die dritte ist die gesunde Variante (Manfred Cierpka (Hg.): Handbuch der Familiendiagnostik, Berlin/Heidelberg 1996, S. 324ff):

- Starre Grenze
- Diffuse Grenze
- Klare (gleichzeitig durchlässige) Grenze

Viele von uns wissen nicht wirklich, wer und wie sie sind, und daher wissen sie oft auch nicht, was sie wollen. Das wiederum bewirkt, dass sie nicht wissen, wo ihre Grenzen sind. Oft sind sie diesbezüglich ambivalent. Sie befürchten Grenzüberschreitung, wenn sie Ja sagen. Aus Angst, sich später nicht mehr abgrenzen zu können, sagen sie deshalb von vornherein Nein – lieber sofort eine Grenze setzen, bevor es zu spät ist! Diese Art von Grenzziehung bezeichnet der Familientherapeut Minuchin als „starre Grenze".

Solche Menschen ziehen sehr schnell massive Grenzen um sich, gemäß des Mottos: „Wehret den Anfängen!" Es sind manchmal Menschen, deren schroffe Abgrenzung andere vor den Kopf stößt. Um mit solch bärbeißigen Zeitgenossen barmherziger umgehen zu können, müssen wir ihre Logik verstehen, die da lautet: „Wenn ich den kleinen Finger reiche, nimmt der andere die ganze Hand. Und das ist gefährlich!" Es ist die Logik eines meist ängstlichen, argwöhnischen Menschen – und zudem eine Fehleinschätzung. Denn kann ich nicht immer noch beim Mittelfinger Stopp sagen, selbst wenn jemand schon meinen kleinen Finger samt Ringfinger genommen hat? Habe ich nicht zu jedem Zeitpunkt die Möglichkeit, meine Hand wieder zurückzuziehen, wenn der andere sich nicht an die Spielregeln hält?

Manche Menschen können also ohne Probleme Nein sagen, wieder andere kämpfen mit Schuldgefühlen, sobald sie dies tun. Setzen sie eine Grenze, meldet sich sofort ihr schlechtes Gewissen: „Du bist egoistisch! Du bist nicht hilfsbereit! Gott fordert ganzen Einsatz!" Diese Menschen neigen dazu, sich mit einer „diffusen Grenze" zu umgeben, wie Minuchin es nennt, einer Grenzziehung, die als solche von anderen nicht erkennbar ist und daher leicht überschritten wird. Ein Jein schafft aber nun einmal keine Klarheit.

Andere Menschen pendeln ständig zwischen beiden Extremen und befinden sich daher in einem außerordentlichen Dilemma. Wie sie sich auch verhalten, es ist immer verkehrt. Egal, ob sie Ja sagen oder Nein, immer sind sie ihrem Empfinden nach in Gefahr - entweder in der Gefahr, schuldig zu werden, oder in der Gefahr, dem anderen ausgeliefert zu sein. Viele von ihnen empfinden daher das Leben als eine ständige Gratwanderung, immer besteht die Gefahr, zur einen oder zur anderen Seite hin abzustürzen.

Diese Menschen brauchen Heilung ihrer Identität und damit ihrer Grenzen, damit sie je nach Situation Nein sagen können, ohne Schuldgefühle zu entwickeln oder auch Ja, ohne Angst zu bekommen.

Gesunde Menschen können beides. Minuchin bezeichnet diese gute Grenzziehung als „klare Grenze", die zwei Kriterien besitzt: Sie ist für den anderen als solche deutlich erkennbar, ist aber dennoch durchlässig.

Im folgenden ein Beispiel hierzu: Die verwitwete Mutter einer Freundin hatte es sich zur Gewohnheit gemacht, ihre Tochter täglich anzurufen und dies in einer Zeit, da ihre drei Kinder noch klein waren. Meine Freundin war dadurch überfordert, aber sie traute sich nicht, ihrer Mutter dies zu sagen. Eine ganze Weile hielt sie durch, kam aber schließlich an ihre Grenzen. Wie sollte sie mit dieser Situation umgehen? Beim nächsten Telefonat thematisierte sie das Thema bei ihrer Mutter und vereinbarte mit ihr: „Mir wird es einfach zu viel, täglich mit dir zu telefonieren. Wir können aber immer donnerstags und sonntags am Abend telefonieren; dann nehme ich mir Zeit für dich, mal mehr, mal weniger, je nachdem, wie ich es schaffe." Meine Freundin hatte eine gute Grenzziehung für sich gefunden. Es war eine klare Grenze, die gleichzeitig Spielräume besaß. Wir müssen es lernen, weder starre noch diffuse Grenzen zu setzen, sondern deutliche und gleichzeitig durchlässige Grenzen. *Ich-Stärke zeigt sich unter anderem darin, dass jemand gute Grenzen für sich und zum anderen hin ziehen kann, deutlich machen kann: „Das ist dein Thema! Dies ist mein Thema! Das ist deine Verantwortung! Das ist meine Verantwortung!"* (Rolf Gersdorf[39]).

Irgendwann während meines Heilungsprozesses stellte mir meine Seelsorgerin eine bedeutsame Frage: „Wer ist eigentlich für deine Grenzen zuständig?" Zu dieser Zeit war ich erfüllt von neuen psychologischen Erkenntnissen, und ich antwortete sehr spontan: „Ich selbst natürlich!" Als sie schwieg, überdachte ich meine Antwort noch einmal.

In diesem Gespräch wurde mir bewusst, wie wichtig es ist, Gott nach seinem Rat zu fragen, denn er ist es, der von Beginn an aller Kreatur, seiner gesamten Schöpfung, Raum, aber auch Grenzen gibt: *Wo warst du, als ich die Erde gründete? Teile es mit, wenn du Einsicht kennst! Wer hat ihre Maße bestimmt, wenn du es kennst? Oder wer hat über ihr die Messschnur ausgespannt? Worauf sind ihre Sockel eingesenkt? Oder wer hat ihren Eckstein gelegt, als die Morgensterne miteinander jubelten und alle Söhne Gottes jauchzten? Wer hat das Meer mit Türen verschlossen, als es hervorbrach, dem Mutterschoß entquoll, als ich Gewölk zu seinem Gewand machte und Wolkendunkel zu seinen Windeln und ich ihm meine Grenze zog und Riegel und Türen einsetzte und sprach: Bis hierher kommst du und nicht weiter, und hier soll aufhören der Stolz deiner Wellen? (Hiob 38,4-11 EÜ).*

Gottes Schöpfungsordnung beinhaltet im Kleinen meine und deine Grenzen, sowie im Großen die Siedlungsgebiete der Völker. Im zweiten Buch Mose beschreibt Gott sehr detailliert die Grenzen des Landes, das seinem Volk Israel zusteht. Er sagt: *Und ich werde deine Grenze festsetzen… (2. Mose 23,31).* Wenn wir uns dies auf der Landkarte einmal anschauen, erübrigt sich so manche Diskussion …

Welche Grenze hat Gott Ihnen gesetzt? Halten Sie sich daran?

Jemand sagte mir einmal, dass Gott jedem seiner Kinder ein bestimmtes „Bündel" zugemessen hat – eine schöne Beschreibung! Ich bin nicht für die Not der ganzen Welt zuständig, Gott schnürt mir mein Bündel, für das ich verantwortlich bin. Jeder von uns hat sein eigenes Bündel, seinen eigenen Verantwortungsbereich, und diesen zu kennen ist, bezogen auf unser Thema, immens wichtig. Wenn ich verstanden habe, was Gott von mir erwartet und was nicht, kann ich je nach Situation mit Festigkeit und ohne Machtkampf Nein sagen oder mit großer Freude und in der Gewissheit seines Schutzes Ja sagen.

Um hierin Sicherheit zu erlangen, ist es unerlässlich, dass wir es lernen, auf Gottes Stimme zu hören und sie von all den anderen, die wir vernehmen und die uns oftmals verwirren und bedrängen, zu unterscheiden. Als Volk Gottes haben wir die Verheißung, die Stimme des guten Hirten erkennen zu können.

Ob es uns gelingt, unsere Identität, unser wahres Selbst und damit gute und gesunde Grenzen zu finden, wird im entscheidenden Maße davon abhängen, dass wir es lernen, Gottes Stimme zu verstehen.

Wir dürfen nun nicht erwarten, dass uns jeder Applaus klatscht, wenn wir anfangen, Klarheit in unsere Beziehungen zu bringen. Es ist leider häufig so, dass unsere lieben Mitmenschen dies gar nicht mögen. Wir müssen ihnen deshalb die Möglichkeit geben, sich an unseren neuen Lebensstil zu gewöhnen.

Klarheit in unsere Beziehungen zu bringen bedeutet, für den anderen transparent zu werden, sich ihm zu offenbaren, Profil zu zeigen und unseren Standpunkt deutlich zu machen.

Hier sind wir wieder beim Thema Identität. Wir sollen wissen, wer wir sind und was wir wollen, und wenn wir dies klar kommunizieren, verhindern wir die Entstehung von Missverständnissen und Machtkämpfen.Eine meiner Freundinnen ist eine erfahrene Seelsorgerin. Durch ihre warmherzige und mütterliche Art fühlen sich ihre Klientinnen angenommen und verstanden. Allerdings kommt es immer wieder vor, dass diese Seelsorge mit Freundschaft verwechseln. So muss meine Freundin hin und wieder liebevoll für Rollenklarheit sorgen: „Ich bin nicht deine Freundin, sondern deine Seelsorgerin." Damit verhindert sie, dass falsche Erwartungen an sie gestellt werden.

Klarheit in eine Beziehung zu bringen, kann auch bedeuten, einen Menschen zu korrigieren. Ich erlebe immer wieder, dass der Herr mir sehr klar zu verstehen gibt, wann ich einen Menschen ansprechen soll und wann nicht. Die Bibel lehrt uns, dass wir zuerst den Balken aus unserem eigenen Auge entfernen sollen und dann erst den Splitter aus dem Auge unseres Bruders oder unserer Schwester. Das eine schließt das andere also nicht aus. Wir sind nicht nur gerufen einander zu ermutigen – was wir natürlich alle gerne tun –, wir tragen auch die Verantwortung, einander zu korrigieren, wenn es nötig ist. Allerdings glaube ich, dass wir von Gott vorher klare Weisung erbitten sollten. Ich erlebe es nämlich immer wieder, dass Gott mir zu verstehen gibt, dass ich Geschwister nicht ansprechen, sondern stattdessen für sie beten soll. Manchmal will Gott auch einen anderen Menschen und nicht mich dazu gebrauchen, eine Sache zu thematisieren.

Wir sind nicht dazu berufen, an allen Fronten zu kämpfen, aber sehr wohl dazu, in unserem Leben für Klarheit zu sorgen.

5.6 Klärung und Vergebung versus Machtkampf

Grundlage für einen guten Klärungsprozess ist eine sachliche Haltung und Vorgehensweise. Als ich mich mit den Begriffen Ichhaftigkeit und Sachlichkeit befasste, fand ich in ihnen ein hervorragendes Korrektiv für Klärungsprozesse. Sachlichkeit bedeutet: der Sache dienend. Was heißt dies nun konkret für klärende oder sonstige Gespräche?

Nehmen wir die Situation der Planung eines Projektes, für das ich schon konkrete Vorstellungen habe und gleichzeitig weiß, dass der andere eine andere Meinung vertritt. Vor dem Gespräch nehme ich mir vor, dass es mir nicht darum gehen soll, meine Sache durchzusetzten, meine Vorstellung zu verwirklichen (selbstbezogen). Dafür bin ich bereit, zunächst zu hören, was der andere zu sagen hat, ihm zuzuhören und zwar nicht mit dem Hintergedanken, wie ich ihn am besten widerlegen kann! Ich will wirklich zuhören und die Sichtweise des anderen ernsthaft bedenken und abwägen – vielleicht ist seine Idee ja wirklich besser als meine. Ich will sachlich sein, ich bin bereit, mit dem anderen zusammen nach der besten Lösung für das Projekt zu suchen – der Sache dienend. Seit ich diese Haltung trainiere, stelle ich fest, dass die Spannung, mit der ich sonst in ein Gespräch gegangen bin, nicht mehr vorhanden ist.

Als ich damit begann, mich in dieser Weise zu verhalten, wurde mir bewusst, wie sehr ich vorher andere als Gegner gesehen und behandelt hatte, nämlich als diejenigen, die ihren Stiefel durchziehen wollen, und wie ängstlich ich eine mögliche Niederlage gefürchtet hatte. Ich korrigierte meine private Logik, indem ich formulierte: Ich weigerte mich, andere länger als Bedrohung zu sehen und zu behandeln. Es ist eine riesige Befreiung, dem anderen stattdessen auf Augenhöhe und mit Wohlwollen zu begegnen, ihn als Partner zu betrachten und zu erleben, mir seine Argumente in Ruhe anzuhören und meine in der gleichen Gelassenheit vorzubringen – die beste Voraussetzung, eine gute und sinnvolle Lösung finden. Ich erlebe seitdem, dass meine Gesprächspartner viel entspannter reagieren und sich meine frühere Befürchtung, dem anderen gehe es nur um die Durchsetzung seines Willens, sich in den meisten Fällen als nicht zutreffend erweist. Fast immer mache ich mit meiner „neuen" Einstellung die Erfahrung, dass die meisten Menschen (und auch unsere Kinder) durchaus kooperativ eingestellt sind, wenn man sie „vernünftig" anspricht und behandelt, wenn man ihnen wirklich zuhört und ihre Meinung ernst nimmt und bedenkt.

„Der Sache dienend" bedeutet gleichzeitig, dass die Lösung bzw. Klärung einer Sache oder eines Konfliktes immer für alle Beteiligten nützlich ist, also dem Interesse der Gemeinschaft dient. Klärung in einer Sache, in der unterschiedliche Meinungen aufeinanderprallen, unterscheidet sich vom Machtkampf dadurch, dass es nicht darum geht, unter allen Umständen zu gewinnen, zu überzeugen, den eigenen Willen durchzusetzen. Zu Beginn einer Klärung ist das Ende daher offen – man weiß nicht im Voraus, wie sie ausgehen wird. Im offenen, fairen Dialog wird das Thema besprochen und eine Lösung ausgehandelt. Nicht der gewinnt, der den anderen besser an die Wand reden kann, sondern das der Sache dienliche Argument. Von wem es kommt, ist dabei zweitrangig, denn alle Beteiligten bemühen sich um die beste Lösung.

Das Gegenteil von ichhaftem Kämpfen und Sich-Rechtfertigen ist also sachliches Klären.

In Klärungsprozessen geht es darüber hinaus um eine grundlegende Klärung unserer Beziehungen (oft im Sinne von Rollenklarheit) und auch immer wieder um Klärung in den alltäglichen kleinen Begegnungen und Angelegenheiten. Von einem unserer Freunde können mein Mann und ich diesbezüglich viel lernen. Vor Kurzem erzählte er in seinem Hauskreis von einer für ihn wichtigen Erkenntnis, die eine der Anwesenden wohl nicht so recht nachvollziehen konnte. Diese Frau sagte nichts, runzelte aber für alle sichtbar ihre Stirn. Als unser Freund dies bemerkte, thematisierte er ihr Verhalten sofort, indem er fragte: „Du schaust so fragend. Was ist mit dir? Verstehst du, was ich meine?" Er forderte sie heraus, Stellung zu beziehen, wodurch gleich geklärt werden konnte, was für sie nicht nachvollziehbar war. Wir versäumen es häufig, Dinge umgehend zu klären, und zurück bleibt dann oft ein bitterer Nachgeschmack oder eine Irritation.

Wie hätte eine Klärung in dem anfangs beschriebenen Konflikt im Krankenhaus mit meiner Kollegin aussehen können? Es wäre doch für mich ein Leichtes gewesen, meine Arbeit kurz zu unterbrechen, zur Tür zu gehen und ihr über den Flur zuzurufen: „Du, ich bin gerade dabei, einen Verband zu wechseln. Aber sobald ich fertig bin, komme ich! Ist das für dich okay?"

Wie schnell sind Sie in der Klärung einer Angelegenheit oder neigen Sie dazu, die Dinge „anbrennen" zu lassen? Was müssten Sie in Ihren Beziehungen noch dringend klären?

Klärung ist also sehr wichtig, aber auch Klärungsprozesse haben ihre Grenzen.

Mark Galli, der Herausgeber von Christianity Today, beschreibt darin die Situation, wie er und seine Frau das Bibelwort

„Lass die Sonne nicht über deinem Zorn untergehen“ in der Weise interpretierten, dass daraus belastende, nervenaufreibende „KlärungsmarathonSpaces“ wurden:

Nur langsam ging mir auf, dass die Ermahnung von Paulus, seinen Ärger noch am selben Tag beizulegen, nicht bedeutet, dass ich über meinen Ärger sprechen muss. Eine entscheidende Einsicht kam mir, als ich eines Tages nach einem Vormittagsseminar in unsere Küche kam. Die Küche war eine Katastrophe. Geschirr von vierzig Tagen stapelte sich in der Spüle, auf der Arbeitsplatte und dem Küchentisch. Was noch besser war: Es war nicht mal meine Schuld. Barbara hatte versprochen, dass sie den Abwasch machen würde, bevor sie zur Arbeit fuhr. Ich war wütend. Das war auf jeden Fall etwas, worüber wir an diesem Abend reden mussten! Ich krempelte die Ärmel hoch und stürzte mich auf den Abwasch. So würde ich in der Diskussion die bessere Position haben. Als ich mit einer perversen Freude überlegte, was ich sagen würde und wie ich es sagen würde, kam mir ein lächerlicher, kleiner Gedanke: Du könntest ihr einfach vergeben …[40]

Wir müssen es lernen zu unterscheiden, wann es „dran“ ist, eine Sache zu klären, und wann es besser ist, die Dinge auf sich beruhen zu lassen.

Manche Dinge lassen sich nicht klären. Zu dieser Erkenntnis gelangte ich entgegen meiner früheren Vorstellung, dass man immer zu einer Einigung finden kann, wenn man nur lange genug darüber redet.

Nicht immer ist Klärung möglich. Und oft geht es dann nicht nur darum, die Dinge auf sich beruhen zu lassen, sondern noch einen Schritt weiter zu gehen, nämlich zu vergeben. Das ist natürlich besonders schwierig, wenn der andere seine Schuld nicht eingestanden, geschweige denn den Schaden wiedergutgemacht hat – eine schwere Übung sogar für „Fortgeschrittene“!

In unseren Seminaren wird immer wieder deutlich, wie brandaktuell das Thema Vergebung ist. Vergebung bedeutet unter anderem, aus dem Kampf um unser Recht auszusteigen und unsere Sache dem zu überlassen, der gerecht richtet (1. Petrus 2,22).

Wo müssten Sie eine Angelegenheit endlich auf sich beruhen lassen und bewusst vergeben?

Es gibt weniges, wonach wir uns mehr ausstrecken sollten als nach Vergebung, da es keine Fehlhaltung gibt, die ein schärferes Urteil nach sich zieht als die Unversöhnlichkeit (Matthäus 18,23-35). Das sagt auch der Psalmist, wenn er uns auffordert, dem Frieden nachzujagen (Psalm 34,15). Nachjagen, das heißt: Vergebung ist kein Spaziergang, sondern verlangt uns einiges an Frustrationstoleranz, Anstrengung, Selbstdisziplin und Beharrlichkeit ab. Wir müssen vergeben wollen! Wir müssen es wirklich wollen, sonst wird es uns nicht gelingen. Daher war mein inständiges Gebet und Schreien zu Gott, als ich mich vor Jahren in einer Lebenssituation befand, in der ich von einem mir nahestehenden Menschen zutiefst enttäuscht worden war: „Vater, gib mir den Willen, diesem Menschen zu vergeben. Stärke meinen Willen! Herr, ich will, hilf meinem Unwillen!" Ich erinnerte ihn an seine Verheißung, in uns das Wollen und das Vollbringen zu bewirken (Philipper 2,13) – und ich tat es über einen längeren Zeitraum hinweg, bis Gott sein Werk in mir getan hatte.

Hinter dem Mangel an Vergebungsbereitschaft können verschiedene Motive stecken. Es kann um Macht oder Rache gehen. In der beschriebenen Situation empfand ich das so, als könnte ich meinen Schuldner nicht loslassen, sondern müsste ihn in meinem Herzen festhalten, um ihn dort für seine Verfehlung büßen zu lassen und ihn zu quälen. Wir können uns vorstellen, wie es um ein solches Herz bestellt ist – ein finsterer Ort ohne Gnade, ein Verlies. Dass ein solcher Herzenszustand dem Betroffenen nicht guttun kann, versteht sich von selbst.

Macht spielt auch dann eine Rolle, wenn wir den anderen durch distanzierte, beleidigte Unversöhnlichkeit dazu zwingen wollen, schließlich doch noch seine Schuld anzuerkennen und uns um Verzeihung zu bitten.

Wirkliche Vergebung kann nur mit dem Beistand des Heiligen Geistes gelingen. Gott hörte damals mein Schreien, er wirkte das Wollen und das Vollbringen in mir. Als es geschah, es war während einer Gebetszeit, spürte ich die Veränderung deutlich in meinem Herzen, und es erschien mir wie ein Wunder und ein Geschenk – und das war es auch! Bitterkeit und Groll verschwanden, stattdessen empfand ich eine neue Freiheit, diesem Menschen ohne Vorbehalte zu begegnen und ihn zu segnen, ihm Gutes zu wünschen sowie für Gottes Vergebung und Wiederherstellung unserer Beziehung zu beten. Es war sein souveränes Handeln an mir, nachdem ich ihm die Erlaubnis dazu gegeben hatte.

5.7 Wissen, was uns zusteht

Gute Grenzen zu setzen bedeutet für Klarheit zu sorgen: Gutes darf rein, Schlechtes bleibt draußen! Das bedeutet, auf der einen Seite zu wissen, was nicht in unser Leben gehört und sich dagegen zu schützen. Auf der anderen Seite dürfen wir aber auch wissen, was uns zusteht, was unsere Rechte sind.

Um auf meinem Recht zu bestehen und dies auch durchzusetzten, muss ich keinen Machtkampf anzetteln; wenn ich gegen den Widerstand anderer mein legitimes Recht durchsetze, ist dies nicht gleichbedeutend mit Machtkampf. Das zu betonen ist mir an dieser Stelle wichtig. *Eine berechtigte Forderung zu stellen und durchzusetzen bedeutet weder, jemanden zu belästigen oder zu beleidigen noch ihn zu bestrafen* (Hinz/Wittmann[41]). Eine berechtigte Forderung zu stellen bedeutet nicht, den anderen zu dominieren, zu manipulieren, zu zwingen, nur um Macht auszuüben! Es geht dabei nicht darum, etwas durchzusetzen, weil ich siegen will, sondern, weil es mir zusteht.

Wenn ich einen neuen Toaster reklamiere, der nicht funktioniert, dann ist dies mein gutes Recht. Wenn meine Nachbarn um Mitternacht ihre Stereoanlage aufdrehen und ich sie in ihre Schranken verweise, dann geht es nicht um negative Machtausübung. An dieser Stelle geht der Machtkampf vom anderen aus, der sich weigert, mir mein Recht zuzugestehen und meine Grenzen zu respektieren. Wenn ich an diesem Punkt aktiv werde, hat das etwas mit Selbstschutz und Selbstfürsorge zu tun, dann ist dies der Ausdruck meiner Selbstachtung. Jeder von uns darf seine Rechte einfordern, das ist gut und legitim.

Daher ist es wichtig zu wissen, was uns zusteht. Dazu müssen wir auch die rechtlichen Regelungen kennen. Nur, wenn ich weiß, dass stark wachsende Bäume einen Abstand von mindestens 4 m zum nachbarlichen Grundstück haben müssen, kann ich mich in aller Ruhe und gleichzeitig aller Festigkeit darauf berufen und auf die Einhaltung bestehen, ohne in einen Kampf einzusteigen.

Wie ich in einer guten Art und Weise mein Recht durchsetzen kann, ist in dem Buch „Soziale Kompetenz kann man lernen" übersichtlich und kompakt beschrieben:

- *Regel 1: Machen sie sich klar, welches ihre Rechte sind und was Sie erreichen wollen!*
- *Regel 2: Sprechen Sie Ihre Forderung deutlich aus!*
- *Regel 3: Eine berechtigte Forderung stellen ist kein Angriff! Das Ziel besteht nicht in der Verletzung des anderen.*
- *Regel 4: Wenn Sie eine berechtigte Forderung stellen, müssen Sie sich weder dafür entschuldigen noch dafür rechtfertigen!*
- *Regel 5: Bestehen Sie auf Ihrer Forderung* (Hinz/Wittmann[42]).

Es gibt Menschen, die sich sehr schwer damit tun, in guter Weise für sich selbst zu sorgen. Sie müssen es lernen, oft im Sinne von Nachreifung, ihre eigenen, legitimen Bedürfnisse zunächst zu orten, zu benennen und sich dann auch um ihre Erfüllung zu kümmern. *Für den in diesem Buch beschriebenen Menschentypus ist es gar nicht leicht, für seine Bedürfnisse in angemessener Weise einzutreten. Ich kenne diese Schwierigkeit von mir, aber auch eine meiner Freundinnen hatte in diesem Punkt einen ähnlichen Lebensstil wie ich. Sie fühlte sich gekränkt und übersehen, als andere innerhalb der Gemeinde in ein Leitungsteam berufen wurden, in das sie auch gehört hätte. Jahrelang schon hatte sie sich in diesem Bereich treu engagiert. Früher hätte sie es für ungeistlich und anmaßend gehalten, sich selbst für ein solches Amt vorzuschlagen. Und irgendwie erwartete sie auch, dass die Leitenden von selbst auf die Idee kämen, sie zu berufen. Das geschah aber nicht. Nachdem sie diese Angelegenheit mit einer Seelsorgerin besprochen hatte, um ihre Motivation zu überprüfen und sie das Empfinden hatte, grünes Licht von Gott zu haben, fasste sie sich ein Herz und sprach die Sache bei den Verantwortlichen an. Diese fielen aus allen Wolken, hatten sie doch gar nicht an die Möglichkeit gedacht, dass meine Freundin sich auch gern in diesem Bereich be-*

tätigt hätte. Als sie es nun von sich aus thematisierte, stellten sie sich die Frage, wieso sie nicht selbst darauf gekommen waren, und es fiel ihnen wie Schuppen von den Augen: Natürlich gehörte sie in das Team! In dem Moment, als meine Freundin ihren Anspruch offenlegte und vertrat, konnte er kein „Schattendasein" mehr führen, nicht mehr in ihr „verwildern". Fest steht jedenfalls, dass sie nicht in diesen Dienst gelangt wäre, wenn sie sich nicht selbst zu Wort gemeldet hätte (Dorothea Gersdorf[43]).

Haben Sie Klarheit darüber, was Ihnen zusteht? Sind Sie in der Lage, andere mit Ihren berechtigten Forderungen zu konfrontieren und sich um ihre Erfüllung zu kümmern?

5.8 In sich ruhende Präsenz

Klarheit über das, was zu uns gehören soll und was nicht, ist eine ideale Voraussetzung für Klärungsprozesse in Beziehungen, und diese wiederum sind das Gegenteil von Machtkämpfen. Es geht also darum, andere Menschen weder zu dominieren, manipulieren oder zu kontrollieren. Auf der anderen Seite dürfen wir aber wissen, was uns zusteht.

Als ich mich mit diesen Dingen befasste und schon einiges an meinem Lebensstil verändert hatte, wurde mir bewusst, wie oft ich mich scheute, für mich selbst und meine Wünsche einzutreten und den Raum der mir zustand, einzunehmen; ich hatte Angst, in einen Machtkampf mit anderen zu geraten oder als stolz zu gelten. *Ich verabscheute Menschen, die sehr deutlich ihren Willen vertreten konnten oder sogar offensichtlich ihre Ellenbogen benutzten, und ich wollte es ihnen nicht gleich tun. Für mich war dieses Verhalten gleichbedeutend mit Rücksichtslosigkeit und Vermessenheit. Nun erkannte ich, dass ich aber mit meiner Bewertung gleichzeitig in meinem eigenen Leben eine gesunde Aggressivität, eine gute Durchsetzungskraft in ein Schattendasein verbannt hatte. Ich musste meinem „Schatten" einen neuen Namen geben, der seinen positiven Aspekt betonte. Statt „Stolz" oder „Rücksichtslosigkeit" fand ich einen neuen Namen: „In sich ruhende Präsenz".*

Damit verbinde ich die Fähigkeit, in ruhiger Gelassenheit meinen mir von Gott bestimmten Platz im Leben einzunehmen und zu behaupten und für mich und meine Bedürfnisse zu sorgen. Voraussetzung dafür ist es natürlich, dass ich mit Gott geklärt habe, welchen Platz im Leben er mir zuweist, und das wiederum ist eng mit dem Thema Identität verknüpft. Es ist von grundlegender Bedeutung, ob ich verstanden habe, wer ich bin, d.h. wie Gott mich sieht (Dorothea Gersdorf[44]).

Unter „in sich ruhender Präsenz" verstehe ich eine Existenz, die von zuversichtlicher Gelassenheit geprägt ist, die sich ihres Wertes, ihrer Identität und ihrer Grenzen bewusst ist. Sie kennt den Platz, an den Gott sie gestellt hat und ist sich dessen sicher. Insofern ist eine solche Anwesenheit immer auch eine in Gott ruhende Präsenz. Ein solcher Mensch ist andern zugewandt und loyal, begegnet ihnen auf Augenhöhe und gewährt ihnen Vertrauensvorschuss. Er strahlt eine große, wohlwollende Klarheit aus. In dieser Weise präsent zu sein bedeutet, ein klares Profil zu haben und aus seinem wahren Selbst heraus zu leben, das wir durch „Christus in uns" erhalten. Durch diese innere Orientierung werden wir dann in die Lage versetzt, sehr klar auszudrücken:

- Die bin ich – und die bin ich nicht.
- Das will ich – und das will ich nicht.
- Das kann ich geben – und das nicht.
- Das wünsche ich mir von dir – und das nicht.
- So sehe ich unsere Beziehung – und so nicht.

Ich verbinde mit einer solchen Präsenz Qualitäten wie Güte, Festigkeit und liebevolle Klarheit.

So mancher scheut sich davor, auf diese Art und Weise präsent zu sein, da wir in dem Moment, wo wir ein klares Profil zeigen, für andere greifbar und somit auch angreifbar sind. Viele fürchten sich davor und setzen daher keine klaren Grenzen; sie bleiben diffus, ambivalent. Sie machen sich dabei nicht klar, dass aber gerade ein solches Verhalten Konflikte und Schwierigkeiten hervorbringt.

Henri Nouwen beschreibt diese Zusammenhänge sehr treffend: *Deine spezifische Anwesenheit in deiner Gemeinschaft ist die Art und Weise, die Gott will, dass du bei anderen anwesend bist. Andere haben eine andere Art und Weise, anwesend zu sein. Du musst deine Art und Weise kennen und sie geltend machen. Deshalb ist es sehr wichtig, sie zu finden. Hast du einmal ein inneres Wissen um deine wahre Berufung, dann hast du einen Orientierungspunkt. ER wird dir eine Hilfe sein zu entscheiden, was zu tun und was zu lassen ist, was zu sagen und worüber besser zu schweigen ist, wann zu gehen und wann zu bleiben ist, mit wem du zusammen sein kannst und wen du meiden solltest. Wenn du erschöpft, frustriert, überfordert oder ausgelaugt bist, sagt dir dein Körper, dass du manches tust, was nicht zu deinen Aufgaben gehört. Gott verlangt nichts von dir, was deine Fähigkeiten übersteigt, was dich von Gott entfernt oder was dich niederdrückt und traurig macht. Gott will von dir, dass du für andere lebst und dieses Dasein für andere gut lebst. Das zu verwirklichen bedeutet zugleich: leiden, erschöpft sein, ja auch Augenblicke großen körperlichen und emotionalen Schmerzes ertragen. Doch nichts von dem darf dich jemals von deinem tiefsten Selbst und von Gott abbringen.*[45]

Ein klares Profil zu haben, bedeutet auch zu wissen, wofür wir verantwortlich sind und wofür nicht. Wir sind nicht für jeden und jedes verantwortlich. In diesem Sinne sagen wir unseren Klienten immer wieder: Lass das Problem dort, wo es ist! Viele Menschen neigen nämlich dazu, sich in fremde Angelegenheiten einzumischen und Verantwortung für Dinge zu übernehmen, die sie nichts angehen. Immer wieder versuchen sie, die Probleme anderer zu lösen, obwohl sie gar nicht darum gebeten wurden. Sie sind am falschen Ort und auf die falsche Weise präsent, und viele Machtkämpfe resultieren aus genau dieser Unart.

Wissen Sie, wofür Sie verantwortlich sind und wofür nicht? Haben Sie diese Frage mit Gott geklärt?

Was bedeutet dies nun für unsere Kindererziehung? Denn hier liegt es natürlich klar auf der Hand, *dass* wir Verantwortung tragen! Das Thema Präsenz spielt im Hinblick auf unsere Kinder eine entscheidende Rolle, wie die Familientherapeuten Heim Omer und Arist von Schlippe in ihrem Buch „Autorität ohne Gewalt“ erklären. Sie thematisieren, dass es für Eltern eine große Herausforderung darstellt, ihre Kinder ohne Machtkämpfe zu erziehen und sie sich hierbei nicht selten aufreiben, wobei immer wieder die selben Fragen auftauchen: „Wie kann ich meine Kinder ohne Gewalt erziehen, wenn sie ungehorsam sind und sich verweigern? Was mache ich, wenn sich mein Teenager mir gegenüber verschließt, mir feindselig begegnet, mich ignoriert oder gar verachtet; wie soll ich reagieren, wenn ich keinen Einfluss auf mein Kind mehr habe?“ Viele Eltern sind mit ihren Kräften am Ende und verzweifelt, wenn sie eine Beratungsstelle aufsuchen.

Sobald wir als Eltern mit unseren Kindern in Kämpfe um Herrschaft verstrickt sind, haben wir schon verloren. Niemand versteht es geschickter als unsere Sprösslinge, uns ins offene Messer unserer Hilflosigkeit rennen zu lassen. Wir müssen bessere und klügere Wege finden, dem beizukommen. *Der Begriff Teufelskreis ist sicher am besten geeignet, die Eskalationsdynamik zwischen Eltern und Kindern zu beschreiben. Während die Eskalation von Feindseligkeiten zwischen Eltern und Kindern ein bekanntes Problem ist, lässt sich auch eine weitere, nicht weniger schädliche Art von Eskalation beschreiben, nämlich die, die entsteht, wenn die Eltern den Forderungen des Kindes nachgeben, das Kind seine Forderungen steigert, und so weiter* (Ohmer/von Schlippe[46]). Die Autoren beschreiben, wie die Eltern die Position von Hilflosigkeit verlassen und ihre Präsenz durch gewaltfreien Widerstand wieder geltend machen können: *Unsere Strategie, mit beiden Arten von Eskalation zurechtzukommen, basiert auf der Idee vom gewaltfreien Widerstand. Danach begegnen die Eltern den destruktiven Handlungen des Kindes mit der Botschaft: „Ich kann dein Verhalten nicht akzeptieren und werde alles tun, es zu stoppen, außer dich zu schlagen oder zu attackieren.“ Wie die Gandhische Art von politischem gewaltfreien Widerstand eignet sich diese Strategie dazu, dass Eltern sich effektiv dem unannehmbaren Verhalten des Kindes entgegenstellen, ohne eine Eskalation zu provozieren* (Ohmer/von Schlippe[47]). Wie diese Strategie konkret aussieht, wird in diesem hilfreichen Buch verständlich und anschaulich dargestellt. Die Autoren erklären, dass es bei beschriebenen Maßnahmen nicht einfach nur um elterliche Aufsicht oder Kontrolle gehe gemäß dem Motto: „Daddy is watching you!“, sondern um die Vermittlung von Präsenz im Sinne von: „Wir sind dicht bei dir! Wir haben dich nicht aufgegeben!“ In diesem Zusammenhang sei hingewiesen auf den Unterschied zwischen bestrafender und schützender Machtanwendung.

Erleben Ihr Partner und Ihre Kinder Sie als *wirklich* präsent? Oder sind Sie nur äußerlich präsent, innerlich aber oft abwesend?

Wir alle sind gefordert, in entschiedener und gleichzeitig entspannter Weise an unserem Platz im Leben präsent zu sein. Wie beschrieben, lernte auch ich in meinen Beziehungen in ruhiger, klarer Präsenz anwesend zu sein; ich lernte einzuschätzen, wofür ich verantwortlich bin und wofür nicht.

Im Hören auf Gott erfahre ich immer wieder aufs Neue, an welchem Ort ich sein soll, was meine Aufgabe, was meine Berufung ist und was nicht. Dort, wo Gott mich hinstellt, nehme ich meinen Platz ein, hier bin ich auf meine unvergleichliche Art anwesend, hier lebe ich in meinem tiefsten Selbst.

Dies ist die beste Weise, mich vor Überforderung zu schützen, sowie gleichzeitig vor Unterforderung, denn ich lasse mir meine Aufgabenbereiche nicht so einfach aus der Hand nehmen. Für das, was Gott mir anvertraut hat, übernehme ich die Verantwortung, hier bin ich mit aller Selbstverständlichkeit präsent, hier „leuchten“ wir für alle sichtbar: *Niemand zündet eine Lampe an und versteckt sie dann in einem Winkel oder stellt sie unter ein Gefäß. Im Gegenteil: Man stellt sie auf den Lampenständer, damit jeder, der hereinkommt, Licht hat und sehen kann (Luk 11,33 NGÜ).*

In dieser Weise in dieser Welt präsent zu sein, ist Ausdruck von kraftvoller Liebe, die Hoffnung und Zuversicht zu den Menschen trägt.

5.9 … in Stillesein und in Vertrauen …

In sich und in Gott ruhende Präsenz ist Ausdruck unseres Glaubens. Unser Vertrauen auf ihn befähigt uns, auf das Streben um Herrschaft zu verzichten. Wir können allerdings nur dann auf unsere eigene Durchsetzungskraft verzichten, wenn wir es lernen, Gott und seinen Zusagen zu vertrauen, anders wird es uns nicht gelingen. Wir können nur dann aufhören zu kämpfen, wenn wir mit unserem Herzen begriffen haben, dass ein anderer für uns sorgt.

Vor Jahren begegnete mir eine Therapeutin, bewusste Christin, und ich kam mit ihr ins Gespräch. Sie erzählte mir von ihrem Werdegang und zeigte mir später mit berechtigtem Stolz ihre Praxis. Nebenbei erwähnte sie, dass sie das alles nur erreicht habe, weil sie dafür mit viel Selbstdisziplin gekämpft und gearbeitet habe und das, obwohl sie an einer schwächenden, chronischen Krankheit litt. Sie erzählte von der Kraftanstrengung, die es bedeutet hatte, verschiedene Ausbildungen zu absolvieren und diese Praxis aufzubauen. Unbewusst drückte sie aus, dass ihr Leben im Grunde aus einem erbitterten Kampf um Anerkennung und Erfolg bestand. Ihre Aussage, sie habe für alles selbst kämpfen müssen, verriet natürlich auch etwas über ihre Gottesbeziehung.

Ich treffe viele Menschen, die meinen, sich einen Platz im Leben erkämpfen zu müssen. Eine solche Einstellung kostet unglaublich viel Energie, weil sie von einem tiefen Argwohn dem Leben und Gott gegenüber gekennzeichnet ist.

Jeder, der seinen Platz im Leben finden will, wird notwendigerweise erfolglos bleiben. Gleichgütig, was er erringt, Macht, Bildung, Schönheit, Liebe, Anerkennung, was immer es sein mag, er wird nie genug davon haben und unter beständiger Angst leben, das zu verlieren, was er sich erobern konnte. Niemand kann seinen Platz „finden", da er nicht weiß, dass er durch seine bloße Existenz seines Platzes im Leben sicher ist. Unsere Existenz garantiert uns einen Platz im Leben (Rudolf Dreikurs[48]).

Jesus will uns von dieser beklemmenden Angst und Unsicherheit und unserem Ringen um eine Existenzberechtigung befreien.

Er, der uns zuspricht: *Du sollst leben! (Hesekiel 16,6 LÜ*), garantiert uns unsere Existenz und einen Platz im Leben! Wenn wir dies verinnerlichen, können wir befreit und gelassen leben, ohne die Furcht, übersehen zu werden oder zu kurz zu kommen.

Wir wissen darüber hinaus, dass Gott nicht nur der Garant unserer Existenz ist, sondern auch unsere Bedürfnisse, ja sogar unsere Herzenswünsche im Blick hat: *Vertrau auf den Herrn und tu das Gute, bleib wohnen im Land und bewahre Treue! Freu dich innig am Herrn! Dann gibt er dir, was dein Herz begehrt. Befiehl dem Herrn deinen Weg und vertrau ihm; er wird es fügen (Psalm 37,3-5 EÜ).* Gott möchte von uns wissen, was wir uns von ihm wünschen und erbitten. Er will es von uns hören. Ihm sind unsere Sehnsüchte nicht egal!

Wie aus den Versen hervorgeht, ist die Erfüllung unserer Herzenswünsche gleichzeitig an bestimmte Bedingungen gebunden. Wo meinen wir immer noch, angriffig, grimmig und zornig selbst für unsere Rechte, Ziele und Bedürfnisse eintreten zu müssen? Und wo verhindern wir durch diese Haltung, dass Gott für uns sorgt?

Können Sie es glauben, dass Gott selbst an der Erfüllung Ihrer Herzenswünsche liegt?

Im Hebräerbrief ist von den Glaubenshelden die Rede, von Abel, Daniel und Abraham. Da, wo die meisten Übersetzer den Begriff „Glaube" gewählt haben, übersetzt David Stern mit „Vertrauen": *Vertrauen heißt, dessen gewiss zu sein, was wir erhoffen, jener Dinge sicher zu sein, die wir nicht sehen (Hebräer 11,1).* Glauben heißt vertrauen. Vertrauen bedeutet, Gottes Zusage ernst und in Anspruch zu nehmen, dass er für alle Belange unseres Lebens sorgen will, dass er für unsere Rechte eintritt, dass er für uns einen Platz im Leben reserviert hat und ihn für uns verteidigt, dass er die Tür vor uns öffnen wird, die wir selbst nicht öffnen können. Es bedeutet, mit dem Herzen zu begreifen, dass, wenn Gott schon für die Lilie und den Sperling auf dem Feld sorgt, um so mehr doch für uns, seine geliebten Kinder!

Gott kümmert sich um unser Leben, damit wir nicht selbst mit Macht unseren Überlebenskampf führen und um die Befriedigung unserer Bedürfnisse ringen müssen. Er setzt sich für uns ein, er kämpft für uns, damit wir es eben nicht müssen. Das gibt uns den Freiraum, unsere Kraft für Gottes Reich einzusetzen: *Es soll euch zuerst um Gottes Reich und Gottes Gerechtigkeit gehen, dann wird euch das Übrige alles dazugegeben (Mat 6,33 RElb).*

Die Verse beschreiben, dass wir es uns „leisten" können, unsere Kraft für Gott und sein Reich einzusetzen, weil er uns zugesagt hat, sich um alles andere zu kümmern. Für alles, was mein Leben betrifft, will er sorgen: *Deshalb sage ich euch: Macht euch keine Sorgen um das, was ihr an Essen und Trinken zum Leben und an Kleidung für euren Körper braucht. Ist das Leben nicht wichtiger als die Nahrung, und ist der Körper nicht wichtiger als die Kleidung? Seht euch die Vögel an! Sie säen nicht, sie ernten nicht, sie sammeln keine Vorräte, und euer Vater im Himmel ernährt sie doch. Seid ihr nicht viel mehr wert als sie? Wer von euch kann dadurch, dass er sich Sorgen macht, sein Leben auch nur um eine einzige Stunde verlängern? (Matt 6, 25-27 NGÜ).*

Abraham, der ja der „Vater des Glaubens" genannt wird, hatte das offensichtlich begriffen. Nur aufgrund dieser Einsicht und Haltung konnte er es sich leisten, seinen Neffen Lot das Land wählen zu lassen, auf dem dieser siedeln wollte. Er musste nicht selbst für seinen Vorteil kämpfen, denn er vertraute, dass sein Herr für ihn sorgen würde. Ruhiges Vertrauen ist das Gegenteil von Anstrengung und Kampf: *Denn so spricht der Herr, der Heilige Israels: Nur in Umkehr und Ruhe liegt eure Rettung, nur Stille und Vertrauen verleihen euch Kraft (Jes 30,15a EÜ).*

Wenn wir das wirklich begriffen haben, wird unser Leben um ein Vielfaches leichter. Eine Freundin hat das in einem ganz konkreten Fall erlebt. Als Mitglied einer Gemeinde hatte sie vor Jahren für die Zeit der großen Ferien ein konkretes kindermissionarisches Projekt auf dem Herzen, das sie gern umsetzen wollte. In der Gemeindestunde wurde dieses Anliegen diskutiert, aber der Ältestenkreis entschied sich schlussendlich dagegen. Entgegen ihrer sonstigen Reaktionsweise konnte meine Freundin ruhig und zuversichtlich bleiben. Sie wusste, dass Gott ihre beziehungsweise seine Vision durchsetzen würde, wenn er das wirklich wollte. Sie musste nicht für ihre Vorstellungen kämpfen, so wie sie es früher getan hätte. Ein Jahr später gab es ein solches Projekt ...

Mit einer solchen, inneren Haltung schreibt der Apostel Paulus an die Philipper:

Wir alle, die der Glaube an Christus zu geistlich reifen Menschen gemacht hat, wollen uns ganz auf dieses Ziel ausrichten. Und wenn eure Einstellung in dem einen oder anderen Punkt davon abweicht, wird Gott euch auch darin die nötige Klarheit schenken (Philipper 3,15 NGÜ). Er besaß die nötige Gelassenheit und das Vertrauen in Gottes Wirken, sodass er nicht ängstlich darum bemüht sein musste, die Gemeinde von seiner Lehrmeinung zu überzeugen.

Ein Bekannter von uns ist ein erfolgreicher Lokalpolitiker und zugleich bewusster Christ. In einer Supervisionssitzung, in der er seine Arbeit reflektierte, erkannte er, dass ihm eine solche Gelassenheit fehlte. Teil seines Erfolgs war es nämlich, geschickt zu agieren und Strategien zu entwickeln, um seine Widersacher auszuhebeln. Vor Ratssitzungen bereitete er sich akribisch vor, um sich gegen alle Eventualitäten zu wappnen und um seine Vorstellungen durchsetzen zu können. Er überließ nichts dem Zufall, was ihn so manchen Schlaf kostete. Im Reflektieren darüber, wie er sein Agieren mit seinem Glauben vereinbaren konnte, wurde er nachdenklich. Ihm wurde klar, dass er *seine* Sache durchsetzten wollte und noch nie danach gefragt hatte, was Gott eigentlich wollte. Wenn seine Vorhaben in Gottes Sinn waren, musste er nicht auf Biegen und Brechen selbst dafür kämpfen und andere bekämpfen, sondern darauf vertrauen, dass Gott selbst sich dafür einsetzen würde. Das Begreifen dieser Zusammenhänge, das Aussteigen aus seinen Kämpfen – Ausdruck eines neu gewonnenen Gottvertrauens – half ihm zu einer Gelassenheit im Beruf, die er als regelrechte Befreiung erlebte. Er spürte Gottes Segen in seinem Tun mehr als je zuvor.

Wo müssten Sie Ihren Kampf Gott überlassen, an dem Sie vielleicht schon lange festhalten? Reicht Ihr Vertrauen dafür?

Wir sollen zur Ruhe und zum Vertrauen gelangen. Auf dem Weg dorthin beginnt Gottes Geist mehr und mehr, unser Denken, Glauben und Meinen zu durchleuchten, um uns auf falsche Haltungen und unsere Lebenslügen hinzuweisen, die immer Misstrauen gegen Gott beinhalten, und uns davon zu reinigen.

Sogar im Angesicht von Feinden müssen wir nicht zu menschlichen Waffen greifen und zum Angriff übergehen: *Denn der Herr, euer Gott, zieht mit euch, um für euch gegen eure Feinde zu kämpfen und euch zu retten (5. Mose 20,4 EÜ).*

Erfüllt von stillem, zuversichtlichem Glauben, können wir es uns leisten, auf Gott und sein Eingreifen zu warten. Wir werden weder flüchten noch ausweichen und stattdessen unseren Platz in großer Ruhe und Selbstverständlichkeit einnehmen: *Wer glaubt, wird nicht [ängstlich] eilen (Jes 28,16 EÜ).* Erfüllt von Kraft, Liebe und Besonnenheit sind wir dort präsent, wo Gott uns hinstellt.

Bahnt eine Straße, ebnet den Weg, entfernt die Hindernisse auf dem Weg meines Volkes! Denn so spricht der Hohe und Erhabene, der ewig Thronende, dessen Name „Der Heilige" ist: Als Heiliger wohne ich in der Höhe, aber ich bin auch bei den Zerschlagenen und Bedrückten, um den Geist der Bedrückten wieder aufleben zu lassen und das Herz der Zerschlagenen neu zu beleben.

Jesaja 57,14-15 EÜ

6. Gottes Therapieplan

Wir können eine Menge dazu beitragen, an unseren Charakterschwächen zu arbeiten und Machtkämpfen in unserem Leben entgegen zu wirken. Wie oben beschrieben gibt es so manche Veränderungsschritte, die wir selbst tun können, die Gott uns nicht abnimmt, obschon er uns dabei hilft und unterstützt, Fehlhaltungen und -verhalten zu korrigieren. Er ruft uns und wir folgen ihm; er spricht und wir antworten; er stärkt unseren Willen und wir setzen um, was er uns zeigt; er öffnet Türen und wir gehen hindurch; er segnet uns und wir geben den Segen weiter. Dies ist der Prozess der Heiligung, und hierbei geht es um Teamwork: Es ist die Resonanz unserer Seele auf den Klang der Stimme des guten Hirten.

Doch dann gibt es auch Veränderungen, die nur Gott bewirken kann – und hier sind wir absolut machtlos! Wenn es um die Heilung unseres gebrochenen, zerschlagenen Herzens geht, können wir gar nichts ausrichten; wo immer es um unsere tiefsten Verwundungen geht, kommen menschliche Therapie und Beratung an ihre Grenzen. Unser krankes Herz ist der Bereich, für den wir einen Erlöser und Heiland wirklich brauchen, einen Jesus Christus, der sich um unsere Gebrechen, unsere Krankheiten und Störungen kümmert. Nur der große Herzspezialist kennt die therapeutischen Maßnahmen die notwendig sind, das Herz der Zerschlagenen zu beleben.

Die Verse aus dem Buch Jesaja führen uns auf eine wichtige Fährte, weil sie dieses grundlegende seelsorgerliche Prinzip verdeutlichen: Die Veränderung durch die Beseitigung unserer (Liebes-)Hindernisse, die wir aktiv vollziehen sollen, und die Heilung unseres verwundeten Herzens durch Jesus, müssen Hand in Hand gehen. Sie gehören zusammen wie zwei Seiten einer Münze. Dieses Prinzip finden wir in unserem Dienst und unserem eigenen Leben immer wieder bestätigt. Eins ohne das andere – Heilung ohne Heiligung, sprich aktive Veränderung – ist nicht zu haben. Veränderung unserer Gesinnung und unseres Lebensstils in der Gegenwart, im Hier und Jetzt, sind äußerst wichtig, und wir müssen uns danach ausstrecken und sie in unserem Leben umsetzen. Aber ohne Heilung unserer inneren Verletzungen aus der Vergangenheit, ohne die reale Erfahrung der herzlichen und belebenden Liebe Gottes und seiner Berührung, bleiben wir leer und unsere Liebesfähigkeit begrenzt.

Wir wollen ja lieben, wir wollen ja so gern milde und herzlich und voller Wohlwollen gegen alle Menschen sein. Aber wenn wir in der Tiefe keine Heilung erfahren, entartet unser Bemühen in ein angestrengtes Lieb-sein-Wollen, das auf unsere Mitmenschen alles andere als anziehend und nicht authentisch wirkt. Warum ist das so? Weil sich hinter unserer freundlichen Fassade die bittere Wurzel verbirgt, die stets die Folge von Verletzungen ist.

Gottes Plan dient dazu, uns zu unterstützen, die Hindernisse auf unserem Weg zu beseitigen. Darüberhinaus will er „bei uns wohnen, um unseren gebeugten Geist und unser zerschlagenes Herz zu beleben". Ihm allein, dem großen Herzspezialisten, ist dies möglich!

6.1 Grenzen der Veränderung

Indem ich mich selbst und meine Bedürfnisse besser kennenlernte und sie klarer äußern konnte, indem ich es lernte, gute Grenzen zu setzten, das Nein anderer zu respektieren und sachlicher zu reagieren, kam ich in meinem Prozess voran. Gott segnete meine Schritte hin zur Veränderung, meinen Aufbruch zur Liebe.

Es gelang mir zunehmend besser, meine Segel aus dem Wind zu nehmen, weniger angriffig und versöhnlicher zu reagieren. Viele meiner Beziehungen entspannten sich und wurden weniger kompliziert, Freundschaften vertieften sich, meine Gemeinschaftsfähigkeit wuchs. Ich machte gute Erfahrungen in puncto Klärung und Sachlichkeit, und verschiedene Menschen bescheinigten mir eine bessere Konfliktfähigkeit. Diese Entwicklung wirkte sich natürlich positiv auf mein Selbstbewusstsein aus. Ich spürte, dass ich auf dem richtigen Weg war und dass Gott mich in dieser Entwicklung unterstützte und ermutigte.

Dennoch waren diese Schritte erst der Anfang. Vor mir lag noch eine ganze Wegstrecke, die Gott zwar schon im Blick hatte, von der ich zu diesem Zeitpunkt jedoch noch nichts ahnte, denn zunächst wandte sich ja vieles zum Guten.

Nach und nach erst stieß ich in Bezug auf meine Veränderungsfähigkeit an Grenzen. Immer wieder passierte es mir zum Beispiel im Kontakt mit gewissen Frauentypen, dass ich in alte Verhaltensweisen verfiel, einer Mischung aus zornigem Aufbegehren und feigem Rückzug, die mit intensiven Gefühlen von Eingeschüchtertsein und Unterlegenheit einhergingen. Vom Kopf her ahnte ich, dass es sich bei diesen Konflikten um Übertragungen handelte, trotzdem konnte ich sie nicht zufriedenstellend lösen.

Auch an anderer Stelle merkte ich, besonders in der Auseinandersetzung mit unseren Kindern, dass mich irgendetwas immer wieder und unwiderstehlich in meine alten Verhaltensmuster zurückzog, gleich mächtiger Widerhaken, mit denen unsere Unarten offenbar versehen sind und die es uns so schwer machen, sie zu beseitigen.

Immer wieder fühlte ich mich angegriffen, reagierte mit Zorn und Empörung und fing an zu kämpfen. Dann rutschte ich in die Dynamik des Machtkampfes und in meine alte, festgefahrene Rolle, unterstellte meinen Mitmenschen unlautere Motive, sah mich ihnen ausgeliefert und unterlegen und wurde von heftigen, aggressiven Gefühlen überrollt. Es war so, wie es die christliche Psychologin Hanne Baar beschreibt: *Per Herzenshaltung „hält" man ein bestimmtes Eigenziel, auf das die zunächst unbewusste*

Motivation gerichtet ist. Stolz hat das Ziel der Selbsterhöhung. Neid hat einen anderen Aspekt (ich will auch). Dem Herzen ist sein Ziel wichtiger als Gott. Es glaubt, sterben zu müssen, wenn es dieses Ziel aufgeben soll. Wenn es diesem Ziel aber stirbt, wird es leben in Fülle. Die Namen der Haltungen sind Namen von Sünden. Sie zu kennen ist zur Orientierung wichtig. Allein schon den Namen herauszufinden, ist Hilfe. Am Namen werden die Haltungssünden aufgespießt und in die Sonne gehalten (Beichte). Haltungen von Bitterkeit, Rebellion, Dominanz, Neid, Geiz, Ablehnung, Sorge, Misstrauen, Wut, Feigheit (...) springen mitsamt ihren Qualen unter bestimmten Umständen auf bestimmte, fest umrissene Signale hin reflexhaft an. Im Fahrwasser der Haltungssünde gefangen, fühlt man sich nicht sündig, sondern im Recht. Um die eigene Haltung als Sünde zu identifizieren, bedarf es einer Entscheidung zur Wahrhaftigkeit und der Bereitschaft, auf die Stimme des Gewissens zu hören, sodass eine Überführung durch den Heiligen Geist stattfinden kann.[49]

So wie hier beschrieben, „sprangen" in besagten Situationen auf bestimmte Signale hin gewisse Reaktionen in mir „reflexhaft an"und waren danach nicht mehr zu stoppen. Entdeckte ich beim Arbeiten am Schreibtisch, dass meine Kinder mal wieder mein Lineal, das ich gerade jetzt dringend brauchte, genommen und nicht zurückgelegt hatten, dann fing ich an zu toben und war nicht mehr zu bremsen. Ein intensives Gefühl von Zorn, manchmal sogar von Hass erfasste und überflutete mich. Dass es sich hierbei um eine Überreaktion handelte, merkte ich daran, dass mein Mann in ähnlichen Situationen, obschon durchaus ärgerlich, dennoch ruhig und beherrscht bleiben konnte.

Irgendwann in einer ruhigen Minute stellte ich mir die Frage, warum ich mich nicht zusammenreißen konnte. Was ließ mich immer wieder „ausrasten"? Interessanterweise entdeckte ich beim Nachdenken, dass hinter meinem Zorn ein Gefühl stand, das ich dort nicht vermutet hatte: Angst. Meine Angst bestand in der Vorstellung, dass meine Grenzen, wenn ich mich nicht zur Wehr setzte, immer häufiger und dreister überschritten werden würden. Dies löste in mir ein Gefühl der Schutzlosigkeit und Unsicherheit, ja der Beklemmung aus. Wenn es um Herrschaftskämpfe geht, spielen diese beiden Gefühle – Angst und Zorn – eine zentrale Rolle.

Zudem erkannte ich, dass mein Ausrasten, das auf meine Wut folgte, sehr zielgerichtet war und einem bestimmten Zweck diente, nämlich die Kinder einzuschüchtern und sie damit zu veranlassen, meine Grenzen und meine „Privatsphäre Schreibtisch“ zu achten.

Obwohl ich es wirklich wollte erkannte ich nun, dass ich diese Verhaltensweisen nicht so einfach ablegen konnte. Warum? In den Ausführungen Hanne Baars fand ich schließlich eine Beschreibung, die meine Frage beantwortete: Angstwiderstand! *Das stolze, neidische Herz, das sich vom Eigenziel trennen und Gottes Willen tun will, bekommt es mit einem Angstwiderstand zu tun, der es in die Ausgangshaltung zurückdrängen will, so wie man eine Tür schlecht ganz öffnen kann, wenn jemand dahintersteht und gegendrückt. Die Angst operiert mit Erinnerungen (Bildern), und zwar mit genau den Erinnerungen, unter denen sie entstanden ist. Die Eingaben der Angst (oder des Aufwieglers) gehen direkt an das Herz, das ihnen schneller glaubt, als der Verstand protestieren könnte. Der Körper reagiert augenblicklich auf das dem Herzen Eingegebene so, als sei es real. Aus diesen Körperreaktionen erklären sich psychosomatische Störungen. Das Ziel der Liebe Gottes mit uns ist, uns in eine Haltung zu bringen, an der alle Quälimpulse sozusagen abrutschen. Das ist dann der Fall, wenn uns nichts mehr wichtiger ist als Gott. Den Quälimpulsen sind in dieser Haltung die Argumente genommen. Diese Haltung hatte Jesus. Er sagt: In mir hat Satan nichts (Johannes 14,31).*[50] Deshalb also hatte ich das Empfinden, in meinem Veränderungsprozess festzustecken. Ein innerer Widerstand drängte mich immer wieder in das Alte zurück.

Auch Fritz Künkel erläutert in seinem schon erwähnten Buch „Arbeit am Charakter“ einen Aspekt, der mir im Hinblick auf den Angstwiderstand wichtig erscheint. Er schreibt: *Wer das Leben bejaht, muss einverstanden sein, dass er das Subjekt seines eigenen Verhaltens und das Objekt aller Rückwirkungen dieses Verhaltens zu sein hat (…) Solange er Mut und Vertrauen hat, bejaht er diesen Weg mit allen seinen Voraussetzungen und Bedingun-*

gen, bejaht alle Freude des Subjektseins, obwohl er weiß, dass der Schmerz des Objektseins unausweichlich damit verbunden ist. Wer Ja sagt zu seiner Verantwortlichkeit, wird mitgerissen vom Strom des Lebens, der vorwärtseilt von Entwicklungsstufe zu Entwicklungsstufe und dessen letzte Ziele keinem Sterblichen bekannt sind. Wer aber nicht Mut und Vertrauen genug besitzt, um sich diesem Strom zu überlassen, wer also die Verantwortung ablehnt für eine Entwicklung, die er nicht gewollt hat und die er nicht kennt, der muss versuchen, sich gleichsam aus dem Strom auf ein sicheres Ufer zu retten. Er muss die Entwicklung ablehnen [...] Dies ist die Haltung des Verneiners.[51]

Künkel führt weiter aus, dass sich die Haltung des Verneiners auf unterschiedliche Weisen äußern kann: Er kann sein Objektsein verweigern, sein Subjektsein oder beides. Im ersten Fall will er sich der Misslichkeit des Objektseins dadurch entziehen, dass er selbst die Zügel in die Hand nimmt und als Tatmensch versucht, autonom und selbstbestimmt, vielleicht sogar rücksichtslos, selbstherrlich und ohne Verpflichtung durchs Leben zu gehen. Ein solcher Mensch kann leicht zum Machtmenschen werden.

Im zweiten Fall, wenn jemand nur Objekt sein will und sein gleichzeitiges Subjektsein ablehnt, wird er zum Jasager, zum widerstandslosen Vollstrecker fremden Willens oder sogar zum unterwürfigen Opfer, das sich der Macht des anderen willenlos fügt. Er verweigert sich der Verantwortung.

Beiden Typen aber ist eines gemeinsam: Sie lehnen es letztlich ab, beides zugleich zu sein: Objekt und Subjekt.

Ich erkannte mich in diesen Beschreibungen wieder. Ich entdeckte, um zu meinem Beispiel mit dem Lineal zurückzukommen, in meinem Zorn und meiner Angst, mein Aufbegehren gegen mein Objektsein, das mir durch das Verhalten meiner Kinder aufgezwungen wurde. Sie hatten für mein Empfinden meine Grenze niedergetreten, und ich hatte das zu erdulden – und das wollte ich auf keinen Fall! Ich wollte nicht Objekt sein!

Künkel beendet sein Kapitel mit folgendem Resümee: *Wer leidet, muss sich fragen, warum und in welcher Weise er dem lebendigen Wechsel des Subjekt- und Objektseins auszuweichen sucht, ob er zu sehr nur Objekt oder zu sehr Subjekt sein möchte. Und er muss den Weg zu finden trachten, auf dem er zu dem gleichmäßigen Dasein als beides zurückgelangen kann; er muss den Weg zur Verantwortung suchen.*[52]

Wenn wir diese Worte auf uns wirken lassen, dann spüren wir, dass wir uns selbst vom Leben abschneiden, wenn wir uns in der einen oder anderen Weise der notwendigen Auseinandersetzung mit der Macht verweigern. Wir sollen dazu fähig werden, in dieser Welt auf positive Weise Verantwortung zu übernehmen, das heißt, verantwortlich Macht auszuüben mit allen Konsequenzen, die daraus erwachsen mögen. Das bedeutet gleichzeitig, sich der Unsicherheit und manchmal auch Angst auszusetzen, denn wir wissen oft nicht, welche Folgen unser Handeln haben wird.

Wir müssen aber auch in der Lage und bereit sein, uns der Macht anderer zu unterstellen – auch das gehört zum Leben. Wenn die Bibel sagt, dass Jesus in allem uns Menschen gleich werden musste, so erkennen wir, dass er es auch hierin musste. Er war bereit, Subjekt und gleichzeitig Objekt zu sein. Er offenbarte seine Autorität in machtvoller Weise, sodass die Menschen staunten und die Dämonen zitterten. Doch er war auch bereit, sich den Menschen und den Finsternismächten auszuliefern, bis dahin, sich ihrem Mutwillen, Spott und Speichel auszusetzen und von ihnen ans Kreuz nageln zu lassen.

Wir wissen, dass er dies nur deshalb konnte, weil er wusste, dass ein anderer über ihn im Leben und Tod wachte und für ihn Sorge trug, nämlich sein Vater im Himmel.

Als ich mich mit diesen Dingen befasste, erkannte ich in mir eine Furcht vor beidem: die Angst vor Verantwortung, Fehlern und Misserfolg, aber auch die vor dem Ausgeliefertsein und Dominiertwerden und in alldem letztlich meine Furcht vor dem Erwachsensein. Nur zu gut erkannte ich die Richtigkeit dessen, was Leanne Payne über unsere krankhaften Gedankenmuster schreibt, die sich in dem Angstwiderstand verbergen. Sie ermutigt dazu, uns diese Denkmuster bewusst zu machen und sie Gottes heilender Gegenwart und Wahrheit auszusetzen: *Wenn wir das tun, so fangen wir an zu erkennen, wie wir an einigen dieser alten Muster festhalten und dass wir einen echten Widerstand empfinden, sie loszulassen. Wir stellen fest, dass sie in Wirklichkeit oftmals Verteidigungsmechanismen sind, mit denen wir uns gegen den Schmerz des Erwachsenwerdens, des Verletzbar- und Verantwortlichseins schützen. Zuerst merken wir nicht, wie Fr. Scanlon sagt, worum es sich eigentlich handelt – nämlich um die alten Wunden und den Versuch, der Wirklichkeit zu entkommen, Versagen zu rechtfertigen, Aufmerksamkeit und Zuneigung zu erhalten.*[53]

Als sich mir mein Angstwiderstand entgegenstellte, wurde mir bewusst, dass ich beim Wegräumen der Hindernisse in meinem Leben an meine Grenzen stieß. Ich brauchte Hilfe dabei, die so tief in mir verankerte Angst vor dem Dominiertwerden und der Grenzüberscheitung und mein Aufbegehren dagegen zu überwinden. Und ich merkte deutlich, dass ich das nicht aus eigener Kraft schaffen konnte.

Ich fand mich an diesem Punkt in dem wieder, was Henri Nouwen so anschaulich beschreibt: *Es gibt einen Ort, wo du absolut ohnmächtig bist. Du möchtest dich selbst heilen, gegen deine Versuchung ankämpfen und dich unter Kontrolle haben: doch du schaffst es nicht. Je mehr du es versuchst, desto mutloser wirst du (...) Beginn ganz einfach mit dem Eingeständnis, dass du dich nicht selbst kurieren kannst. Du musst zu deiner Ohnmacht vorbehaltlos Ja sagen, um Gott dich heilen zu lassen [...] Indem du bereit bist, deine Ohnmacht zu erfahren, beginnst du schon, dich Gottes Handeln zu überlassen.*[54]

Ja, ich erkannte meine Ohnmacht und lernte es Schritt für Schritt, auf Jesus und sein umfassendes Werk der Wiederherstellung zu vertrauen und diesem in mir Raum zu geben. Gottes Bemühungen in seinem Heilungsprozess mit mir zielten darauf ab, mich von meiner Angst zu befreien und mich zu ermutigen, mich dem Leben und den Menschen zuzuwenden und einige der bisher versäumten Entwicklungs- und Reifungsschritte nachzuholen. Dazu fehlten mir jedoch grundlegende Erfahrungen im Hinblick auf Gottes Handeln an mir und seine Liebe zu mir. Ich hatte „Gottes Wohnen“ bei mir zwar erfahren, ich hatte bei meiner bewussten Hinwendung zu Jesus den Heiligen Geist empfangen. Aber ich brauchte noch die Belebung und Heilung meines „gebeugten Geistes und zerschlagenen Herzens“ (s. Jesaja 57,15), denn zu diesem Zeitpunkt war mir überhaupt noch nicht bewusst, *dass* ich verletzt war.

Ich bin überzeugt, dass mein Aufbruch in Richtung Liebe in all seiner Begrenztheit wichtig war, dass Gott ihn würdigte und mich darin segnete. Auch wenn ich an die Grenzen meiner Veränderungsfähigkeit stieß und Rückschläge hinnehmen musste, in alte Verhaltensweisen zurückfiel – ich hatte die richtige Richtung eingeschlagen! Ich glaube, dass dies für alles Weitere, was danach geschah, eine unabdingbare Voraussetzung war.

Dass ich Gottes Wirken in meiner Gebrochenheit benötigte, wurde mir dadurch deutlich, dass ich an einem Punkt in meinem Leben in eine tiefe emotionale Krise schlitterte. Nach der beschriebenen anfänglichen Besserung meiner Verfassung, die aus meinen Veränderungsschritten und der Verbesserung meiner Beziehungsfähigkeit erwachsen war, ging es mir trotzdem emotional immer schlechter. Zu meiner depressiven Grundstimmung gesellten sich zu meinem Entsetzen noch unterschiedliche, mir bis dahin unbekannte Symptome, wie Angstzustände und, was fast noch furchtbarer war: ein Gefühl von zunehmender innerer Isolation und Einsamkeit.

Auch ich musste mich mit meiner Vergangenheit befassen, um sie nicht immer wieder aufleben lassen zu müssen.

6.2 Punkt X…

Warum spielten Machtkämpfe in meinem Leben eine solch große Rolle? Wie kam es, dass in mir der Drang mich durchzusetzen so groß war? Den entscheidenden Hinweis bekam ich durch die Bearbeitung einer meiner Kindheitserinnerungen.

Jeder von uns kennt Kindheitserlebnisse, an die wir im Laufe unseres Lebens immer mal wieder denken. In der Individualpsychologie wird diesen frühen Erinnerungen eine große Bedeutung beigemessen, und die analytische Arbeit mit ihnen ist eins ihrer wichtigsten Instrumente. Man geht dabei davon aus, dass nur die Situationen in unserem Gedächtnis bleiben, die wir im Sinne unserer Lebensgrundüberzeugungen und Ziele verwerten können. Sie helfen uns, genau so zu leben, wie wir es tun, sie liefern uns die Untermauerung dazu. Obwohl wir unzählige Erfahrungen gemacht haben, erinnern wir nur ganz bestimmte. Immer wieder zeigt es sich in der therapeutischen Arbeit, dass Klienten exakt die Kindheitserlebnisse ins Gedächtnis kommen, die in direktem Zusammenhang mit dem Problem stehen, das aktuell im Vordergrund steht.

So war es auch bei einer meiner Sitzungen während meiner Seelsorge-Ausbildung. Im Laufe der vorausgegangenen Analysestunden war ich grundlegenden Beziehungsmustern und Motiven auf die Spur gekommen. Es gab die unterschiedlichsten Situationen, die wir durchgearbeitet hatten. Nun brachte ich in diese Sitzung eine Erinnerung ein, die sich in den Wochen zuvor stark in mein Bewusstsein gedrängt hatte:

„Ich muss etwa vier Jahre alt gewesen sein. Es war ein trüber Wintertag, der Himmel bedeckt. Wir spielten draußen auf dem Grundstück unseres Kindergartens. Damals gab es noch Schnee, viel Schnee. Es war kalt, wir konnten unseren Atem sehen. Ich erinnere mich, dass meine Freundin und ich im hinteren Teil des Gartens spielten, dort, wo hohe Büsche entlang der Gartengrenze angepflanzt waren. Wir pirschten in gebückter Haltung durch die schneebedeckten Zweige, es rieselte kühl in unseren Nacken. Ich hatte mir ein Spiel ausgedacht: Himbeeren pflücken. Der Schnee waren die Himbeeren, die wir „pflückten", indem wir sie vorsichtig mit einem Finger von den Zweigen abstreiften und dann genüsslich verspeisten. Ein wunderschönes Spiel, das uns alles um uns herum vergessen ließ. Doch die Begebenheit hatte ein Nachspiel. Mittags holte meine Mutter mich vom Kindergarten ab. Sie fragte mich dies und jenes und auch, ob ich Schnee gegessen hätte? Dies hatte sie mir nämlich zuvor streng verboten. Ich erzählte ihr die Wahrheit und handelte mir natürlich eine Strafe ein."

Durch die Bearbeitung dieser Situation wurde mir bewusst, dass das Motiv meines Himbeer-Spiels letztlich Machtkampf gewesen war. Ich wollte mich von meiner Mutter nicht dominieren lassen, und ich fand einen Weg, ihr dies zu beweisen; ich hatte mich auf sehr kreative und indirekte Art und Weise dem Verbot meiner Mutter widersetzt. Die Spur dieser Thematik, mit der ich mich nun schon so lange befasst hatte, führte also zu meiner frühsten Bezugsperson – hier, bei ihr, lag offenbar der Ursprung!

Dieser Bezug war mir bis zu diesem Zeitpunkt nicht klar gewesen. Er war neu für mich und eine überraschende Spur, der ich nun nachging. Wie war eigentlich die Beziehung zu meiner Mutter gewesen, als ich noch klein war und wie hatte sie sich später entwickelt? Darüber hatte ich noch nie so recht nachgedacht. Das Himbeer-Spiel war nur die Spitze des Eisbergs, wie ich nach und nach entdeckte.

In der Regel finden wir den Beginn der Spur in unserer Herkunftsfamilie. In der Ursprungsfamilie findet sich der grundlegende Konflikt unseres Lebens, unser „Primärkonflikt" (Punkt X), der häufig unsere Beziehung zu Vater oder Mutter betrifft. Manchmal findet er sich aber auch in einer schwierigen geschwisterlichen Beziehung, wie ich es in meinem Buch „Endlich Friede mit mir selbst – Schritte zur Selbstannahme" beschrieben habe.

Für mich war es wichtig zu entdecken, dass meine Machtkampf-Problematik mit meiner Mutterbeziehung zu tun hatte. Hier lag mein primärer Konflikt, der mit meiner aktuellen Problematik in Verbindung stand, und ich stieß erst durch die Himbeer-Erinnerung darauf. Viele der Konflikte in meinem späteren Leben hatten sich nach dieser „Vorlage" wiederholt, so auch der mit meiner Kollegin, mit Rebecca oder auch meinem Mann, wenn auch nicht immer so kreativ.

Der Primärkonflikt, so Alfred Adler, führt zur Zaghaftigkeit und Entmutigung der Kinderseele. Das Selbstwertgefühl wird durch ihn erschüttert, ein Schaden, der uns dann bis ins Erwachsenenalter hinein begleitet und dazu führt, dass wir uns den anderen nicht mehr gleichwertig fühlen, also nicht mehr auf Linie A-B sind.

Es gibt im Leben eines jeden Menschen Erfahrungen, die prägende Spuren hinterlassen haben. In seinem Buch „Der Familienfluch" beschreibt Joel Covitz mögliche primäre Konflikte innerhalb der Herkunftsfamilie, die zu einem problematischen Lebensstil führen können, nicht müssen. Einige der bekannten Faktoren, die Covitz nennt, sind: überbehütende oder vernachlässigende Eltern, ein autoritärer Erziehungsstil, Armut, Doppelmoral, Inzest, Scheidung. Es gibt aber auch weniger bekannte problematische Einflüsse wie zum Beispiel eine merkwürdige Namensgebung, durch die Kinder zur Zielscheibe für Hänseleien werden.

Wenn wir in einem Gespräch oder bei Seminaren das Thema „Primärkonflikt" ansprechen, kommt es nicht selten vor, dass selbst gestandenen Männern und Frauen die Tränen in die Augen treten. Sie kommen mit einem tiefen Schmerz in Berührung. Auf einmal fallen ihnen Umstände oder Begebenheiten aus ihrer Kindheit ein, die sie vergessen oder verdrängt hatten. Oder sie stoßen auf Erinnerungen, die sie nicht vergessen hatten, die immer präsent gewesen waren, die sie aber bisher nicht als ihren primären Konflikt identifiziert hatten. Einem Mann fiel auf einmal ein, dass er als Kind die Scheune seiner Eltern in Brand gesteckt hatte – er erkannte, dass dies Geschehen in direktem Zusammenhang zu seiner schwierigen Vaterbeziehung stand (in der Scheune hatte der geliebte Oldtimer seines Vaters gestanden). Einer Frau wurde klar, dass sie die fünfte Enttäuschung ihrer Eltern gewesen war (das fünfte Mädchen), die sich einen männlichen Erben für ihren Hof gewünscht hatten. Einem anderen wurde schmerzlich bewusst, wie erbärmlich er sich als Kind neben seinem weitaus erfolgreicheren jüngeren Bruder gefühlt hatte.

Für manche liegt ihr Primärkonflikt im Dunkeln, sie kennen ihn nicht, doch ihre Symptome verraten, dass es einen solchen geben muss. In diesen Fällen müssen wir uns auf Spurensuche begeben, aber oft ist es gar nicht leicht, ihn aufzuspüren, da er häufig verdrängt wurde oder unter einer Decke von Idealisierung und Rationalisierung verborgen. In solchen Fällen bitten wir Gott um Offenbarung durch den Heiligen Geist, und wir sind immer wieder erstaunt über die Möglichkeiten Gottes, verschüttete Nöte und Erinnerungen ans Licht zu bringen.

Wir halten nichts davon, betrachten es sogar als gefährlich, psychologisch oder seelsorgerlich drängend vorzugehen, da wir wissen, dass Gott am besten weiß, was ein Mensch wann verkraften kann und wann er bereit für schmerzhafte Erkenntnisse ist.

Es kommt häufig vor, dass es bei aller Harmonie und Fürsorge in einer Familie trotzdem an grundlegenden Erfahrungen herzlicher, warmer Liebe und Emotionalität mangelt und etwas im Kind leer, unerfüllt und hungrig bleibt. Das führt im Erwachsenenalter oft zu Unzufriedenheit oder auch einer latenten Bereitschaft zur Depression und einem Gefühl innerer Einsamkeit.

Ob etwas für einen Menschen zu einem „Primärkonflikt" wird oder nicht, hängt immer von der Bewertung durch das Kind ab. Das eine bewertet und erlebt sein Einzelkind-Dasein als negativ, das andere nicht. Für ein Kind ist die Arbeitslosigkeit des Vaters ein Makel, das andere empfindet dies nicht so. Für das erste kann dies Erleben zum Primärkonflikt werden, für das andere nicht.

Natürlich gibt es Einflüsse und traumatische Erfahrungen, die sich mit hoher Wahrscheinlichkeit problematisch auf einen Menschen auswirken. Im Prinzip jedoch trägt jede noch so „neutrale" Erfahrung oder Gegebenheit das Potenzial in sich, von einem Kind so missverstanden oder bewertet zu werden, dass ihm daraus ernsthaft Schwierigkeiten erwachsen.

Damit komme ich zum nächsten Punkt, der besagt, dass der Primärkonflikt im Menschen immer ein Gefühl von Minderwertigkeit hinterlässt. Auch Situationen, an denen das Kind faktisch keine Schuld trägt, können dieses Gefühl hervorrufen. Es geschieht zum Beispiel immer wieder, dass Scheidungskinder tief in ihrem Innern Schuldgefühle hegen und unbewusst glauben, für das verantwortlich zu sein, was geschehen ist. Dies hat damit zu tun, dass wir das Bedürfnis haben, Dinge zuzuordnen, zu verstehen. Für ein Kind ist nicht nachzuvollziehen, warum der Vater die Familie verlässt. Aber es muss doch einen Grund geben! Verzweifelt versucht es zu begreifen, was passiert ist. Was liegt da näher, als sich selbst dafür verantwortlich zu machen: „Ich bin für Papa nicht wichtig genug. Ich war nicht lieb, darum ist er gegangen. Es ist meine Schuld!" So wird die schreckliche Situation zumindest verstehbar und damit eine Spur erträglicher.

Eine Freundin erzählte aus ihrer Kindheit folgende Geschichte: Immer, wenn ihr Vater sich abends nach der Arbeit aus irgendwelchen Gründen verspätete, fing ihre Mutter an, unruhig in der Wohnung hin und her zu laufen. Mit der Zeit wurde sie immer hektischer und hysterischer, rannte von einem Fenster zum anderen, um zu sehen, ob ihr Mann endlich kam. Wenn er dann immer noch nicht auftauchte, legte sie sich ins Bett und fing an zu hyperventilieren und zu stöhnen, als ob sie jeden Augenblick sterben würde. Unsere Freundin, die ältere von zwei Schwestern, war damals fünf oder sechs Jahre alt und verfolgte dieses Geschehen hilflos und voller Angst. Wenn ihre Mutter im Bett lag, brachte sie ihr einen kühlen Waschlappen – das Einzige, was ihr in dieser Situation einfiel. Trotzdem bleib in ihr das schlimme Gefühl zurück, versagt zu haben.

Kennen Sie Ihren Punkt X?

Wenden wir uns nochmals Ingo und Sara zu. Was waren die Konflikte ihrer Kindheit?

Ingo hatte eine überbordende Mutter erlebt, die seine Grenzen überschritt und ihn emotional überforderte, indem sie ihn zu ihrem Vertrauten machte. Häufig weihte sie ihn in ihre Ehe-Probleme ein und schüttete ihr Herz bei ihm aus, was in ihm ein Gefühl von Hilflosigkeit und Versagen verursachte, weil er ihr nicht wirklich helfen konnte – schmerzhafte Empfindungen, die er vollständig verdrängt hatte.

Sara hatte in ihrer kinderreichen Herkunfts-Familie erlebt, dass sie „nur eine unter vielen“ war, und dass ihre Bedürfnisse und Wünsche nicht von Bedeutung waren. Alle und alles andere waren wichtiger als sie; es gab so viele übergeordnete Probleme zu bewältigen, dass ihre dagegen geringfügig waren. Sie nahm sich also zurück, gleichzeitig war da aber ein tiefer Schmerz und ein Gefühl: „Ich bin den anderen nicht wichtig!“

Mit diesem Gepäck auf dem Rücken waren beide in ihre Ehe gegangen und erlebten wieder genau die gleiche Not ihrer Kindertage: Wiederholungszwang! Ingo fühlte sich wieder einmal bedrängt und emotional überfordert und Sara erlebte sich als Übersehene mit dem Etikett versehen: „Nicht gut genug!“.

Unsere Primärkonflikte hinterlassen bei uns einen Nachgeschmack von Versagen, Unwert, Makel, Mangel und Minderwertigkeit, und hierin kristallisiert sich unser Gebrochensein. Wenn sie nicht gelöst werden, wiederholen wir sie in unserem weiteren Leben. Unsere Vergangenheit wirkt in unsere Gegenwart hinein und macht sich dort notvoll bemerkbar. So war es auch bei Ingo und Sara. Sie bekamen es jedoch jetzt erst in den Blick, wodurch ihr aktueller Konflikt in ein neues Licht gerückt und für sie nachvollziehbar wurde, so wie in folgendem Zitat beschrieben:

In allen diesen Fällen wurde den Betroffenen klar, welchen großen Einfluss die Verletzungen der Vergangenheit auf ihr Leben in der Gegenwart haben. Problematischer ist es jedoch, wenn ein Mensch mit seinem Leben nicht klarkommt und nicht einmal weiß, warum das so ist […] Häufig ist ein Beziehungsproblem die Ursache dafür: Menschen werden in ungesunde Beziehungen hineingezogen, oder sie wiederholen unablässig ein destruktives Beziehungsmuster, ungeachtet ihrer Bemühungen, es zu durchbrechen […] Die Dinge, die, wie wir sagen würden, unserer Vergangenheit angehören, sind nach der Bibel Teil unserer Gegenwart, da aus der Perspektive der Ewigkeit alles Gegenwart ist […] Menschen haben uns wehgetan, wir haben Menschen verletzt, wir haben Schlimmes erduldet und anderen Böses angetan. Wir würden sagen: Alle diese Dinge gehören der Vergangenheit an. Aber Gott richtet den Blick von der Vergangenheit auf die ewige Gegenwart: Wie ist der Zustand deiner Seele und alles, was darin ist, jetzt? Sind deine Erfahrungen der Vergangenheit ans Licht gebracht worden? Sind sie vergeben worden? Hast du sie bereut? Hast du deine Verletzungen der Liebe und dem Licht ausgesetzt? Hast du über schmerzliche Dinge getrauert und sie verarbeitet, oder hängen sie dir immer noch nach? Wir müssen unser Leben und unsere Seele nicht als ver- gangen und gegenwärtig sehen, sondern als ewig (Cloud/Townsend[55]).

Ich komme noch einmal auf die Situation mit unserer Tochter Rebecca zurück, die ich zu Beginn dieses Buchs geschildert habe. Was hatte mich in diesem Augen-Blick so berührt, so betroffen gemacht? Es waren zwei Punkte gewesen:

Im Vordergrund hatte mein Erschrecken über mich selbst und über die Schärfe meiner Reaktion gestanden. Ich war entsetzt gewesen über meine Härte, über die Maßlosigkeit meines Zornes, der sich so völlig unkontrolliert Bahn gebrochen hatte.

Darüber hinaus war ich mit meiner eigenen Geschichte in Kontakt gekommen, mit meiner Vergangenheit. Die erschreckten Augen, in die ich geblickt hatte, waren meine eigenen gewesen, des Kindes, das ich einmal war. In diesem Moment verschmolzen Gegenwart und Vergangenheit miteinander. Es war das Erkennen einer eigenen Verletzung in Rebeccas Blick, mit der ich hier völlig überraschend in Berührung gekommen war.

Im primären Konflikt des Kindes liegt immer eine Not. Mein Primärkonflikt war ein Mutterkonflikt, dem ich durch die Himbeer-Erinnerung auf die Spur gekommen war. Gehorsam war für sie sehr wichtig: Kinder hatten zu gehorchen und zwar sofort! Sie selbst war so erzogen worden – sie war Tochter eines Offiziers – und hatte ihren Vater sehr geliebt. Sie wollte ihm gefallen, weshalb es ihr leicht fiel zu gehorchen. Da dieser Erziehungsstil für sie „normal" gewesen war, rechnete sie nicht damit, dass ich völlig anders darauf reagieren würde als sie. Sie hatte den „Drill" anders bewältigt als ich, indem sie zwar grundsätzlich gehorchte, sich aber dennoch nicht einschüchtern ließ, nicht übel nahm und es daher nicht „nötig hatte", zu rebellieren. Mich schüchterte er aber ein und ich reagierte mit Angst darauf, womit ich in dem Konflikt mit Rebecca und ihrem Blick in Kontakt kam. Meine Not bestand darin, dass ich meine Mutter als übermächtig erlebte (Punkt X), mich anpasste und mich gleichzeitig verängstigt in mich selbst zurückzog (Punkt C). Es gelang mir nicht, hinsichtlich meiner Wünsche, meiner Bedürfnisse und meines Willens mit meiner Mutter zu einer Klärung zu kommen und meine Wünsche mit ihr auszuhandeln.

Durch den aktuellen Konflikt mit Rebecca wurde mir bewusst, dass es in mir eine Verwundung gab, die ich verdrängt hatte, deren Entstehung weit zurücklag. Daher lautet eine wichtige Frage, die wir unseren Ratsuchenden oft stellen, nachdem sie uns ihr momentanes Problem geschildert haben: „Kommen Ihnen Erfahrungen dieser Art bekannt vor? Kennen Sie so etwas aus anderen Zusammenhängen?" Die Nachdenklichkeit, die danach häufig folgt, spricht Bände. Es ist, als ob wir mit dieser Frage beginnen, eine Spur zurückzuverfolgen, die weit in unsere Vergangenheit zurückreicht, oft in unsere frühe Kindheit, hin zu unserem primären Konflikt, hin zu Punkt X.

6.3 … und seine Folgen

Punkt X im Leben eines Menschen bleibt nicht ohne Folgen. Das Prinzip, das der Entwicklung eines jeden Lebensstils zugrunde liegt, besteht darin, dass wir aus der Not des Primärkonfliktes unserer Kindheit eine Tugend machen und daraus einen gewissen Gewinn ziehen. Wie muss man sich das vorstellen?

Mein primärer Konflikt bestand also darin, dass ich mit Angst auf das Verhalten meiner Mutter reagiert, mich zurückgezogen und es daher nicht gelernt hatte, mich mit ihr auf eine gesunde Weise auseinanderzusetzen. Da ich dies nicht schaffte, entwickelte ich einen Lebensstil, mit dem ich zwar äußerlich meist angepasst war und gehorchte, gleichzeitig innerlich aber rebellierte und versteckt auf indirektem Wege meinen Willen durchsetzte. Äußerliche Anpassung und innere Rebellion gehören immer zusammen. Ich verstand es, heimlich Grenzen zu überschreiten, Gehorsam zu verweigern und andere auszutricksen. Verbote forderten mich geradezu heraus, sie zu übertreten, allerdings nicht offensichtlich, eher subtil. In der Schule war ich die „Meisterin der Spickzettel", und rote Fußgängerampeln reizten mich geradezu, sie zu missachten. Auch mit Dingen focht ich Machtkämpfe aus. Stieß ich mich an einer Kante, trat ich ärgerlich dagegen – warum stellte sie sich mir auch in den Weg? Es wurmte mich wahnsinnig, wenn die Dinge nicht so liefen, wie ich mir das vorgestellt hatte. In diesem Verhalten steckte jedoch letztlich meine tief verankerte Angst vor dem Dominiertwerden, der Missachtung meines Willens, vor dem Objektsein und meinem Widerstand dagegen.

Ich machte aus meiner Not eine Tugend, aus der ich viel Gewinn zog – meine vermeintliche Überlegenheit, mein stiller Triumph (Punkt D), wenn ich anderen auf verstecktem Weg bewies – so auch meiner Mutter – dass ich mich nicht an ihre Weisungen halten würde. Die Strafe war der Preis, den ich dafür zahlte.

Hanne Baar beschreibt die Entwicklung einer solchen angepasst-aufbegehrenden Haltung: *Vielleicht gibt es auch Kinder, die – behutsam geführt – einwilligen, ohne übel zu nehmen, gehorchen, ohne aufzubegehren, mutig und aktiv bleiben, ohne zu resignieren oder zu erlahmen, freundlich bleiben ohne selbstmitleidiges Beleidigtsein und die die immer neuen „Schwellen" (Schulze-Hencke) nehmen. Wo das aber nicht gelingt, und das dürfte die Regel sein, da bilden sich auf dem Boden des Schreckens, der Angst, des Schmerzes im Charakter auf einmal oder allmählich Rebellion, Stolz, Nichtvergeben, Neid, Hass und so weiter, also Haltungen der Sünde oder, wie sie kurz genannt werden, Haltungssünden.*[56]

Ich finde Hanne Baars Formulierung „behutsam geführt" sehr schön und treffend für einen ausgewogenen Erziehungsstil, der sich bei aller Klarheit und Leitung, die für die Orientierung des Kindes wichtig sind, mit Behutsamkeit und Feinfühligkeit verbindet. Ich glaube, dass es einem Kind, wenn es diese grundlegende Haltung bei seinen Eltern wahrnimmt, leichter fällt „einzuwilligen", das heißt, sich ein- und unterzuordnen. Gehorsam mit Druck erzwingen zu wollen, halte ich für fragwürdig, er sollte vielmehr auf der Grundlage von Vertrauen wachsen. Ich weiß aber auch aus dem Umgang mit meinen eigenen Kindern, wie schwer man diese „gute Mischung" in der Erziehung hinbekommt und wie oft ich versagt habe.

Ich jedenfalls begehrte auf, ich willigte nicht ein, ohne übel zu nehmen, sondern verschloss mein Herz nicht nur vor meiner Mutter, sondern vor Menschen im Allgemeinen und begann, die Dinge mit mir allein abzumachen nach dem Motto: „Ich brauche euch nicht. Ich schaffe es auch alleine!" Das war natürlich kein bewusster Entschluss, sondern geschah völlig unbewusst. Der Vorteil einer solchen Einstellung besteht darin, dass man mit keinem etwas aushandeln muss. Was man tun will, das tut man einfach. Man stellt andere vor vollendete Tatsachen und erspart sich langatmige Diskussionen, wie im Krankenhaus-Konflikt mit meiner Kollegin. Man regelt die Dinge im Alleingang und spart damit viel „unnötigen" Zeitaufwand. Aus der Not der Einsamkeit machte ich auf diese Weise die Tugend der Autonomie und Effektivität.

Meine Entwicklung von der Not zur Tugend lief vollkommen unbewusst ab, auch wenn ich sie hier abgeklärt beschreibe. Erst durch Seelsorge und Beratung kam ich nach und nach dahinter und konnte mich so damit auseinander setzen.

Ich erlebte in meiner Kindheit einen liebevollen, gleichzeitig aber strengen Erziehungsstil – entscheidend für die Entstehung meines Lebensstils war aber *meine* Reaktion darauf, nämlich meine frühe Entscheidung, mich gegen meine Mutter aufzulehnen und mit Ungehorsam und Verweigerung auf ihr Verhalten zu reagieren. Mir gelang es nicht, zu gehorchen, ohne übel zu nehmen. Festzuhalten bleibt, dass ich als Kind keinen Weg für mich fand, meinen Konflikt mit meiner Mutter zufriedenstellend zu bewältigen.

Wir bewältigen zwar immer, wir entwickeln immer irgendwelche Bewältigungsstrategien, die Frage ist jedoch, ob das Kind damit das erreicht, was Fachleute als eine „erfolgreiche Anpassung" (Linie A-B) bezeichnen. *Eine erfolgreiche Anpassung soll sowohl die Erfordernisse der Stresssituation wie die Bedürfnisse des Individuums in ausreichendem Maße erfüllen* (Joraschky/Köhle[57]).

Dieses Zitat beinhaltet, dass ein Kind in seinen ersten Lebensjahren zwei grundlegende Aufgaben zu meistern hat:

- Individuation und
- Sozialisation.

Sozialisation bedeutet die Entwicklung zum Sozialwesen mit einem Wir-Gefühl, mit der Fähigkeit der Anpassung, der Konflikt- und Kompromissfähigkeit, also der Fähigkeit, sich in die soziale Gemeinschaft einzufügen und einzubringen.

Individuation bedeutet die Entwicklung zum unverwechselbaren Individuum mit eigenem Profil, eigenem Willen, eigenen Vorstellungen, eigenen Zielen. Individuation bedeutet auch das Wahrnehmen eigener Bedürfnisse und die Entwicklung von Strategien, dass diese erfüllt werden. Das Kind muss also einen Weg finden, eigene und fremde Bedürfnisse und Erwartungen miteinander zu vereinbaren. Diesen Balanceakt, diese erfolgreiche Anpassung, nennen wir „bezogene Individuation".

Eine Facette des primären Konfliktes (Punkt X) eines Kindes besteht in der Erfahrung, eigene und fremde Bedürfnisse nicht „unter einen Hut" zu bekommen.

Dies stellt ein ernstes Problem im Leben des Kindes dar, aufgrund dessen es möglicherweise die Hoffnung aufgibt, diese Aufgabe jemals meistern zu können. Dadurch verankern sich Resignation und Mutlosigkeit tief in ihm (Punkt C).

An die Stelle des guten Ziels der bezogenen Individuation treten dann Fehlziele, wie das Streben nach Überlegenheit oder übermäßiger Geltung, mit denen das Kind fortan versucht, sein Leben zu bewältigen, seinen Selbstwert zu erlangen und zu stabilisieren (Punkt D). So macht es aus seiner Not eine Tugend. Es zieht Vorteile aus diesem Lebensstil, zahlt aber gleichzeitig einen hohen Preis dafür.

Immer wieder taucht in Seelsorge und Beratung die Schuldfrage auf. Wer trägt die Schuld dafür, dass ein Kind versagt, sich verweigert, rebelliert? Viele Eltern laufen in dieser Hinsicht mit einem regelrechten Schuldkomplex herum. Wir finden es weitaus hilfreicher, von Zusammenspiel statt von Schuld zu sprechen. Eltern und Kinder spielen perfekt zusammen – im positiven, sowie im negativen Sinne. Dies gilt letztlich für alle Beziehungen – unsere Beziehungsmuster sind immer Ergänzungsmuster.

Wir erben zwar bestimmte Gene und werden in eine bestimmte Lebenssituation hineingeboren, aber entscheidend ist, welchen Lebensstil wir daraus kreieren. Alfred Adler hat es so formuliert, dass es weniger von Bedeutung ist, *was* jemand mit ins Leben bringt, als, was er daraus *macht*. Gott hat uns Menschen nicht als Marionetten geschaffen, sondern uns dazu bestimmt, Entscheidungen-treffende Wesen zu sein. Im Gegensatz zu allen anderen Kreaturen besitzen wir einen freien Willen, das heißt die Fähigkeit zum Wollen. Es sind gewaltige Ressourcen, über die wir Menschen verfügen, da wir nach Gottes Ebenbild geschaffen sind. In dieser Tüchtigkeit liegen für uns Vorrecht und Bürde zugleich: das Vorrecht zu schöpferischer Tätigkeit, aber auch die Bürde der Verantwortung.

Und diese Verantwortung haben und „nutzen“ wir schon von unserem ersten Atemzug an, denn die wichtigsten Entscheidungen treffen wir sehr früh in unserem Leben – natürlich unbewusst – z.B.: „Ich werde mich nie wieder öffnen und verletzen lassen!“, oder wie bei mir: „Ich werde euch beweisen, dass ich mir nichts sagen lasse!“ oder : „Ich werde nie wie mein Vater!“. Festlegungen dieser Art wurzeln in Bitterkeit, die sich häufig auf die eigenen Eltern bezieht und sich im weiteren Leben dann in allen Beziehungen niederschlägt – unsere Paarbeziehungen nicht ausgenommen:

Wir (John und Paula Sandford) *haben bei jedem Ehepaar, dem wir bislang gedient haben, von bitteren Wurzeln herrührende Urteile und Erwartungshaltungen gefunden! Urteile, die auf bittere Wurzeln zurückgehen, sind die häufigsten und grundsätzlichsten Sünden in allen ehelichen Beziehungen – ja vielleicht sogar im ganzen Leben. Diese drei einfachen Gesetze beeinflussen das ganze Leben:*

- *Unser Leben wird in allen Bereichen, in denen wir unsere Eltern tatsächlich ehren konnten, gelingen, und es wird in allen Bereichen nicht gelingen, in denen wir sie nicht ehren konnten.*
- *Wir werden in allen Lebensbereichen Schaden erleiden, in denen wir anderen Menschen Urteile zugemessen haben.*
- *Wir werden hundertprozentig ernten, was wir säen.*[58]

Ingo und Sara entdecken momentan die Hintergründe ihrer Probleme, wofür sie in ihren biografischen Rückspiegel schauen und sich mit ihrem Gewordensein befassen. Um aus ihrem Teufelskreis aus Streit, Machtkampf und Unfrieden herausfinden zu können, müssen sie sich mit ihrer Kindheit befassen, mit den bitteren Wurzeln, die dort entstanden sind, mit ihren daraus entstandenen Erwartungshaltungen, durch die sie ihre schmerzhafte Vergangenheit immer wieder aufleben lassen. Sara ist dabei, die Tiefe der Einsamkeit und des Schmerzes zu erkennen, die sie von Kindesbeinen an begleiten und sie immer wieder dazu verleiten, bei Ingo die Aufmerksamkeit und Nähe einzufordern, die sie als kleines Mädchen so sehr vermisst hat. Ingo versteht sein abwehrendes Verhalten, seine ablehnenden Reaktionen seiner Frau gegenüber als Resultat der Vereinnahmung durch seine Mutter. Nach und nach entdeckt er, wie tief seine Aversion gegenüber (vermeintlich) übergriffigem und dominanten Verhalten anderer ist und wie oft Sara dabei eine Ladung abbekommt, die eigentlich seiner Mutter „gehört". Beide sind in ihrem Prozess am Anfang, und ich hoffe, dass sie „am Ball" bleiben, damit in ihre Beziehung endlich Friede einkehren und ihre Ehe gelingen kann.

6.4 Wurzelbehandlung: Den Teufelskreis durchbrechen

Wir stellen in der Seelsorge immer wieder fest, wie schwer es für manch einen nachvollziehbar ist, dass er für die unbewussten Entscheidungen seiner Kindheit verantwortlich sein soll. Jedoch genau diese Verantwortungsübernahme ist für den seelsorgerlichen Prozess immens wichtig. Denn nur auf diese Weise können die problematischen Festlegungen, die in Enttäuschungen, Kränkungen und Verbitterungen wurzeln, ans Kreuz gebracht und revidiert werden – ein Prozess, der in der Regel erstaunliche Veränderungen hin zum Guten bewirkt. Oft haben wir miterleben können, wie wahre Teufelskreise von Bitterkeit, Streit und Unfriede durchbrochen wurden und wie Heilung und Wiederherstellung von belasteten Beziehungen, gerade auch in Ehen und Familien, geschahen.

Solche Zusammenhänge beschreiben auch John und Paula Sandford in ihrem Buch „Umgestaltung des inneren Menschen":

Wenn man hinter den Strukturen seines Wesens den Einfluss grundlegender Erfahrungen entdeckt und somit auch die Triebkräfte, von denen man heute gesteuert wird, dann hat man lediglich den ersten Schritt auf dem Weg zur Umgestaltung getan. Dann müssen wir für die Entscheidungen, die wir getroffen haben, die Verantwortung auf uns nehmen, Grundeinstellungen bekennen, mit denen wir den Unkrautsamen in unser Leben gesät haben, die ganze Angelegenheit auf Gottes Altar legen und uns ihm ohne Vorbehalte und Erklärungen ausliefern. Der Herr wird dann diese Vergebung im Herzen bewirken (1. Johannes 1,8); er wird die alte Struktur mit ihren Verhaltensmustern töten (Kolosser 3,9), uns von innen her trösten und stärken (Epheser 3,16; 2. Korinther 1,3-4; Jesaja 51,3), uns ein neues Herz schenken (Hesekiel 11,19; 36,26; Jeremia 24,7) und uns zu einem neuen Leben heranwachsen lassen (Galater 2,20).[59]

Auch ich muss und musste Verantwortung für meine Reaktionen und Festlegungen übernehmen, die ich als Kind getroffen hatte. Ich hatte übelgenommen und dadurch war eine bittere Wurzel in meinem Leben entstanden, durch die auch andere Menschen in Mitleidenschaft gezogen wurden.

Ich hatte zwar schon einiges an meinem Lebensstil verändert, aber in meinem Heilungsprozess stand ich trotzdem noch am Anfang.

Es war in der Zeit, in der es mir seelisch immer schlechter ging. Meine Mutter rief mich eines Tages an und erzählte mir von einem Traum, den sie gehabt hatte. Darin stand sie am Ufer eines Sees. Sie sah mich in den wogenden Wasserfluten untergehen und versuchte mit aller Kraft, mich herauszuziehen. Aber alle Bemühungen waren erfolglos; ihre Kraft reichte nicht aus. In ihrer Panik bemerkte sie plötzlich einen Mann neben sich, der seine Hand nach mir ausstreckte, meinen Arm ergriff und mich schließlich aus dem Wasser zog.

Meine Mutter wusste zu diesem Zeitpunkt nichts von meiner Befindlichkeit, aber ihr Traum beschrieb mit erstaunlicher Genauigkeit, wie es mir ging, so wie es auch der Psalm 18 bildhaft beschreibt: *Mich umfingen die Fesseln des Todes, mich erschreckten die Fluten des Verderbens. Die Bande der Unterwelt umstrickten mich, über mich fielen die Schlingen des Todes. In meiner Not rief ich zum Herrn und schrie zu meinem Gott. Aus seinem Heiligtum hörte er mein Rufen, mein Hilfeschrei drang an sein Ohr. […] Er griff aus der Höhe herab und fasste mich, zog mich heraus aus gewaltigen Wassern. Er entriss mich meinen mächtigen Feinden, die stärker waren als ich und mich hassten“ (Psalm 18,5-7.17.18 EÜ).*

Diese innere Vorstellung, der mich ergreifenden und rettenden Hand, war ein unglaublich starkes Bild, das mich während meines Ringens um innere Heilung begleitete.

Viele von uns besitzen die Fähigkeit, ihren inneren Schmerz über Jahre hinweg zu unterdrücken. Doch irgendwann bricht er sich Bahn. Bei vielen geschieht das, wenn sie um die vierzig sind – so war es auch bei mir.

Jeder empfindet die Krise, in die er dann gerät, anders. Bei mir war es so, dass ich von einem Gefühl innerer Beunruhigung und Isolation ergriffen wurde, das mich schier überwältigte und wie ein Strudel nach unten zog, einem Empfinden, dem ich nichts entgegenzusetzen hatte. Seitdem habe ich eine Vorstellung von dem, was die Bibel als „Scheol" bezeichnet. Es gibt Abgründe in uns, die ein Vorgeschmack der tatsächlichen Hölle sind, vor denen der Herr uns aber retten will. Da ich ja schon viel Seelsorge und Beratung in Anspruch genommen und auch viel an mir gearbeitet hatte, empfand ich eine tiefe Verzweiflung, denn ich begriff, dass mir an diesem Punkt wirklich nur noch Gott helfen konnte. Meine Möglichkeiten, das erkannte ich nur zu deutlich, waren ausgeschöpft. Interessanterweise schreibt Oswald Chambers dem Sinne nach, dass Gott uns erst dann helfen kann, wenn wir am Ende unserer Möglichkeiten angelangt sind.

Ich erinnere mich an eine Nacht, in der mich diese Empfindungen so ängstigten, dass ich das erste Mal in meinem Leben zu Jesus schrie. Danach begann ein Prozess mit verschiedenen Stationen, die Gott schon für mich vorbereitet hatte. Er hatte nur darauf gewartet, dass ich endlich erkannte, dass es Bereiche gibt, in denen nur er uns helfen kann. Im Hinblick auf unsere Lebensstiländerung gibt es viele Schritte, die wir selbst gehen müssen, im Sinne von Reifungsschritten oder auch Nachreifung. Oft sind es Gehorsams- und Glaubensschritte, die Gott uns nicht abnehmen kann und die wir selbst tun müssen. Aber wenn es um die Heilung des gebrochenen Herzens geht, dann bedarf es der Hilfe des großen Arztes.

Ein wesentlicher Schritt nach vorn geschah auf einem Seelsorgeseminar. Ich bekam damals die Adresse eines Beratungszentrums und spürte, dass ich mich dort für eine „Seelsorgewoche" anmelden sollte. Geleitet von zwei Seelsorgerinnen verbrachte ich zusammen mit einer kleinen Gruppe „Mühseliger und Beladener" eine Zeit der Intensivseelsorge, in der der Durchbruch geschah, den ich so dringend brauchte.

Zu diesem Zeitpunkt stellte ich erstmalig sehr klar die Frage, was die Wurzel meiner depressiven Abstürze war, die ich seit meiner Jugendzeit immer wieder durchlitt. Diese Frage hatte ich bis dahin noch nie wirklich gestellt. Hier hörte ich auch erstmalig den Begriff „Mutterwunde", und ich spürte deutlich, dass in diesem Begriff der Schlüssel zu meinen Problemen lag. Es gab in mir Verwundungen, und diese hatten etwas mit meiner ersten Bezugsperson zu tun. Das hatte ich zwar schon durch die Situation mit Rebecca verstanden, aber erst der Begriff „Mutterwunde" öffnete mir die Augen dafür, wie tief diese Verwundung in Wirklichkeit ging. Mir war bis zu diesem Zeitpunkt überhaupt nicht klar gewesen, dass es etwas gab, was zwischen mir und meiner Mutter stand.

Der Hinweis meiner Seelsorgerin brachte meine Problematik auf den Punkt, und er war mit der Aufforderung verknüpft: „Dorothea, du musst dich wieder umdrehen. Du musst dich den Menschen wieder zuwenden!"

Ich verstand sofort, was sie damit meinte, und ich erkannte die Notwendigkeit und die Bedeutung dieser Entscheidung. Ich war damit einverstanden, diese in einem schlichten Gebet auszusprechen, und damit revidierte ich meinen als Kind getroffenen Entschluss, zuerst meiner Mutter, dann den Menschen und dem Leben – und damit auch Gott gegenüber – innerlich dicht zu machen: „Vater im Himmel, ich erkenne, dass ich mein Herz verschlossen habe und wie hart es dadurch geworden ist. Ich bekenne dir meine Unfähigkeit, mein Herz selbst zu heilen und es wieder weich zu machen. Und nun wende ich mich an dich, ich wende mich dir zu, ich öffne mein Herz für dich und gebe dir die Erlaubnis, in mein Herz zu kommen und es mit deiner Gegenwart zu erfüllen durch Jesus Christus, meinen Herrn, und sein umfassendes Erlösungswerk. Bitte vergib mir meine Verschlossenheit, mein Misstrauen und meine Lebensverneinung und reinige mich von jeglicher bitterer Wurzel. Ich wende mich den Menschen und dem Leben wieder zu. Ich drehe mich wieder um und ich öffne mich. Bitte reinige mein Herz von aller Angst und erfülle es mit deiner Liebe! Amen."

Zunächst fühlte ich überhaupt nichts nach diesem Gebet, aber ich wusste, dass Gott es gehört hatte und darauf eingehen würde. Einige Wochen danach erlebte ich eine Zeit, in der ich nochmals stark mit meiner schmerzhaften inneren Leere in Berührung kam und erneut zu Gott rief. Da geschah es, dass Gott mein Herz mit Ruhe, Wärme und Sättigung erfüllte. Es war eine fast körperliche, intensive Erfahrung, wie ich sie noch nie zuvor gemacht hatte und auch danach nicht wieder erlebte. Ich war zu diesem Zeitpunkt schon etwa zwanzig Jahre Christ.

Es ist heilsam zu verstehen, dass Gott nicht nur und ausschließlich unsere Fehlhaltungen und Sünden im Visier hat, sondern tiefer sieht. Wir kommen leicht in die Gefahr, uns selbst zu verdammen, weil wir auf das Vordergründige schauen, aber Gott kennt alles, auch die Hintergründe unseres Gebrochenseins. Wir verstehen uns oft selbst nicht und gehen hart mit uns ins Gericht; Gott hingegen geht nicht so mit uns um, da er alles kennt, auch unsere Unfähigkeit, uns selbst zu erlösen, wie wir es bereits in 1. Johannes 3,18-22 gelesen haben. Er verurteilt und verdammt uns nicht, und wenn wir das als Geliebte und Kinder Gottes wirklich begreifen, dann setzt dies den tief in uns verwurzelten Willen zum Guten frei, der nötig ist, um Gottes Gebote zu halten, um zur Liebe fähig zu sein, sodass wir mit dem Psalmisten sagen können: *Deinen Willen zu tun, mein Gott, macht mir Freude, deine Weisung trag ich im Herzen (Psalm 40,9 EÜ).* Der innere Mensch, von dem in Römer 7,22 gesagt wird, dass er Gefallen an Gottes Geboten hat, kooperiert seiner Schöpfungsbestimmung nach mit dem Willen Gottes. Der Wille zum Guten äußert sich darin, dass wir an Gottes Liebesgeboten tief in unserem Inneren Wohlgefallen haben und ihnen zustimmen. Durch Jesu Erlösungstat, durch die er die Macht der Sünde und des Todes gebrochen hat, kommt unser inwendiger Mensch, unser wahres Selbst, zum Leben und beginnt, sich zu entfalten, sich mit Gottes Willen zu verbinden und mit ihm zusammenzuarbeiten. Diese Sicht der Dinge fand ich in weiterer Ausführung in Oswald Chambers Klassiker „Mein Äußerstes für sein Höchstes“:

Das Zutiefstliegende im Menschen ist nicht die Sünde, sondern sein Wille. […] Gottes Wille ist dein Wille, deine eigenen Entscheidungen entsprechen seinem Willen, und das Leben Gottes ist für dich so natürlich wie das Atmen. Gott ist die Quelle deines Willens; deshalb bist du imstande, Seinen Willen auszuführen [...] Glaube ich, dass der allmächtige Gott die Quelle meines Willens ist? Gott erwartet nicht nur von mir, dass ich Seinen Willen tue, sondern dass Er selbst in mir ist, um ihn zu tun.[60]

Als ich diese Zusammenhänge entdeckte und mit meinem Herzen verstand, bewirkte dies tief in mir Heilung. Endlich kam ich innerlich zur Ruhe, weil ich begriff, dass es nicht darum geht, krampfhaft Gottes Willen ergründen und ausführen zu müssen, immer im Kampf gegen mich selbst und meine Neigungen, sondern, dass mein, durch Jesus befreites, Innerstes mit Gott und seinem Willen eins *ist*. Das gab meinem Glaubensleben eine völlig neue Ausrichtung. Dort, wo ich vorher immer wieder in eine fast schon krankhafte Selbstbespiegelung geraten war (Bin ich im Willen Gottes? Ist er zufrieden mit mir? Bin ich noch auf dem rechten Weg? Liebe ich genug?), begriff ich mehr und mehr Gottes beständige Gegenwart und sein Bewirken „des Wollens und Vollbringens seines Willens" (Philipper 2,13) in mir und durch mich. Ich begriff, dass es um mein Sein beim Vater geht, mein beständiges Bleiben in innerer Verbundenheit mit ihm, und ich machte die heilsame Erfahrung, wie viel Segen, Frucht und Heilung völlig unverkrampft, fast schon „automatisch" daraus erwachsen. Wenn wir an ihm bleiben wie die Rebe am Weinstock, dann kann und wird es nicht anders sein können, als dass wir Frucht bringen und dass die Liebe, die durch uns hindurchströmt, zu anderen weiterfließt.

Gott will uns von unserer beängstigenden Vorstellung des richtenden, verurteilenden und ständig fordernden Herrschers befreien. Die Freimütigkeit, die daraus entsteht, treibt uns in seine Arme. Gottes Anspruch an das Ausmaß und die Qualität unserer Liebe ist zugegebenermaßen hoch, aber nicht die Vorstellung des richtenden und strafenden Gottes wird uns dazu befähigen, ihn zu erfüllen, sondern nur das Erkennen seiner Güte und seiner in uns wirkenden Kraft.

Ich hatte Jesus also gebeten, mir zu vergeben und mich von meinen bitteren Wurzeln zu reinigen, und wenn das geschieht, dann wird der Teufelskreis des Wiederholungszwangs, der Saat unserer Negativ-Erwartungen und der entsprechenden Ernte, durchbrochen.

Wie schon oben beschrieben: Durch unsere Negativ-Erwartungen, die mit unseren „bitteren Wurzeln“ korrespondieren (Saat), veranlassen wir andere Menschen dazu, sich entsprechend unserer pessimistischen und negativen Überzeugungen zu verhalten (Ernte). Und dadurch „verunreinigen“ wir sie, wir aktivieren sie gewissermaßen, unserer Erwartung zu entsprechen, und so entsteht der Teufelskreis.

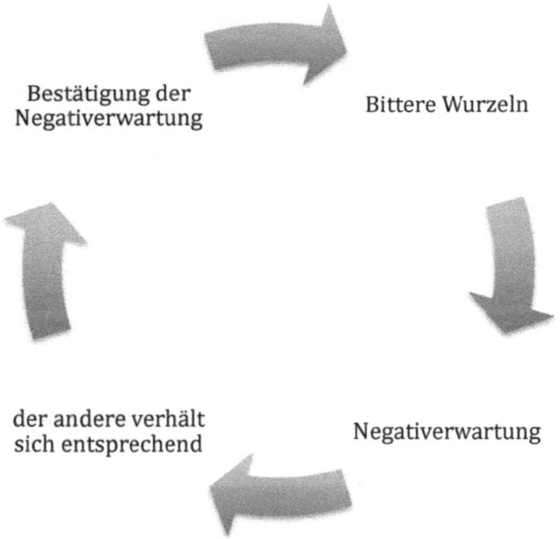

Durch mein Gebet hatte Gott nun die Möglichkeit, mich nicht nur von meiner Bitterkeit zu reinigen, sondern auch den Wiederholungszwang zu durchbrechen, die sich selbst erfüllende Prophezeiung meiner negativen Überzeugungen. Dadurch reinigte er auch meine Umgebung, indem er die Verstrickungen löste. Ich musste nicht mehr Feindschaft säen und Zwietracht ernten. Indem ich selbst Vergebung erfuhr, war ich nun bereit, selbst zu vergeben.

6.5 Vergebung und innere Heilung

Was wir als innere Heilung bezeichnen, ist im Grunde genommen – wenn es richtig verstanden und praktiziert wird – ein Vergebungsprozess. Dazu gehört allerdings weit mehr, als von vielen darunter verstanden wird. Vergebung umfasst nicht nur den Satz: „Ich vergebe dir!", womit dann alles gut ist. Nein, Vergebung ist ein Prozess, der verschiedene Phasen umfasst. Hier eine Auflistung der Schritte, die zu einem umfassenden Vergebungsprozess gehören, der unserer Erfahrung nach zu innerer Heilung führt, wobei Reihenfolge und Zeitraum für jeden Menschen unterschiedlich sein kann:

- Biografie-Arbeit: den Primärkonflikt lokalisieren
- Raus aus der Verleugnung – Gefühle zulassen
- Klagen und anklagen – das Übel benennen
- Dem Schuldiger Vergebung zusprechen – das Übel loslassen
- Den Schaden betrauern
- Gebet um Heilung der Verwundung
- Versöhnung (wenn möglich)

Jede Vergebung ist einerseits Heilsgeschehen und andererseits Beziehungsgeschehen – beides gehört zusammen. Eigentlich ist allein Gott autorisiert zu vergeben, doch aufgrund Jesu Heilstat am Kreuz von Golgatha, wo er alle Schuld getilgt und Sühnung erwirkt hat, können auch wir vergeben. Indem wir vergeben, Schritt für Schritt, geschieht Beziehungsklärung, Hindernisse werden benannt und beseitigt, sodass Liebe, die zuvor blockiert war, endlich wieder fließen kann.

6.5.1 Biografie-Arbeit: den Primärkonflikt lokalisieren

Am Anfang des Prozesses steht die Auseinandersetzung mit der eigenen Biografie. Hierdurch bekommen Menschen oftmals erstmalig Zugang zu ihrem primären Konflikt (Punkt X).

Wir sind überrascht, wie viele Teilnehmer und Teilnehmerinnen sich angesprochen fühlen, wenn wir über das Thema „Mutterwunde" und „Vaterwunde" sprechen. Auch bei den Familienaufstellungen, mit denen wir arbeiten, wird deutlich, wie viele Menschen im Kontakt zu ihren Eltern Verletzungen erlitten haben. Es gibt Erfahrungen, die zu einer grundlegenden Beziehungsstörung führten, sodass sich diese Menschen schon in ihrer frühen Kindheit innerlich von Vater und/oder Mutter fortbewegt und zurückgezogen haben. Sie haben ihnen gegenüber dicht gemacht. Viele von ihnen erklären mit voller Überzeugung, in bereinigten Beziehungen zu leben, mit allen Menschen ausgesöhnt, auch mit ihren Eltern – und sind doch zutiefst verletzt, ohne es zu wissen.

Innere Verletzungen ziehen – wie schon erwähnt – immer eine verborgene Verbitterung nach sich. Da diese Empfindungen in unserer Kindheit, zum Zeitpunkt der Verwundung, jedoch zu bedrohlich waren, haben wir sie in der Regel verdrängt. So hatte auch ich keinerlei Zugang zu meiner Empörung und Bitterkeit meiner Mutter gegenüber, sowie meinem Schmerz. Ich hätte schwören können, dass unsere Beziehung völlig in Ordnung war. Hätte man mich gefragt, ob ich eine gute Mutterbeziehung habe, ich hätte überzeugt mit Ja geantwortet. Wenn wir uns trafen, spürte ich nichts von irgendeinem Konflikt – so sehr war er in mir verschüttet!

Wie können wir denn nun unseren verdrängten Gefühlen auf die Spur kommen? Es sind unsere Überreaktionen, die uns einen Hinweis geben können, so wie mein Toben, wenn sich unsere Kinder an meinem Lineal vergriffen hatten oder in meinem Konflikt mit Rebeccas Lehrerin. Dort kam ich in Kontakt mit meinem Zorn auf meine Mutter, den ich vollständig verdrängt hatte. Jeder von uns kennt diese Situationen, in denen etwas in uns in Wallung gerät und Gefühle von abgrundtiefem Hass, ohnmächtiger Wut, tiefstem Enttäuscht- und Gekränktsein für uns selbst und andere völlig unerwartet aus uns hervorbrechen wie aus einem Vulkan, der schon lange zuvor unterirdisch gebrodelt hatte. Wir sollten aufmerken, wenn wir solche Reaktionen bei uns entdecken.

Es geht im Rahmen der Biografie-Arbeit und der Suche nach dem primären Konflikt im Leben eines Menschen um drei Schritte, die Erwin Scharrer, langjähriger Chefarzt in der Klinik Hohe Mark, in seinem Buch „Heilung des Unbewussten", beschreibt:

- Vergegenwärtigung: Die erlittene Verwundung wird wiedererinnert und die eigene Biografie rekonstruiert, bis der Betroffene zugeben kann: „Ja, an diesem Punkt bin ich wirklich verletzt. Dieser Mensch, diese Situation hat mich verletzt!"
- Vergewisserung: Erinnerungen werden zugelassen und wiederholt durchgesprochen u.a. mit dem Ziel, sich selbst zu vergewissern: „Ja, diese Dinge sind wirklich geschehen! Ich habe richtig wahrgenommen!" Hierbei handelt es sich um Wiederholungsarbeit.
- Verinnerlichung: Die Verletzung soll nicht nur rational, sondern auch emotional erfasst werden. Erfahrenes soll nachempfunden werden, der Schmerz darf sein.[61]

Es war ein schwieriger Prozess, mich meinem Verletztsein zu stellen. Dazu brauchte ich therapeutische Hilfe. Zunächst musste ich die Erfahrungen mit meiner Mutter orten und benennen, die mich befremdet und eingeschüchtert hatten. Dies war umso schwieriger, als ich Verhaltensweisen, die mich selbst als Kind verletzt hatten, als Erwachsene idealisiert und in der Erziehung meiner eigenen Kinder übernommen hatte. Im Kern war es der Drill und die Strenge, die mir als Kleinkind nicht „bekommen" waren, die mich erschreckt und verschüchtert hatten und mich verbittern ließen. Ich brauchte in dieser Phase jemanden, der mich in meiner Wahrnehmung bestätigte, der mir zusprach, dass dies ernstzunehmende Verwundungen waren und dass mein Schmerz „berechtigt" war.

Oft habe ich mir die Frage gestellt, warum ich so lange gebraucht habe, meinen Konflikt mit meiner Mutter zu erkennen und mit ihr zu klären. Vielleicht lag es daran, dass die Distanz, die durch das Zulassen des Verdrängten zunächst einmal entsteht, zu schmerzhaft und unerträglich für mich gewesen wäre, insbesondere angesichts der Tatsache, dass ich sowieso schon unter einer inneren Einsamkeit litt. Auch war da etwas in mir, das sich davor scheute, dies alles zu erkennen und danach unter Zugzwang zu stehen, meine Mutter zu konfrontieren und sie durch meine Eröffnung zu kränken, ein typisches Verhalten für Menschen, die zur Koabhängigkeit neigen: Man schont den anderen auf Kosten seiner selbst.

Auch wenn meine Mutter mich liebte und nicht bewusst verletzten wollte, hatte ich ihr Verhalten als zu bestimmend und insistierend erlebt. Mich hatte es eingeschüchtert und verletzt, und es war wichtig, mir dies einzugestehen. Allein schon die Tatsache, dass ich mir meine Empfindungen, meine Klage, gestattete, war heilsam für mich. Es gab einen Grund für meine psychische Befindlichkeit, und ich konnte ihn endlich benennen! Es gab Dinge, die mich verwundet hatten, und ich durfte verletzt sein und musste es nicht länger leugnen. Meine Traurigkeit und meine Einsamkeitsgefühle, meine depressiven Abstürze und meine Zornausbrüche hatten einen Grund.

Sobald wir mit unserem primären Konflikt in Berührung gekommen sind, ihn identifiziert und in den Blick bekommen haben, stellen sich oftmals auch die damit verbundenen, primären Gefühle nach und nach ein.

6.5.2 Raus aus der Verleugnung – Gefühle zulassen

Vergegenwärtigung, Vergewisserung und Verinnerlichung bringen es in der Regel mit sich, dass wir zu unseren verletzenden Erfahrungen auch emotionalen Zugang bekommen. Viele Klienten, die in dieser Phase ihres Heilungsprozesses endlich mit ihren ursprünglichen, verdrängten Gefühlen von Schmerz, Zorn, Enttäuschung und Hass in Berührung kommen, sind erschrocken darüber sind, mit welcher Wucht sie hervorbrechen. Doch aus seelsorgerlicher und therapeutischer Sicht ist gerade dieses Spüren und Zulassen der schmerzlichen, und gerade auch der aggressiven Gefühle, ein großer Schritt nach vorn, da er ein Ehrlichwerden vor sich selbst und anderen bedeutet. Das Gewahrwerden von Bitterkeit und Wut mag zunächst erschrecken, ist aber letztlich befreiend und für die Heilung förderlich, weil sie sich nun nicht mehr gegen die eigene Person richten können. Nur allzu viele Krankheiten entstehen durch diese, gegen sich selbst gerichteten, Aggressionen. Man hat das Übel angenommen, und nun richtet es sich gegen den eigenen Leib und die eigene Seele.

Manchmal kommen wir in diesem notwendigen Prozess mit seltsamen, bedrückenden Gefühlen in Kontakt, die sehr diffus und beängstigend sein können. Während ich diese Phase durchlitt, wurde ich immer wieder durch irrationale Gefühle bedrängt, von denen Prozesse innerer Heilung häufig begleitet sind, ein Gemenge aus Angst, Schmerz und Trauer. Ich lernte, sie „ins Kreuz fließen" zu lassen, im Blick auf Jesu Werk, das er dort für uns vollbracht hat. Diese „Übung" musste ich an manchen Tagen mehrmals vollziehen, und mit der Zeit verschwanden diese beängstigenden Empfindungen mehr und mehr.

Während dieser Zeit „verschlang" ich die Bücher von Leanne Payne „Verändernde Gegenwart" und „Heilende Gegenwart". Ich las sie wie Lehrbücher und setzte ihre hilfreichen Anregungen sofort in die Tat um, wodurch sie mir im Hinblick auf meinen Heilungsprozess von unschätzbarem Wert waren. Ihre guten Gedanken wurden für mich zu einer Anleitung zum Heilwerden. Durch sie lernte ich, was das „Praktizieren der Gegenwart Gottes" bedeutet und wie ich es in mein Leben integrieren kann, wodurch „Gottes Wohnen bei uns" für mich erfahrbar wurde. Ich lernte es so, beständig in Gottes Gegenwart zu bleiben und mich nicht durch meine Gefühle irritieren, blockieren und von Gott wegdrängen zu lassen. So konnte ich meinen Prozess der Wiederherstellung *mit* Gott und nicht getrennt von ihm durchleben. Denn nur auf diese Weise können Tränentäler dieser Art für uns zu einem Quellort werden (Psalm 84,7), zu einer unseren Geist immer neu belebenden Quelle.

Leanne Payne beschreibt die Wichtigkeit der Ermunterung für Menschen, die sich in schmerzhaften Prozessen befinden: *Es ist entscheidend, dass der Christ, der Heilung braucht, die Gegenwart Christi in sich erkennt und praktiziert. Er muss wissen und daran erinnert werden, dass sein Geist „eingegottet" ist: Er ist und bleibt der „heile" Ort in ihm, während jener Teil seiner Seele, der Heilung braucht, ins Licht kommt und Heilung empfängt. Je verletzter die Person ist, umso nötiger ist es, dass sie versteht und immer wieder bekräftigt, dass Christus in ihr lebt. So kann beispielsweise ein Christ, der für schweren Missbrauch oder Defizite irgendeiner Art emotionale Heilung erfährt, unglaubliche Schmerzen und Verwirrung in seiner Seele durchleben. Wenn er nicht um den Unter-*

schied zwischen seiner Seele und seinem Geist weiß, dann kann das zur Verzweiflung führen […] All das ändert sich in dem Moment, wo wir den Betreffenden an den Punkt bringen, an dem er still bejaht: „Ein anderer lebt in mir. Mein Geist ist eins mit seinem. Das ist der Ort in mir, der heil ist. Alles andere in und um mich herum ist in Aufruhr, aber ich kann jetzt zuversichtlich dastehen und zusehen, wie Gott diesen verletzten Teil in mir heilt.[62]

Charles de Foucault hat einmal gesagt, wenn der Herr uns in die Wüste führt, müssen wir aufpassen, dass wir nicht zu früh wieder herauskommen. Das fällt gar nicht so leicht, denn eine Wüste ist nun mal kein Wohlfühlort, und ein Tränental ist es auch nicht: *Sie werden düstere Zeiten durchmachen, in denen es den Anschein hat, als sei Ihr Verhalten noch immer außer Kontrolle. Es wird Zeiten geben, in denen Sie Gott infrage stellen werden. Aber Gott wirkt noch immer tief in Ihrem Inneren und verändert Sie. Wie der Landwirt Samen ausstreut und zunächst nicht sieht, wie er unterirdisch keimt, merken Sie nicht immer, wie Gott Sie verändert. Aber tun Sie weiterhin Ihren Teil dazu, und lassen Sie Gott tief in Ihrem Innern wirken. Wenn sich in Ihrem Leben eine Zeit lang nichts tut, so kann das einfach bedeuten, dass im Augenblick eine besonders wichtige und tiefe Heilung in Ihrem Innern vorgeht. Hüten Sie sich vor Menschen, die Gottes langsames, unsichtbares Werk in Ihnen nicht als Wachstum ansehen. Hüten Sie sich vor dem Versprechen einer schnellen Wiederherstellung, für die keine Demut, kein Glaube und keine Geduld nötig sind – Zeichen für wahre geistliche Reife* (Cloud/Townsend[63]).

Das Orten und Benennen unserer Verletzung, das Zulassen aller damit verbundenen Gefühle, ist die Basis für Klage und Anklage, die von großer Bedeutung für den Vergebungsprozess sind.

6.5.3 Klagen und anklagen – das Übel benennen

Ein wichtiger seelsorgerlich-therapeutischer Grundsatz lautet: Ohne Anklage keine Vergebung! Wir können erst vergeben, nachdem wir angeklagt haben, denn wenn es nichts zum Anklagen gäbe, wäre schließlich keine Vergebung notwendig.

Manchmal ist es nicht möglich, direkt und unter vier Augen mit dem Menschen eine Aussprache zu haben, der an uns objektiv schuldig geworden ist oder dessen Verhalten für unser subjektives Empfinden verletzend war. In diesen Fällen können die Anklage und die Schritte der Vergebung allein oder zusammen mit einem Seelsorger vollzogen werden.

Ich bin nicht der Meinung, dass es in jedem Fall ratsam ist, mit dem An-uns-schuldig-Gewordenen oder demjenigen, gegen den in unserem Herzen eine Anklage ist, eine direkte Klärung anzustreben (sofern dies überhaupt möglich ist). Es gibt auch Umstände, wo das nicht angebracht ist, und ich kenne Menschen, die Klagen und Anklagen in der Seelsorge und allein vor und mit Gott vollzogen haben, ohne den betreffenden Menschen selbst zu konfrontieren. Dennoch ist es wichtig, diesen Schritt, sofern möglich, möglichst konkret mit dem betroffenen Menschen persönlich zu tun.

Wenn ich hier von Anklage spreche, so muss ich das an dieser Stelle näher erklären. Denn bei dem, was jemand als verletzend erlebt hat, geht es ja immer um seine subjektive Bewertung. Nicht immer liegt eine faktische Schuld des anderen vor, wie dies zum Beispiel bei Misshandlungen oder Missbrauch eindeutig der Fall ist. Dazu kommt noch ein anderer Aspekt: Ein Ereignis, das bei einem zum primären Konflikt wird, durchlebt ein anderer unbeschadet. So hinterließ der gleiche Erziehungsstil, der mir nicht gut bekommen war, bei meiner Mutter in ihrer Kindheit keine Spuren.

Das Anklagen war allerdings aufgrund der Tatsache schwer für mich, dass meine Eltern mich von Herzen liebten, fürsorglich mit mir umgegangen waren und ich mir daher undankbar und ungerecht vorkam. Wie kann man Eltern anklagen, die alles erdenklich Gute für einen getan haben und tun? Ohne die Unterstützung und Bestätigung meiner Seelsorgerin wäre dieser Schritt für mich nicht möglich gewesen. Sie musste mir zusprechen und versichern: „Ja, du hast gute Eltern, aber das bedeutet nicht, dass sie fehlerlos sind. Es gibt Dinge, die dir nicht gut getan haben und wo sie an dir schuldig geworden sind. Du bist zurecht verletzt! Du nimmst richtig wahr!“ Für mich war es von Bedeutung, als sie mir erklärte, dass ein Erziehungsstil, der in erster Linie vernunftgesteuert ist, wie es bei einem Drill nun mal der Fall ist, für ein

Kind sehr verletzend sein kann. Hier fehlen die Behutsamkeit und die Milde, die es dem Kind leichter machen, aufgrund von Vertrauen zu gehorchen. Auch eine nüchtern-sachliche Bestrafung sei kränkend. Eine Strafe, die aus einem Affekt heraus geschehe, sei für das Kind oft leichter anzunehmen, als eine Bestrafung, die rein kopfgesteuert „durchgeführt" werde. Diese Erklärungen waren für mich wichtig und nachvollziehbar und halfen mir, meine Reaktionen als Kind und meine aktuellen Schwierigkeiten besser zu verstehen.

Wie häufig hören wir in der Beratung: „Meine Eltern haben es doch nur gut gemeint." Oder: „Sie konnten doch gar nicht anders handeln, sie hatten doch selbst eine schwierige Kindheit und keine guten Vorbilder!" Das sagt unser Kopf – unser Herz aber sagt etwas anderes. Unser Herz ist verletzt, auch wenn unser Kopf ihm das oft nicht gestatten will. Die Anklage kann sich also sowohl auf objektiv nachweisbare, wie auch auf subjektiv empfundene Schuld beziehen, wobei beides voneinander zu trennen oft sehr schwer ist. Einerseits differenziere ich hier, andererseits ist der Umgang mit beidem an dieser Stelle der gleiche.

Es geht darum, sich selbst und dem anderen gegenüber sein Verletztsein, die Klage, einzugestehen und das damit verbundene Übelnehmen – die bittere Wurzel – ans Licht zu bringen. Anklage in dem hier vertretenen Sinne ist nicht das Gleiche wie Schuldzuweisung, sondern ein wichtiger Schritt im Prozess der Vergebung, die immer etwas mit Beziehungsklärung zu tun hat. Sie konfrontiert den anderen damit, dass ich sein Verhalten als verletzend und als nicht richtig empfunden habe und, dass unsere Beziehung dadurch einen Bruch erlitten hat. Daher ist es wichtig, die Anklage in Form von einer Ichbotschaft zur Sprache bringen, die lauten könnten: „Ich habe dein Verhalten als grenzüberschreitend und verletzend empfunden!" Eine schroffe Konfrontation wie: „Ich klage dich an! Du hast mich verletzt!", verhindert dagegen einen notwendigen und eventuell möglichen Dialog, weil sich der andere in die Täterrolle gedrängt fühlt. Und manchmal führt die dadurch angestoßene Klärung durchaus dazu, dass auch wir unsere Anteile am Konflikt erkennen müssen.

Das Ermöglichen des Klagens und der Anklage ist in der Seelsorge von enormer Wichtigkeit. Schon mehrmals habe ich mit Ratsuchenden erlebt, die in dem Moment „abtauchen“, als sie ihre Klage im Gebet vor Gott aussprechen sollten: Sie fingen an zu hyperventilieren, sie zitterten, sie konnten ihre Anklage nicht über die Lippen bringen. Ich glaube, dass neben psychologischen Faktoren in diesen Fällen manchmal auch Finsternismächte am Werk sein können, die verhindern wollen, dass reale Schuld und Verbitterung beim Namen genannt werden. Diese Mächte scheuen das Licht und wollen verhindern, dass alle Verbitterung, Sünde und Schuld ans Licht der heilsamen Gnade Gottes kommen und Befreiung geschieht.

Solange wir unsere Vorwürfe und Klagen mit uns selbst abmachen, geben wir dem anderen keine Chance, an uns heranzukommen – wirkliche Beziehung ist so nicht möglich. In dem Moment aber, indem wir ihm unsere Klage vorlegen, beginnen wir, uns ihm wieder zuzuwenden. Wir geben ihm Einblick in unser Herz und in das, was und geschmerzt hat; wir teilen ihm das mit, was so lange zwischen uns stand. Das heißt, dass wir in diesem Moment die Beziehung wieder aufnehmen, die vorher unterbrochen war.

Die bloße Vorstellung, meine Mutter anklagen zu sollen, war allerdings unerträglich für mich. Allein schon durch das gedankliche „Durchspielen“, wie es sein könnte, meiner Mutter von meiner inneren Distanz, meinem Verletztsein und meiner Ablehnung zu erzählen, kam ich mit einem starken inneren Schmerz in Berührung; es war so, als zöge sich in mir alles zusammen. Lieber den Schein äußerer Harmonie und Gemeinschaft wahren, als der Tatsache meiner gestörten Mutterbeziehung und meiner inneren Entfremdung zusammen mit ihr ins Auge sehen zu müssen. Mir war der Gedanke schrecklich, ihr enthüllen zu müssen, wie ich in Wirklichkeit zu ihr stand, und sie damit zu enttäuschen.

Doch je mehr ich darüber nachdachte und betete, desto deutlicher wurde mir, dass ich genau dies tun musste. Die Klage war bereits in mir präsent, nun musste ich auch anklagen. Anzuklagen kann unglaublich schwer sein. Jedoch war gerade dieser

Schritt der Anfang, mich zunächst meiner Mutter, und damit auch den Menschen im Allgemeinen, wieder zuzuwenden.

Ich bin dankbar, dass meine Mutter noch lebt und zudem auch Christin ist – eine hilfreiche Voraussetzung für meine Klärung mit ihr. Zunächst formulierte ich meine Gedanken in einem Brief an sie, um mich danach mit ihr zu einem Gespräch zu treffen. Ein solches Vorgehen kann ausgesprochen sinnvoll sein, da wir so unsere Gedanken betend sortieren und zu Papier bringen und dadurch ungeschickte Formulierungen verhindern können.

Meine Anklage vor meiner Mutter auszubreiten war der erste Schritt heraus aus meiner Fehlhaltung, meiner Defensivdistanz, jener Mischung aus Rebellion und ängstlichem Sich-zurück-Ziehen. Als ich mit meiner Mutter über das zu reden begann, was ich zeit meines Lebens in mir verschlossen hatte, nahm ich meine Beziehung zu meiner Mutter wieder auf, die in meiner Kindheit unterbrochen worden war. In fast jeder Familienaufstellung, mit denen mein Mann Rolf arbeitet, geht es neben anderen Themen um die Beziehungsaufnahme einer, als Kind unterbrochenen, Hinbewegung zu Vater und/oder Mutter: *Die Gründe für die Unterbrechung der Hinbewegung zu einer primär besonders wichtigen Person wie Mutter und/oder Vater sind vielfältig und müssen unterschieden werden. (…) Wo eine Hinbewegung (z.B. des Kindes zur Mutter) unterbrochen wurde, geht es, wie z.B. im Sinne des Gestaltszyklus, während der Familienaufstellung um eine Wiederaufnahme beziehungsweise um ein „Zuendebringen" der Beziehungsbewegung.*[64]

Durch meine Aussprache mit meiner Mutter verließ ich meine Position des unreifen Kleinkindes und nahm meine Rolle als erwachsene Tochter ein. Ich verließ meine verkrümmte Haltung, begann mich aufzurichten und kam mit ihr auf Augenhöhe – ein wichtiger Schritt der Nachreifung.

Einiges von dem, was ich als verletzend empfunden hatte und nun ihr gegenüber aussprach, konnte sie nachvollziehen, anderes wiederum nicht. Das war für mich in Ordnung, denn der Anspruch an den anderen ist überhöht, alles in der Tiefe zu verstehen, was in uns vorgeht. Jedoch für mich war es wichtig, diese Dinge endlich auszusprechen, denn so kam es zu einer Lösung meines primären Konfliktes. Dadurch konnte wiederum der

Wiederholungzwang in meinem Leben durchbrochen werden. Es war der Beginn eines längeren Prozesses, in dem ich es z.B. lernte, mich mit dominant wirkenden Frauen oder anderen Menschen nicht in versteckte Machtkämpfe zu verstricken, sondern Probleme in direkter, offener Weise zu klären.

Dazu Hanne Baar: *Dominante Reglementierung weder übel zu nehmen noch sich von ihr einschüchtern zu lassen, scheint die Tugend zu sein, die heute gefragt ist. Andernfalls nimmt man immer wieder das (per Übelnehmen), infiziert sich mit Dominanz oder mit der Angst vor ihr und erntet damit – bei sich oder anderen – Rebellion.*[65]

Ein Kind liebt seine Eltern, egal, was diese ihm antun. Es ist Teil des Seelsorgeprozesses, den Schutt von Versagen und Lieblosigkeit fortzuschaffen, der diese elementare Liebe erstickt hat, und es dem Leidenden so zu ermöglichen, diese verschütteten liebevollen Gefühle neu zu entdecken und zu spüren. Klagen und Anklagen sind wichtige Schritte auf diesem Weg.

6.5.4 Dem Schuldiger Vergebung zusprechen – das Übel loslassen

Die Zeiträume, die zwischen dem Bewusstwerden der Klage, dem Anklagen und dem Zuspruch von Vergebung liegen, können bei jedem sehr unterschiedlich sein. Der Vergebungsprozess benötigt seine Zeit und oft viel Zeit. Wir sollten Gott darum bitten, uns für alle Schritte die nötige Bereitschaft, Weisheit und das richtige „Timing“ zu schenken.

Vergebung bedeutet, das Übel, das wir „genommen“ haben und das uns an unseren Schuldiger bindet, loszulassen. Es ist das Übel, das der andere uns angetan hat und das wir erinnernd immer und immer wieder in unserem Herzen aufleben lassen und damit kultivieren mitsamt aller dunklen Gedanken und Gefühle. Es ist das Übel unserer Enttäuschung, Empörung und Verbitterung, unserer Rachegelüste, unserer hartnäckigen Forderung auf Wiedergutmachung. Wir entlassen den anderen in die Freiheit, wir nehmen das Joch unserer Erwartung, unserer Ansprüche von ihm. *Anzuklagen, auf Ausgleich zu pochen oder Rache zu üben, sind Versuche, Gerechtigkeit wiederherzustellen. Doch das wird immer scheitern, denn hundertprozentige Gerechtigkeit ist eine Illusion. (...) Vergebung ist eine Maßnahme, die außerhalb des Gerechtigkeitssystems steht. Vergebung ist nicht gerecht. Vergebung ist ein Geschenk. (...) Vergebung ist im Kern der freiwillige Verzicht auf Ausgleich. Man verzichtet darauf, die Ansprüche, die man an andere noch stellt, erfüllt zu bekommen* (Kerstin Hack[66]).

Ohne diese „Lossprechung" bleiben wir in negativem Sinne an den gebunden, dessen Verhalten uns verletzt hat.

Wie gut ist es, wenn wir das Übel dann gemeinsam ans Kreuz tragen können, an den Ort, wo es unschädlich gemacht wird! Gott sei Dank konnte ich das zusammen mit meiner Mutter tun. Sie bat mich um Vergebung für ihr Verhalten, und ich bat sie um Verzeihung für mein Übelnehmen und meinen Rückzug von ihr. Danach sprachen wir uns gegenseitig die Vergebung zu, wozu wir als Christen durch unseren Herrn autorisiert sind.

Nach unserem Gespräch war ich noch nicht sofort in der Lage, meine Distanz zu meiner Mutter aufzugeben. Ich brauchte Zeit, dass sich die Bereitschaft dazu in mir entwickeln konnte, und es ist wichtig, dass wir uns nicht selbst überfordern.

Gleichzeitig spürte ich, dass in der Beziehung zwischen meiner Mutter und mir etwas Neues entstehen sollte, von dem ich zunächst nur eine vage Vorstellung hatte. Denn was ist eine „normale" Mutter-Tochter-Beziehung? Aber der Anfang war gemacht und Gott führte mich Schritt für Schritt auf neues Terrain. Ich durfte erleben, wie mein Herz meiner Mutter gegenüber nach und nach weich und dankbar wurde. Erst, wenn sich unser Herz öffnet, können wir das Gute empfangen, das andere uns schenken möchten. So erlebte ich mehr und mehr, wie viel Wärme und Liebe meine Mutter mir zu geben hat, wovon ich vorher abgeschnitten war. Ich darf dieses Gute an- und in mich aufnehmen und werde dadurch reichlich gesegnet!

Zudem lernte ich, meine Mutter mehr an dem Anteil haben zu lassen, was mich bewegte, ich gab ihr Einblicke in mein Herz. Dadurch erfuhr ich auch, was in ihr vorging und worüber sie sich Gedanken machte, wodurch sich unser Austausch wiederum vertiefte und unsere Vertrautheit wuchs.

Gleichzeitig lernte ich, meiner Mutter mitzuteilen, wenn mir ihr Verhalten nicht gefiel und mich mit ihr auseinander zu setzen; ich lernte, ihr als erwachsene Tochter auf Augenhöhe zu begegnen. Es ist ein Geschenk, mit meiner Mutter in einer versöhnten Beziehung zu leben, ohne die Schatten der Vergangenheit – es ist wirklich etwas Neues entstanden! Ich schreibe im Präsens, da meine Mutter noch lebt und sie mir die Erlaubnis dazu gegeben hat.

6.5.5 Den Schaden betrauern

Unsere Probleme haben immer einen Grund, und es ist wichtig, ihn zu kennen. Dort, wo ich meine Traurigkeit früher oft nicht zuordnen konnte, wusste ich jetzt, worüber ich traurig war. Daher konnte ich nun alles, was mir Schmerz verursacht hatte, die belastete Beziehung zu meiner Mutter mitsamt dem Schaden und dem Mangel, die daraus entstanden waren, bewusst betrauern. Ich konnte meine Trauerarbeit „zielgerichtet" bewältigen und ich nahm mir Zeit dafür, indem ich viel mit mir und Gott allein war.

Nachdem ich beim Entdecken meines primären Konfliktes schon mit verdrängten Gefühlen in Berührung kam, schloss sich nun noch einmal eine Phase intensiver Gefühle an, und zwar der Trauer:

Du wurdest auf verschiedene Weise verwundet. Je mehr du dich dafür öffnest, geheilt zu werden, desto deutlicher siehst du, wie tief deine Wunden sind. Du wirst vielleicht bald den Mut verlieren, wenn du bei jeder Wunde, die du entdeckst, auf eine andere stößt. Deine Suche nach wirklicher Heilung wird eine schmerzhafte Suche sein. Noch viele Tränen werden fließen müssen. Die große Herausforderung liegt darin, dass du deine Wunden durchleben musst, statt sie zu durchdenken. Es ist besser, laut zu schreien, als vor Angst zu zittern, besser, deine Wunden tief zu spüren, als sie zu verstehen, besser, sie in dein Schweigen aufzunehmen, als über sie zu reden. Du hast die Wahl, deine Verletzungen entweder in deinen Kopf oder in dein Herz zu nehmen […] Du musst deine Wunden in dein Herz eingehen lassen. Dann kannst du sie durchleben und dabei feststellen, dass sie dich nicht zerstören. Dein Herz ist größer als deine Wunden (Henri Nouwen[67]).

Wir müssen unseren Schmerz betrauern. Und dafür benötigen wir Zeit und Ruhe. Wir brauchen Raum, die Trauer über den Verlust, die Enttäuschung, den Mangel, die Demütigung, die verpassten Chancen und das, was wir nie gehabt haben und doch so gern gehabt hätten, nochmals zu durchleben, zu spüren, um dann damit abschließen zu können. Trauern bedeutet, dem Schmerz in sich Raum zu geben. Er darf da sein und wir dürfen ihn auch fühlen.

In dieser Zeit zog ich mich von vielen Aktivitäten und Kontakten bewusst zurück. Ich war viel allein, las in der Bibel oder guter, geistlicher Lektüre, betete oder saß einfach nur da. Manchmal stand ich am Fenster und schaute stundenlang hinaus ins Grüne und erlebte den Wechsel der Jahreszeiten. Die Dauer eines solchen Prozesses ist sehr unterschiedlich. Bei mir dauerte er viele Monate, insgesamt wohl ein bis zwei Jahre.

„Mit der Botschaft vom Kreuz ist es nämlich so: In den Augen derer, die verloren gehen, ist sie etwas völlig Unsinniges; für uns aber, die wir gerettet werden, ist sie ‚der Inbegriff von' Gottes Kraft" (1. Korinther 1,18 NGÜ). Durch Gottes Kraft, die sich in Christi Leiden und Sterben, in seiner Auferstehung und in Pfingsten geoffenbart hat, können wir Heilung und Erneuerung erfahren. Wir dürfen die vollständige Erlösung in aller Demut für uns in Anspruch nehmen. Mein Gebet ist es regelmäßig: „Herr, bitte lass dein umfassendes Werk von Karfreitag, Ostern und Pfingsten in meinem Leben wirksam werden!"

Während Menschwerdung und Kreuz von der Weisheit dieser Welt ignoriert werden, sind wir Christen töricht genug, den von der Jungfrau geborenen Christus zu verkündigen, der schließlich ans Kreuz genagelt wurde. Wenn wir daran festhalten, sehen wir, wie sich Schleusen öffnen und Gottes Weisheit und seine erlösende, heilende Kraft in unser Leben und in das Leben derer fließen, die auf ihn blicken. Ich empfinde immer wieder Ehrfurcht über die Einfachheit und das Ausmaß geistlicher und psychischer Heilung, die dann geschehen, wenn wir einen auffordern, mit den Augen seines Herzens auf den gekreuzigten Christus zu blicken (Leanne Payne[68]).

Ja, es gibt einen Ort, an dem unser aufgewühltes Herz zur Ruhe kommen kann – das Kreuz Jesu, das mächtigste aller Symbole, das Gottes Erlösungswerk für diese seine Schöpfung darstellt.

Das Leben in Gottes Gegenwart soll zu einer immerwährenden Zwiesprache mit ihm werden, was ungemein förderlich für unser Heilwerden ist. Dies ist das „innere Gebet", über das Henri Nouwen schreibt und das mit dem hörenden Gebet eng verwandt ist: *Das Herzensgebet [...] gleicht tatsächlich einem murmelnden Bach, der unter den vielen Wellen des Alltags immerfort weiterfließt und uns die Möglichkeit erschließt, in der Welt zu leben, ohne von ihr zu sein, und uns mitten aus unserem Alleinsein zu unserem Gott auszustrecken [...] Ohne Unterlass zu beten, wie Paulus verlangt, wäre ganz unmöglich, wenn es bedeutete, ständig an Gott zu denken [...] Es bedeutet vielmehr, in der Gegenwart Gottes zu denken und zu leben [...] Wenn wir also unser unablässiges Denken in unablässiges Gebet verwandeln, gelangen wir von einem um uns selbst kreisenden Monolog zu einem in Gott ruhenden Dialog [...] Aber diese Umwandlung von unablässigem Denken in unablässiges Gebet ist alles andere als leicht. Es besteht eine tief sitzende Abneigung, uns so verwundbar, so nackt, so völlig ungeschützt auszuliefern. Wir möchten Gott durchaus lieben und anbeten, aber wir möchten auch in uns eine kleine Nische freihalten, wo wir uns verstecken und unsere geheimen Gedanken denken können [...] Beten heißt in erster Linie: in der Gegenwart Gottes nichts zu tun; heißt: nicht nützlich sein und sich daran erinnern, das alles Wichtige im Leben durch Gott geschieht.*[69]

Durch diese ununterbrochene Gemeinschaft mit dem Herrn fließt Trost in unser wundes Herz in Zeiten der Trauer. Ich übte dieses fortwährende Verbundensein mit Gott ein, indem ich mich immer wieder während des Tages innerlich mit ihm verband. Auch nachts, wenn ich wach lag, oder morgens, sobald ich erwachte, machte ich es mir mehr und mehr zur Gewohnheit, meine Gedanken nicht auf meine Pläne, Vorhaben und Sorgen zu lenken, sondern sofort auf Gott: „Danke, Vater, du bist hier! Danke, dass ich nicht ohne dich sein muss, du wohnst in mir. Ich liebe dich, danke für deine beständige Gegenwart." Daher verwendet Leanne Payne in Anlehnung an Bruder Lorenz den ungewöhnlichen Begriff „Einüben in die Gegenwart Gottes". Gottes Gegenwart ist da, aber sie „nützt" uns nichts, wenn wir sie uns nicht bewusst machen, wenn wir sie nicht „anwenden". Wir sind gefordert, uns seine Gegenwart zueigen zu machen, was gerade in Zeiten der Trauer und des Schmerzes von ungeheurem Nutzen ist.

So sollen wir uns Gottes Wohnen in uns immer wieder bewusst machen, die Gegenwart seines Leben spendenden Geistes in uns, der das Gebeugte in uns aufrichtet.

6.5.6 Heilsames Gebet

Wir brauchen einander, um heil werden zu können. Ich weiß um die Wirksamkeit meiner Gebete, die ich allein im stillen Kämmerchen vor meinen Gott bringe und habe schon viele erstaunliche Gebetserhörungen erlebt. Aber als es um die Heilung meines verwundeten Herzens ging, brauchte ich Geschwister, die für mich beteten, ganz besonders in Zeiten der Verzweiflung, in denen ich mir kaum noch Hoffnung auf Heilung machte. So wie körperliche Wunden eine Wundbehandlung brauchen, um verheilen zu können, ist es auch mit den seelischen. Das Therapeutikum für eine verwundete Seele ist das Gebet. *Gebet und Segnung sind nicht „schmückendes Beiwerk", um zu schönem religiösen Erfahrungen zu verhelfen. Sie sind grundlegender Bestandteil unseres Dienstes und Quelle der Entfaltung des Heiligen Geistes, der Liebe Gottes und damit Erkenntnis und Quelle seiner heilsamen und heilenden Zuwendung zu den Menschen* (Rolf Gersdorf[70]).

Ich weiß nicht, warum wir hier so sehr auf das Gebet anderer angewiesen sind, aber schon im Jakobusbrief wird auf diese Zusammenhänge hingewiesen: *Ist jemand von euch krank? Dann bitte er die Ältesten der Gemeinde zu sich, damit sie für ihn beten und ihn im Namen des Herrn mit Öl salben. Ihr Gebet, im Glauben gesprochen, wird dem Kranken Rettung bringen, der Herr wird ihn seine Hilfe erfahren lassen. Und wenn er Sünden begangen hat, wird ihm vergeben werden. Darum bekennt einander eure Sünden und betet füreinander, damit ihr geheilt werdet. Das Gebet eines Menschen, der sich nach Gottes Willen richtet, ist wirkungsvoll und bringt viel zustande (Jakobus 5,14-16 NGÜ).*

Beim Gebet um innere Heilung vertrauen wir uns dem Bruder, der Schwester an. Zusammen gehen wir an den Ort zurück, an dem wir begonnen haben, uns zurückzuziehen und zu verschließen, an den Ort unserer Verletzung und unseres ursprünglichen Schmerzes. Wir werden wieder zu dem Kind, das wir einst waren, als wir die falsche Richtung eingeschlagen haben, nämlich in die Einsamkeit.

Schon dieser Akt des Sichanvertrauens bedeutet eine neue Bewegungsrichtung, nämlich heraus aus der Isolation. Wenn wir es uns gestatten, uns als hemmungslos schluchzendes Kind in die Arme eines anderen zu werfen und uns von ihm halten und trösten zu lassen, wenn wir endlich bereit werden, unsere so mühsam aufrechterhaltene Selbstbeherrschung aufzugeben, dann können wir heil werden. Ein schwerer Weg? Ja! Alles in uns sträubt sich dagegen. Unsere Scham und unser Stolz bilden eine mächtige Festung um unser Herz, aber Gott selbst wird einen Schutzraum für uns bereitstellen, in dem sie nach und nach fallen kann. Denn dies ist nötig, um wieder empfangen zu können, um bereit zu werden, sich lieben zu lassen, von Gott und von Menschen. Wenn unser Angstwiderstand und die Mauern, die wir um unser Herz aufgerichtet haben, anfangen zu bröckeln und durchlässig zu werden, dann kann endlich das zu uns durchdringen, was wir so nötig brauchen: Liebe. Wir fangen an, die Signale der Zuneigung und Wertschätzung anderer vielleicht erstmalig wahrzunehmen und sie zunächst zaghaft und später immer mutiger anzunehmen und sogar zu genießen. Unser gebrochenes Selbst kann dadurch heilen, Selbstzweifel und Minderwertigkeitsgefühle können verschwinden, unsere innere Leere kann mit Gutem und Nahrhaftem ausgefüllt und unsere Seele gesättigt werden.

„Du sollst rund und satt werden" – das hatte Gott mir versprochen, und er machte seine Verheißung wahr. So in meinem Innern gestärkt, konnte ich mein krampfhaftes Streben nach Überlegenheit und Geltung endlich aufgeben. Ich brauchte es nicht mehr, es war überflüssig geworden. Wenn wir es erfahren, dass sich unsere Seelen mit anderen in Freundschaft und Liebe verbinden können, so wie bei David und Jonathan, können wir auf Überlegenheit verzichten. Wir können sogar dem anderen den

Vorrang geben, wie Jonathan, der den Anspruch auf sein Königtum zugunsten seines Freundes aufgab.

Als ich bereit wurde, mich in meinem Schmerz von Menschen halten und trösten zu lassen, bekam ich eine Vorstellung von Gottes zärtlicher Liebe und Behutsamkeit.

Viele Christen haben Probleme, Gott zu erfahren. Ein Grund dafür kann darin liegen, dass Gott Menschen gebraucht, um uns zu zeigen und konkret spüren zu lassen, was es bedeutet, geliebt zu werden. Wenn wir diese jedoch auf Abstand halten, kann Gottes Liebe uns nicht erreichen. Wir brauchen Berührung, körperliche Berührung und Herzensberührung. Wir sind Menschen aus Fleisch und Blut, und als solche benötigen wir es, berührt zu werden.

„Wie eine Mutter ihren Sohn tröstet, so tröste ich euch“, sagt Gott zu seinem Volk (Jesaja 66,13a Luther). Eine Mutter tröstet durch Umarmung. Unser einsames, verzagtes Herz braucht dringend Trost und göttliche sowie menschliche Nähe, und Gott weiß das. Daher nennt Paulus ihn auch den „Gott allen Trostes“ (2. Korinther 1,3), und Jesus nennt den Heiligen Geist „den Tröster“ (Johannes 14,16 LÜ). Wir brauchen Liebe, die uns hält wie eine Mutter ihr Kind.

Körperliche Nähe zu vermitteln stellt häufig eine große Unterstützung dar, wenn wir für die Heilung innerer Verletzungen beten. Wir können zwar den Mangel der Kindheit nicht mit menschlichen Mitteln rückwirkend ausfüllen, aber wir können einen Weg dafür bahnen, dass Menschen dazu fähig werden, in ihren aktuellen Beziehungen in einer empfangenden Haltung zu leben, weil sie durch das tröstende, heilsame Gebet anderer mit Gott selbst in Berührung gekommen sind. Und nur so finden sie den Weg, wie ihre Bedürfnisse nach Gemeinschaft, Identität und Handlungsfähigkeit endlich erfüllt werden können, die Gott in sie hinein gelegt hat.

Das Gebet um innere Heilung kann sehr unterschiedliche Aspekte haben: die Heilung der inneren Verwundungen; das Ausfüllen der inneren Leere mit Gottes Liebe; das Vermitteln eines Daseinsempfindens, das bei schweren psychischen Störungen häufig fehlt, da das Sich-seiner-selbst-bewusst-Sein in der Kindheit oft durch Mangel an emotionaler Zuwendung nicht ausreichend entwickelt werden konnte; die Reinigung von Sünde und dem Bösen, das uns angetan wurde; das Lösen von Bindungen an Dinge oder Zwangshandlungen und von Verstrickungen mit bestimmten Menschen.

Leanne Payne schreibt über das Heilungsgebet: *Ich schreibe das, um deutlich zu machen, dass wir vollständig von Gott abhängig sein müssen. In unserem Eifer, anderen zu helfen, können wir dem in die Quere geraten, was Gott tun will. Andererseits findet Gott oftmals durch die allergewöhnlichsten Gesten menschlicher Liebe und Berührung einen Weg zu dem Leidenden. Durch diese kleinen Dinge kommen die Kraft der Liebe Christi und die volle Wirkung seines Kreuzes zum Tragen, um die kaputte Seele zu erlösen [...] Christen, die die Gabe des Heilungsgebets haben, müssen um die Weisheit, die Erkenntnis und die Ausgeglichenheit beten, die hier nötig sind. Sie müssen selbst reif sein und in der Reife Christi weiterwachsen. Sie müssen ihr ganzes Vertrauen auf Ihn setzen und völlig von Ihm abhängig sein. Wir kennen und preisen Seine Treue und Seine Güte. Andernfalls stehen wir in der Gefahr, unweise Schritte in dem Versuch zu tun, dem anderen aus seinem Schmerz zu helfen, einem Schmerz, der in solchen Fällen Teil der Heilung ist [...] Wenn wir wissen, dass das Werk nicht unser ist, sondern Gottes, hängen Besserung und Heilung der Person nicht von uns ab.*[71]

In diesem langen Prozess hatte ich neben einer erfahrenen Seelsorgerin einen treuen, einfühlsamen Begleiter, meinen Mann. Ich kann nur staunen über all seine Geduld und Nachsicht, mit der er beständig an meiner Seite war, mir zuhörte, mich ermutigte und tröstete, für mich betete, denn auch er hat so manche „Ladung" von mir abbekommen. Durch seine unbeirrbare Liebe erfuhr ich Gottes unbeirrbare Liebe zu mir.

Irgendwann gab er mir den Hinweis, mich mit dem Hohen Lied der Liebe zu befassen, der wohl stärksten Beschreibung der leidenschaftlichen Liebe Gottes zu seinem Volk, die die Heilige Schrift zu bieten hat. Ich kam dem nach, allerdings zunächst mit Zögern aufgrund der geballten Erotik der Verse. (Zu diesem Zeitpunkt war mir Erotisches noch eher suspekt, da nicht kontrollierbar.) Nach und nach fand ich jedoch Gefallen an diesem Buch, half es mir doch, mit meinem Herzen zu begreifen, wie sehr Gott seine Gemeinde liebt – und auch mich. Diese Erfahrung war die Grundlage dafür, dass ich selbst lernte zu lieben. Wir Menschen werden zur Liebe nur dadurch befähigt, dass wir uns zuvor lieben lassen.

Nach und nach lernte ich es, die liebevolle Stimme Gottes von den vielen anderen mich umgebenden Stimmen zu unterscheiden, und ich notierte seine Worte in mein Tagebuch. Immer wieder empfing ich durch andere Christen und Freunde, mit denen ich betete, den Zuspruch und die Zusagen von Gott, die ich so dringend benötigte. Gerade in dunklen Zeiten las ich diese Verheißungen immer und immer wieder nach und verinnerlichte sie auf diese Weise. Sie waren dadurch ständig in mir präsent und wirkten sich in meinem Innern heilsam und reinigend aus.

6.5.7 Versöhnung

Vergebung ist mit Gottes Hilfe möglich, Versöhnung hingegen ist es nicht immer. Es kommt so manches Mal vor, dass der Schuldner weder Vergebung noch Versöhnung annimmt, weil er sich nicht schuldig fühlt und von sich aus auch keinen Kontakt möchte – das müssen wir akzeptieren. Mit unserer Vergebung haben wir jedenfalls unseren Teil getan, von uns aus steht dann nichts mehr zwischen uns und der Person. Was der andere daraus macht oder auch nicht, liegt nicht mehr in unserer Hand – dies ist dann nicht mehr unsere Verantwortung.

Andersherum fordert Gott uns manchmal dazu auf, einem Menschen zwar zu vergeben, danach aber trotzdem keinen näheren Kontakt zu ihm zu pflegen. Es gibt Menschen, vor denen Gott uns schützen will, Menschen, die uns nicht guttun. Wichtig ist es, sehr genau zu prüfen, zu wem wir Kontakt haben sollen und zu wem nicht. Ich kann einem Menschen grundsätzlich zugewandt sein, trotzdem muss ich mich nicht mit ihm befreunden oder mit ihm zusammenarbeiten. Es ist ein falsches Verständnis christlicher Liebe, zu meinen, dass wir uns jedem Menschen gegenüber öffnen müssen, der Kontakt zu uns sucht, sei er Christ oder Nichtchrist – viel Unheil und Schaden ist dadurch schon in das Leben von Christen gekommen! Wenn uns unser natürliches Empfinden dazu leitet, einem Menschen gegenüber auf Abstand zu gehen, dann sollten wir unsere Wahrnehmung ernst nehmen. Und das kann sogar Familienangehörige betreffen.

Zwischen meiner Mutter und mir waren, Gott sei Dank, Vergebung und Versöhnung möglich. Durch alle beschriebenen Schritte wurde der alte, nicht geklärte Konflikt geklärt, ein nicht vollendetes Lebensthema kam in mir und auf der Beziehungsebene zum Abschluss. Eine noch offene „Gestalt" schließt sich in diesem Moment, wie es die Gestalttherapie bezeichnet, Friede kehrt ein.

Die göttlichen Dinge kommen unbemerkt ins Herz hinein. Gott macht es in deinem Herzen durch seinen Geist, und dann kommt es von selbst aus dir heraus wir der Atem.
Christoph Blumhardt

7. Ausblick

Während meiner Trauer-Phase habe ich mich manchmal gefragt, wann sie endlich beendet sein würde. Doch schließlich kam der Zeitpunkt, wo der Herr mich aus dem Tränental heraus führte. Es waren Verse aus dem Hohen Lied, die zu mir sprachen, dass der Winter vorbei und die Trauerarbeit geleistet war:

Der Geliebte spricht zu mir: Steh auf, meine Freundin, meine Schöne, so komm doch! Denn vorbei ist der Winter, verrauscht der Regen. Auf der Flur erscheinen die Blumen; die Zeit zum Singen ist da. Die Stimme der Turteltaube ist zu hören in unserem Land. Am Feigenbaum reifen die ersten Früchte; die blühenden Reben duften. Steh auf, meine Freundin, meine Schöne, so komm doch! (Hohelied 2,10-13 EÜ).

Wenn die grundlegenden Konflikte unseres Lebens bearbeitet und geheilt wurden, dann zieht das in der Regel erstaunliche Veränderungen nach sich. Eine Behandlung unserer bitteren Wurzeln wirkt sich aus bis in die Äste und Zweige unseres Lebensbaumes, und so können unsere Früchte endlich gut werden. Wir können endlich das hervorbringen, wozu Gott uns berufen hat und was die Bibel als „Frucht des Geistes" bezeichnet: *Die Frucht des Geistes aber ist Liebe, Freude, Friede, Langmut, Freundlichkeit, Güte, Treue, Sanftmut und Selbstbeherrschung (Galater 5,22.23a EÜ).* All die hier genannten Eigenschaften sind Ausprägungen der Liebe: freudige, friedvolle, geduldige, gütige und treue Liebe.

Viel Neues ist danach geschehen, das Tränental verwandelte sich tatsächlich in einen Quellort. Auf den Winter folgte der Frühling…

Es geschah an einem grauen Tag in der kalten Jahreszeit: Ich hatte gerade meine Küchenfenster geputzt und freute mich über die glänzend sauberen Scheiben und auch darüber, dass ich diese Arbeit, die ich schon so lange vor mir hergeschoben hatte, endlich erledigt hatte. Kurz darauf hörte ich einen dumpfen Aufprall am Fenster, und als ich mich erschrocken umdrehte, entdeckte ich eine unerfreuliche, schmierige Spur: Ein Schneeball rutschte in Zeitlupe die Glasscheibe hinab! Ich sah den treffsicheren Schützen gerade noch verschwinden. Am nächsten Tag bat ich die betreffende Mutter, ihrem Sprössling gefälligst ins Gewissen zu reden – die Spur hatte ich inzwischen entfernt. Verhalten grinste mich die Frau an und gab mir durch die Blume zu verstehen, dass ich mich nicht so anstellen solle.

Bald darauf wiederholte sich das Gleiche und ein dicker Schneeklumpen verunstaltete mein spiegelnd glänzendes Fenster. In mir brodelte es! Was tun? Der Frau werde ich kräftig Bescheid sagen, sie soll gefälligst dafür sorgen, dass die Schmiererei weg kommt, dachte ich! Dieser Lümmel! Warum bewirft er nicht das eigene Fenster? Spätestens dann wird seine Mutter aktiv, so grummelte es in mir, und mein Ärger wuchs. Das lasse ich mir nicht bieten! Wir werden schon sehen, wer sich durchsetzt!

Doch plötzlich war es, als würde ein Schalter in mir umgelegt, und ich hörte mich zu mir selbst sprechen: „Nein, das wirst du nicht tun! Du wirst deinen Lappen nehmen und den Schmier beseitigen. Und wenn er dein Fenster wieder beschmeißt, wirst du den Dreck wieder wegwischen. Kein Machtkampf! Du wirst es nicht übel nehmen –, es ist okay so."

Voller Erstaunen nahm ich wahr, wie diese Worte mein Herz augenblicklich mit Frieden erfüllten; aller Groll und alle Empörung waren verschwunden. Das alte Aufbegehren war durchbrochen. Und was geschah dann? Danach war Ruhe, die Attacken hörten auf, keine Schneebälle mehr …

Offenbar gibt es Entscheidungen, die, sobald wir sie treffen, eine Veränderung in der sichtbaren und wohl auch der unsichtbaren Welt hervorrufen. Mir war damals klar, dass es nicht meine eigene Anstrengung gewesen war, die das zustande gebracht hatte. Nein, es waren Gottes Freundlichkeit und der Friede Christi, die sich durchgesetzt hatten!

8. Anhang

8.1 Anmerkungen

[1] Maldonado, Guillermo: Das Königreich der Kraft, Solingen 2015, S. 57
[2] Ebd., S. 16
[3] Cantalamessa, Raniero: Komm, Schöpfer Geist, Freiburg im Breisgau 2007, S. 232.233
[4] Payne, Leanne: Dich will ich hören, Herr, Asslar 2004, S. 62
[5] Maldonado, Guillermo: Das Königreich der Kraft, Solingen 2015, S. 16
[6] Watchman Nee: Sitze, wandle, stehe, Berneck Schwengler, 1980, S. 44
[7] Schleske, Martin: Der Klang, München 2010, S. 159
[8] Haley, Jay: Gemeinsamer Nenner Interaktion, München 1978, S. 22f
[9] Schmid, Wilhelm: Die Liebe atmen lassen, Berlin 2010, S. 352
[10] Carretto, Carlo: Wo der Dornbusch brennt, Freiburg 1973, S. 94
[11] Yancey, Philip: Der unbekannte Jesus, Wuppertal 1997, S. 80f
[12] Schleske, Martin: Der Klang, München 2010, S. 33
[13] Dreikurs, Rudolf: Grundbegriffe der Individualpsychologie, Stuttgart 1989, S. 70
[14] Ruthe, Reinhold: Typen und Temperamente – Die vier Persönlichkeitsstrukturen, Moers 1993, S. 25
[15] Goeudevert, Daniel: Wie Gott in Deutschland, Berlin 2004, S. 82f
[16] Dreikurs, Rudolf: Grundbegriffe der Individualpsychologie, Stuttgart 1989, S. 30
[17] Hilliard, Russell/Gasser, Walter: Homosexualität verstehen, Zürich
[18] Brunner, Reinhard/Titze, Michael (Hrsg.): Wörterbuch der Individualpsychologie, München 1995, S. 149

[19] Riemann, Fritz: Grundformen der Angst, München 1991, S. 10.15
[20] Dreikurs, Rudolf: Grundbegriffe der Individualpsychologie, Stuttgart 1989, S. 60.70
[21] Schulz von Thun, Friedemann: Miteinander reden, Hamburg, S. 45
[22] Ian Stewart/Vann Jones: Die Transaktionsanalyse, Freiburg 1990, S. 131ff
[23] Payne, Leanne: Dich will ich hören, Herr, Asslar 2004, S. 196
[24] Payne, Leanne: Dich will ich hören, Herr, Asslar 2004, S. 201
[25] Zitiert bei: Frische, Reinhard, in: Aufatmen 3/99, S. 49
[26] Antoine de Saint Exupéry: Der kleine Prinz, Düsseldorf 2000, S. 16
[27] Stern, David: Das jüdische neue Testament, Holzgerlingen 2000
[28] Carretto, Carlo: Wo der Dornbusch brennt, Freiburg 1973, S. 46f
[29] Baar, Hanne: Gott macht das Krumme gerade, Rottendorf 1994, S. 58
[30] Carretto, Carlo: Wo der Dornbusch brennt, Freiburg 1973, S. 82f
[31] Bonhoeffer, Dietrich: Gemeinsames Leben, Gütersloh 1993, S. 96
[32] Schleske, Martin: Der Klang: Vom unerhörten Sinn des Lebens, München 2010, S. 130
[33] Payne, Leanne: Dich will ich hören, Herr, Asslar 2004, S. 77
[34] Rosenberg, Marschall B.: Gewaltfreie Kommunikation, Paderborn 2010, S. 166
[35] Nouwen, Henri: Die innere Stimme der Liebe, Freiburg 2003, S. 25
[36] Chambers, Oswald: Mein Äußerstes für sein Höchstes, Bern 1978, S. 193
[37] Chapman, Gary: Die fünf Sprachen der Liebe, Marburg 1994
[38] Payne, Leanne: Dich will ich hören, Herr. Asslar 2004, S. 150
[39] Gersdorf, Rolf: Versöhnt mit gestern, Witten 2012, S. 57
[40] Mark Galli, in: Christianity Today
[41] Hinz, Rüdiger/Wittmann, Simone: Soziale Kompetenz kann man lernen. Basel 2010. S. 63

[42] Hinz, Rüdiger/Wittmann, Simone: Soziale Kompetenz kann man lernen. Basel 2010. S. 66)
[43] Gersdorf, Dorothea: Starten statt warten, Lüdenscheid 2013, S. 135.136
[44] Gersdorf, Dorothea: Starten statt warten, Lüdenscheid 2013, S. 136
[45] Nouwen, Henri: Die innere Stimme der Liebe, Freiburg 2003, S. 77
[46] Ohmer, Haim/von Schlippe, Arist: Autorität ohne Gewalt, Göttingen 2004, S. 50
[47] Ohmer, Haim/von Schlippe, Arist: Autorität ohne Gewalt, Göttingen 2004. S. 57
[48] Dreikurs, Rudolf: Grundbegriffe der Individualpsychologie, Stuttgart 1989, S. 93
[49] Baar, Hanne: Gott macht das Krumme gerade, Rottendorf 1994, S. 14f
[50] Baar, Hanne: Gott macht das Krumme gerade, Rottendorf 1994, S. 34
[51] Künkel, Fritz: Die Arbeit am Charakter. Konstanz 1974. S. 11ff
[52] Künkel, Fritz: Die Arbeit am Charakter, Konstanz 1974, S. 17
[53] Payne, Leanne: Verändernde Gegenwart, Lüdenscheid 1998, S. 34
[54] Nouwen, Henri: Die innere Stimme der Liebe, Freiburg 2003, S. 43
[55] Cloud/Townsend: Fromme Lügen, die wir glauben, Asslar 1998, S. 91ff
[56] Baar, Hanne: Gott macht das Krumme gerade, Rottendorf 1994, S. 58
[57] Joraschky/Köhle: Maladaption und Krankheitsmanifestation, München/Wien/Baltimore 1979, S. 189
[58] Sandford, John und Paula: Durch bittere Wurzeln bedingte Urteile und Erwartungshaltungen, Lüdenscheid 2008, Seite 9
[59] Sandford, John und Paula: Die Umgestaltung des inneren Menschen, Lüdenscheid 2000, S. 153
[60] Chambers, Oswald: Mein Äußerstes für sein Höchstes, Bern 1978, S. 193
[61] Scharrer, Erwin: Heilung des Unbewussten, Marburg, 1995, S. 79.80

[62] Payne, Leanne: Verändernde Gegenwart, Lüdenscheid 1998, S. 95f

[63] Cloud/Townsend: Fromme Lügen, die wir glauben, Asslar 1998, S. 63

[64] Gersdorf, Rolf: Versöhnt mit gestern, Witten 2012, S. 173

[65] Baar, Hanne: Die Namen meiner Feinde, Rottendorf 1996, S. 111

[66] Hack, Kerstin: Vergeben lernen, Selbitz 2011, S. 11.12

[67] Nouwen, Henri: Die innere Stimme der Liebe, Freiburg 2003. S. 114

[68] Payne, Leanne: Heilende Gegenwart, Neukirchen-Vluyn 1994, S. 30

[69] Nouwen, Henri: a.a.O., S. 14.112ff

[70] Gersdorf, Rolf: Versöhnt mit gestern, Witten 2012, S. 25.26

[71] Payne, Leanne: Verändernde Gegenwart, Lüdenscheid 1998, S. 172ff

8.2 Bibliografie

Baar, H. Gott macht das Krumme gerade. Essays zum Nachspüren. Rottendorf: Hymnus-Verlag, 1994.

Bonhoeffer, D. Gemeinsames Leben. Gütersloh: Kaiser, 1993.

Brunner, R./Titze, M. (Hg.) Wörterbuch der Individualpsychologie. München: Ernst Reinhard Verlag, 1995.

Cantalamessa, R. Komm, Schöpfer Geist. Betrachtungen zum Hymnus Veni Creator Spiritus. Freiburg i. Br.: Herder, 2007.

Carretto, C. Wo der Dornbusch brennt. Geistliche Briefe aus der Wüste. Freiburg i. Br., Basel, Wien: Herder, 1973.

Chambers, O. Mein Äußerstes für sein Höchstes. Bern: Berchtold-Haller-Verlag, 1978.

Chapman, G. D. Die fünf Sprachen der Liebe. Wie Kommunikation in der Ehe gelingt. Marburg an der Lahn: Francke, 1994.

Cierpka, M. (Hg.) Handbuch der Familiendiagnostik. Berlin/Heidelberg: Springer, 1996.

Cloud, H. Fromme Lügen die wir glauben. Asslar: Schulte u. Gerth, 1998.

Dreikurs, R. Grundbegriffe der Individualpsychologie. Stuttgart: Klett-Cotta, 1989.

Gersdorf, D. Starten statt warten. Wie Sie aufhören, sich selbst im Weg zu stehen. Lüdenscheid: Asaph Verlag, 2013.

Ders. Endlich Friede mit mir selbst. Solingen: Gottfried Bernard, 2013.

Gersdorf, R. Versöhnt mit Gestern: Familienstellen auf biblischer Grundlage. Holzgerlingen: SCM Hänssler, 2012.

Goeudevert, D. Wie Gott in Deutschland. Eine Liebeserklärung. Berlin: Ullstein Verlag, 2004.

Hack, K. Vergeben lernen. Selbitz: DTE, 2011.

Häselbarth, Chr. Von Stolz und Rebellion zu Demut und Sanftmut. Solingen: Gottfried Bernard, 2012.

Haley, J. Gemeinsamer Nenner Interaktion. Strategien der Psychotherapie. München: Pfeiffer, 1987.

Hilliard, R. (Hg.) Homosexualität verstehen. Zürich: VBG-Büro, 1998.

Hinz, R./Wittmann, S. Soziale Kompetenz kann man lernen. Weinheim: Beltz Verlagsgruppe, 2010.

Joraschky/Köhle. Maladaption und Krankheitsmanifestation. München/Wien/ Baltimore: Urban&Schwarzenberg 1979.

Künkel, F. Die Arbeit am Charakter - die neue Psychotherapie in ihrer Anwendung auf Erziehung, Selbsterziehung und seelische Hilfeleistung. Essen: Neue-Dt.-Schule-Verlag, 1965.

Maldonado, G. Das Königreich der Kraft, Solingen: Verlag Gottfried Bernard, 2015.

Nee, W. Sitze, wandle, stehe. Berneck: Schwengeler, 1980.

Nouwen, H. J. M. Die innere Stimme der Liebe - aus der Tiefe der Angst zu neuem Vertrauen. Freiburg i.Br.: Herder, 2008.

Omer, H./v. Schlippe, A. Autorität ohne Gewalt. Coaching für Eltern von Kindern mit Verhaltensproblemen. Göttingen: Vandenhoeck und Ruprecht, 2004.

Payne, L. Dich will ich hören, Herr. Wie man durch das Führen eines Gebetstagebuches das leise Reden Gottes besser versteht. Wiesbaden: Projektion J, 2004.

Payne, L. Heilende Gegenwart. Heilung des Zerbrochenen durch Gottes Liebe. Lüdenscheid: Asaph Verlag, 2004.

Payne, L. Verändernde Gegenwart. Lüdenscheid: Asaph Verlag, 2004.

Riemann, F. Grundformen der Angst. Eine tiefenpsychologische Studie. München: Ernst Reinhardt Verlag, 1991.

Rosenberg, M. B. Gewaltfreie Kommunikation eine Sprache des Lebens. Paderborn: Junfermann, 2010.

Ruthe, R. Typen und Temperamente. Die vier Persönlichkeitsstrukturen. Moers: Brendow, 1993.

Saint-Exupéry, A. Der kleine Prinz. Düsseldorf: Karl Rauch Verlag, 2009.

Sandford, J. u. A. Durch bittere Wurzeln bedingte Urteile und Erwartungshaltungen. Lüdenscheid: Asaph Verlag, 2008.

Scharrer, E. Heilung des Unbewussten. Marburg an der Lahn: Francke, 1995.

Schleske, M. Der Klang. Vom unerhörten Sinn des Lebens. München: Kösel, 2010.

Schmid, W. Die Liebe atmen lassen. Berlin: Suhrkamp-Verlag, 2013.

Schulz von Thun, F. Miteinander reden. Reinbek bei Hamburg: Rowohlt-Taschenbuch-Verlag, 2003)
Stern, D. H. Das jüdische Neue Testament. Eine Übersetzung des Neuen Testamentes, die seiner jüdischen Herkunft Rechnung trägt. Neuhausen-Stuttgart: Hänssler, 1994.
Stewart, I./Jones V. Die Transaktionsanalyse. Eine neue Einführung in die TA. Freiburg i. Br.: Herder, 1990.
Strauch, G., Das Gemeindekarussell, SCM R.Brockhaus, Witten 2010.
Yancey, P. Der unbekannte Jesus. Wuppertal: R. Brockhaus, 1997.

Einheitsübersetzung. Stuttgart: Katholische Bibelanstalt, 1980.
Neue Genfer Übersetzung. Genf: Genfer Bibelgesellschaft, 2011.
Luther Bibel. Stuttgart: Deutsche Bibelgesellschaft, 1984.
Rev. Elberfelder Übersetzung. Wuppertal/Zürich: R. Brockhaus, 1985/1991.

Dorothea Gersdorf

Endlich Friede mit mir selbst

Schritte zur Selbstannahme

Vielen Menschen fällt es schwer, sich selbst und ihre Position im Leben anzunehmen. Sie kämpfen mit Unzufriedenheit und Vergleichsdenken und setzen sich damit einem enormen Druck aus. Aber kann man das Ringen mit der eigenen Begrenzheit so einfach aufgeben? Bedeutet das nicht, seine tiefsten Wünsche und Ideale aufzugeben? Oder geht es schlichtweg um eine zu hohe Messlatte, die wir so manches Mal an unser Leben anlegen?

Dorothea Gersdorf geht diesen Fragen auf den Grund und zeigt Wege auf, wie es mit Gottes Hilfe möglich wird, zur Versöhung mit sich selbst und zu seinem Platz im Leben zu gelangen.

Dorothea Gersdorf ist verheiratet und Mutter von drei erwachsenen Kindern. Zusammen mit ihrem Mann Rolf leitet sie die Ehe-, Familien- und Lebensberatungsstelle von „Leben im Kontext" in Dortmund. Sie ist dort im Bereich Beratung, Seminare, Vortragsarbeit sowie als Buchautorin tätig.

VERLAG GOTTFRIED BERNARD
ISBN 978-3-941714-29-8 · Best.-Nr. 175529

Sabine Viereckt

Vom Geheinmis des Neuwerdens

Der Schlüssel meines Lebens

Haben Sie Gott – vielleicht schon in ganz jungen Jahren – einmal etwas versprochen und es dann wieder vergessen? Das ist die Geschichte dieses Buches. Es erzählt – sehr persönlich und authentisch – von Höhen und Tiefen, von spannenden und erstaunlichen Begegnungen mit Gott und vor allem davon, wie Jesus ein eher trauriges Wüstenland in einen blühenden Garten verwandeln kann!

Sabine Viereckt lebt bei Aarau in der Schweiz. Seit nun bald 30 Jahren arbeitet sie mit Leib und Seele als Lehrerin unter Kindern und Jugendlichen. Reisen und Begegnungen mit Menschen aller Art sind ihr großes Steckenpferd. Ihre Geschichte soll Mut machen, den alles NEU machenden Gott im eigenen Leben persönlich und ganz praktisch zu erfahren!

VERLAG GOTTFRIED BERNARD
ISBN 978-3-941714-34-2 · Best.-Nr. 175534

Sonja Robben

Wenn der Himmel dein Herz flutet

furchtlos & verschwenderisch

Sonja hat am eigenen Leib erfahren, was es bedeutet, den Fokus nicht länger mit Bitterkeit auf die schmerzvolle Vergangenheit zu richten. Sie hat in den Armen des himmlischen Vaters ihre wahre Identität gefunden. Offen für das Reden des Heiligen Geistes hat sie Worte empfangen, die mitten ins Herz treffen. Ehrlich und humorvoll schreibt sie, wie sie diesen wunderbaren Gott persönlich kennengelernt hat und warnt gleichzeitig vor dem frommen Leistungsdenken, das schon so manchen Gläubigen in den Burnout getrieben hat.

Sonja Robben, Jahrgang 1968, lebt in der Ostschweiz. Sie ist verheiratet und hat drei erwachsene Kinder und eine Enkeltochter. Sie liebt kreative Aktivitäten und war bis vor kurzem als Lehrerin tätig.

VERLAG GOTTFRIED BERNARD
ISBN 978-3-941714-35-9 · Best.-Nr. 175535